高等院校学前教育专业精品系列丛书

"互联网+"新形态一体化精品教材

总主编◎裘指挥

幼儿园教师语言技能

主　编　张　帆　易　缨　陈丽萍

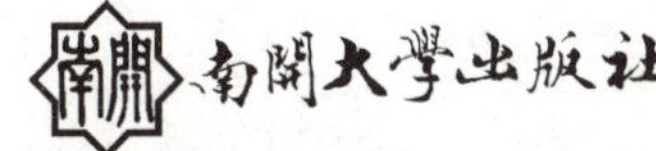

图书在版编目(CIP)数据

幼儿园教师语言技能 / 张帆，易缨，陈丽萍主编.
—天津：南开大学出版社，2016.9（2019.2重印）
ISBN 978-7-310-05215-8

Ⅰ.①幼… Ⅱ.①张… ②易… ③陈… Ⅲ.①幼教人员—语言艺术 Ⅳ.①G615

中国版本图书馆 CIP 数据核字(2016)第 215155 号

南开大学出版社出版发行
出版人:孙克强
地址:天津市南开区卫津路 94 号 邮政编码:300071
营销部电话:(022)23500972 23508339
营销部传真:(022)23508542 邮购部电话:(022)23502200
*
北京佳艺丰印刷有限公司
全国各地新华书店经销
*
2019 年 2 月第 2 版 2019 年 2 月第 2 次印刷
787×1092 毫米 16 开本 13.5 印张 285 千字
定价:42.00 元

如遇图书印装质量问题,请与本社营销部联系调换,电话:(022)23507125

前言
Preface

《幼儿园教师语言技能》针对学前教育的专业特色和教育对象的特殊性，基于对幼儿语言发展内在规律的研究，规范了幼儿教师的语言技能的范畴，以培养技能为目标，以训练为手段，以提高学前教育专业学生的语言能力为宗旨，以现代汉语语音学、语用学等基本理论为先导，以教育学、心理学、朗读学等为指导，突出教材的科学性、规范性和指导性。编排的内容从语音—语言—语用，循序渐进，符合语言发展的规律，选取典型生动的案例，为发展技能提供翔实的材料和训练、模仿的范本，融基础理论知识和基本技能训练为一体，是切实适应特定教育对象，具备专业特色的语言训练教材。

本教材共分为三章，第一章为语音；第二章为语言技能，包括朗读技能、讲故事技能和态势语技能；第三章为语用技能，即根据具体语境运用语言的能力。教材的编写遵循幼儿教师语言技能发展的内在逻辑，坚持以循序渐进的原则来编排内容，紧扣学前教育专业的特点，具有针对性、实用性和可操作性。

在本教材的编写过程中，我们参阅了一些相关的教材与专著，并采纳了许多专家学者和多位业内同仁的观点，在此一并向他们表示诚挚的谢意！

编　者

目录
Contents

第一章 语音

学习提示

0~6 岁是语言发展的关键期，幼儿的语言教育主要是口头语言教育，就语音方面说，其应当学会普通话的语音，因此能说标准或比较标准的普通话就成为幼儿教师职业技能中的一项基本要求。学好普通话语音需要我们掌握普通话语音的基础理论知识，用以指导普通话口语交际实践；要注意自己方言与普通话语音的差异，找出一些对应规律，充分利用汉语拼音这个正音工具，有针对性地进行练习；长期以来形成的发音习惯非一朝一夕所能改变，需要我们反复练习，不急不躁，持之以恒，定有所成。

第一节 语音概述

训练目标

1. 了解语音的属性、语音的四要素，以及语音的基本概念。
2. 熟悉汉语拼音方案。

理论基础

一、语音的属性

语言有三要素：语音、语汇、语法。其中语音是语言的物质外壳，是指由人类的发音器官发出来的、具有表意功能的声音。

与自然界其他声音一样，语音产生于物体的振动，具有物理属性。同时，语音又有别于自然界的其他声音。语音是由人类的发音器官发出来的，具有生理属性；更为重要的是，语音是能够表达一定意义的声音，这种表达功能是社会赋予的，所以语音又具有社会属性，这是语音的本质属性。人类发出的哭笑声、咳嗽声、呼噜声虽然也传递了一定的信息，但不能表达社会约定俗成的意义，因而并不是语音。

（一）语音的物理属性

从物理学的角度分析，声音是由物体振动而产生的，语音也不例外。发音体在一定动力的作用下发生振动，引起周围的空气或其他媒介质形成音波。音波传到耳内，振动鼓膜，刺激听觉神经，就使人产生了声音的感觉。语音同其他声音一样，具有音高、音强、音长、音色四种要素。

1. 音高

音高就是声音的高低，由发音体振动的快慢决定。这种振动快慢就是音波的频率。在同一单位时间里振动次数多，声音就高；反之则低。

发音体振动的快慢与发音体自身的长短、大小、粗细、厚薄、松紧有关。长、大、粗、厚、松的物体振动慢，频率低，声音就低；反之则高。语音的高低与声带的长短、厚薄、松紧有关。女人、小孩的声带比较短、薄，所以声音高；男人、成人的声带比较长、厚，所以声音低。同一个人的声音有时高有时低，这是由调控声带的松紧形成的。

音高有绝对音高和相对音高的区分。音乐中的音高是一种绝对音高；人类语言的音高则是一种相对音高。

2. 音强

音强就是声音的强弱，由发音体振动幅度的大小决定。振幅大，声音就强；反之则弱。发音体振幅的大小取决于发音时用力的大小。语音的强弱是由发音时气流冲击声带力量的强弱来决定的，呼出的气流强，声带振动的幅度就大，声音就强；反之则弱。

3. 音长

音长就是声音的长短，由发音体振动时间的久暂决定。发音体振动持续的时间久，声音就长；反之则短。

4. 音色

音色也称“音质”，就是声音的特性，取决于音波振动的形式。小提琴、二胡声音的不同，普通话各个声母、韵母发音的不同，都表现为音色的不同。

音色的不同从音波看表现为波形的不同，造成波形不同的条件主要有三个，即发音体、发音方法、共鸣器形状。例如，敲锣和打鼓的音色不同是发音体不同造成的；同一把胡琴，用琴弓拉和用指弹的音色不同是发音方法不同造成的；把同样的琴弦绷在板胡和二胡上能拉出不同的音色，这是共鸣器（琴筒）形状的不同造成的。这三个条件只要有一个条件不同，就会形成不同的音色。我们可以通过控制声带、气流、唇形等来发出不同音色的音。

任何声音都是音高、音强、音长、音色的统一体，语音也不例外。在各种语言中，语音各要素被利用的情况不完全相同，如英语中音长和音强能区别意义。就汉语来说，音高的作用非常重要，它是构成声调的主要因素，具有区别意义的作用。音强和音长在语调和轻声里也起重要的作用。但无论语音各要素被利用的情况如何，在任何语言中，音色无疑都是区别意义的最重要的要素。

（二）语音的生理属性

语音是由人的发音器官发出的，人的发音器官可以分为三大部分，见图 1–1。

1. 呼吸器官

这部分器官由肺、气管、胸腔、横膈膜构成，是语音的动力源。肺部呼出的气流由气管、支气管传输，经过喉头、声带、口腔、鼻腔等发音器官的调节，便发出了不同的声音。

2. 喉头和声带

喉头由甲状软骨、环状软骨和两块杓状软骨构成，形成圆筒状。它上通咽头，下连气管，中间是声带。声带是两片富有弹性的带状薄膜，前连甲状软骨，后接两块杓状软骨。两片声带之间的空隙叫声门，可由杓状软骨的运动而开启闭合。从肺部呼出的气流通过声门使声带振动发出声音，控制声带松紧的变化就能发出高低不同的声音来。

3. 咽腔、鼻腔和口腔

作为语音的共鸣器官，三者都能起扩大声音的作用。

咽腔下接喉头，上边是口腔、鼻腔。口腔和鼻腔靠软腭和小舌隔开。软腭和小舌上升时，鼻腔闭塞，口腔畅通，这时发出的音叫口音。软腭和小舌下垂，口腔某部位闭塞，气流只有从鼻腔呼出，这时发出的音主要在鼻腔共鸣，叫鼻音。如果气流同时从鼻腔和口腔呼出，发出的音在口腔和鼻腔共鸣，就叫鼻化音。

口腔的上部包括上唇、上齿、齿龈、硬腭、软腭和小舌。口腔的下部包括下唇、下齿和舌头。舌头又可分为舌尖、舌叶、舌面三部分。舌尖位于舌头的最前端，舌头自然平伸时，舌尖后与齿龈相对的部分叫舌叶。舌面位于舌叶之后，分舌面前、舌面中与舌面后，前两部分与硬腭相对，舌面后与软腭相对，习惯称舌根。

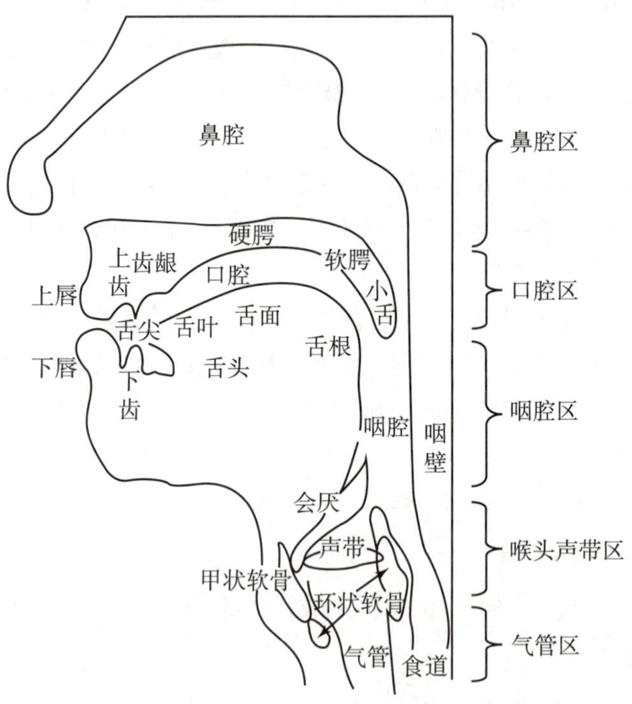

图1-1　发音器官示意图

语音的发出是与呼吸、发声、共鸣、咬字四个环节密切相连的。肺部产生的气流通过气管振动喉头的声带，于是声带发出了声音。音波经过咽腔、口腔、鼻腔的共鸣得到了放大，再经过唇、齿、舌、腭协调运作，不同的声音就产生了，这就是言语发声的简单原理。

（三）语音的社会属性

语音具有表意功能，这种传递意义的功能是社会赋予的。因为一种语言的语音形式与意义内容的联系本身是没有必然性的，用什么样的语音表达什么样的意义，是由使用这种语言的全体社会成员约定俗成的。同样的意义在不同的语言或方言中往往用不同的语音来表示。相同的语音形式也能表达不同的意义，如汉语中的同音词。

语音的社会属性还表现在语音的系统性上。各种语言或方言，它们的语音成分和构成方式是自成系统的。具有相同生理属性和物理属性的语音现象在不同的语音系统中区别意义的作用可能不同。例如，除了音色区别意义外，英语还利用音长的差异来区别意义，有着成系列的长短音 [i]—[iː]、[u]—[uː] 等；汉语则运用音高形成声调来区别意义。这就形成了不同语音系统各自的特性。又如，在普通话里，n 和 l 是不容混淆的两个音素，hěn nán（很难）不能说成 hěn lán（很蓝），但在赣方言中并不影响意义的表达。

语音的社会属性是语音区别于其他声音的重要标志，是语音的本质属性。

二、语音的基本概念

（一）音节

音节是语音的基本结构单位，是听觉中自然感到的语音单位。人们说话时，发音器官特别是喉部肌肉一紧一松地运动，每紧张一下就是一个音节。汉语的音节界限比较分明，一般来说，一个汉字表示一个音节，如“推广普通话”（tuī guǎng pǔ tōng huà）是五个音节，五个汉字。儿化音节例外，如“鸟儿”（niǎor）是两个汉字代表一个音节。

（二）音素

音素是从音色的角度划分出来的最小的语音单位。如果我们对一个音节按音色的不同去进一步划分，就能分出一个个最小的各有特色的单位，这就是音素。例如，“国”（guó）从音色的角度可以划分出“g、u、o”三个音素，“语”（yǔ）可以划分出“ü”一个音素。

（三）元音、辅音

音素可以分为元音和辅音两大类。元音是气流振动声带，在口腔、咽头不受阻碍形成的音素，又叫母音，如 ɑ、o、e、i、u、ü 等。辅音是气流在口腔或咽头受到阻碍形成的音素，又叫子音，如 b、m、d、g、ch、s、ng 等。

元音和辅音的主要区别有以下四点：

（1）辅音发音时，气流在通过咽头、口腔的过程中受到某部位阻碍；元音发音时则不受阻碍。这是元音和辅音最主要的区别。

（2）辅音发音时，发音器官成阻的部位特别紧张；元音发音时，发音器官各部位保持均衡的紧张状态。

（3）辅音发音时，气流较强；元音发音时，气流较弱。

（4）辅音发音时，声带不一定振动；元音发音时，声带一定振动，所以元音比辅音响亮。

（四）声母、韵母、声调

按照汉语语音传统的分析方法，一个音节一般由声母、韵母、声调三个部分构成。

声母，是指音节开头的起始部分，主要由辅音构成。例如，在“xué”（学）这个音节里，辅音 x 就是它的声母。有的音节的起始部分不是辅音，习惯上称这种音节叫零声母音节，如“ǎo”（袄）、“yào”（要）就是零声母音节。

韵母，是指音节中声母后面的部分，由元音或元音加辅音构成。例如，在“hǎo”（好）这个音节里，“ao”就是它的韵母。零声母音节“ǎo”（袄）的韵母就是“ao”。有的韵母由单元音或复元音构成，如 bà（爸）、měi（美）中的“a”“ei”；有的由元音带辅音构成，如 jīng（晶）、huàn（换）中的“ing”、“uan”。

声母和辅音、韵母和元音的概念不能等同，因为有的辅音不作声母，只作韵尾，如“zhuāng”（庄）中的 ng[ŋ]；而辅音 n 既作声母，也可作韵尾，如“nán”（南）。

声调，是指贯穿在音节中具有区别意义作用的音高变化。例如，“shuì”（睡）的读法是由高降到低，这种音高变化形式就是音节“睡”（shuì）的声调。

三、汉语拼音方案

《汉语拼音方案》是一套用以记录普通话语音的记音符号，它于 1958 年 2 月 11 日经第一届全国人民代表大会第五次会议讨论通过并向全国推广。《汉语拼音方案》推行以来，在汉字注音、推广普通话和语文教学方面发挥了重要作用。此外，《汉语拼音方案》还可以用于作为我国各少数民族创制和改革文字的共同基础，用来帮助外国人学汉语，用来音译人名、地名和科学术语，以及用来编制索引和代号等。

示范发音
文章来源：网络资料

《中华人民共和国国家通用语言文字法》第 18 条规定：“国家通用语言文字以《汉语拼音方案》作为拼写和注音工具。《汉语拼音方案》是中国人名、地名和中文文献罗马字母拼写法的统一规范，并用于汉字不便或不能使用的领域。”

（一）内容

1. 字母表

表1–1 字母表

字母	Aa	Bb	Cc	Dd	Ee	Ff	Gg
名称	ㄚ	ㄅㄝ	ㄘㄝ	ㄉㄝ	ㄜ	ㄝㄈ	ㄍㄝ
字母	Hh	Ii	Jj	Kk	Ll	Mm	Nn
名称	ㄏㄚ	ㄧ	ㄐㄧㄝ	ㄎㄝ	ㄝㄌ	ㄝㄇ	ㄋㄝ

续表

字母	Oo	Pp	Qq	Rr	Ss	Tt	
名称	ㄛ	ㄆㄝ	ㄑㄧㄡ	ㄚㄦ	ㄝㄙ	ㄊㄝ	
字母	Uu	Vv	Ww	Xx	Yy	Zz	
名称	ㄨ	ㄞㄝ	ㄨㄚ	ㄒㄧ	ㄧㄚ	ㄗㄝ	

V 只用来拼写外来语、少数民族语言和方言。

字母的手写体依照拉丁字母的一般书写习惯。

2. 生母表

表1-2 声母表

b	p	m	f	d	t	n	l
ㄅ玻	ㄆ坡	ㄇ摸	ㄈ佛	ㄉ得	ㄊ特	ㄋ讷	ㄌ勒
g	k	h	j	q	x		
ㄍ哥	ㄎ科	ㄏ喝	ㄐ基	ㄑ欺	ㄒ希		
zh	ch	sh	r	z	c	s	
ㄓ知	ㄔ蚩	ㄕ诗	ㄖ日	ㄗ资	ㄘ雌	ㄙ思	

在给汉字注音的时候,为了使拼式简短，zh、ch、sh 可以省作 ẑ、ĉ、ŝ。

3. 韵母表

表1-3 韵母表

	i ㄧ 衣	u ㄨ 乌	ü ㄩ 迂
a ㄚ 啊	ia ㄧㄚ 呀	ua ㄨㄚ 蛙	
o ㄛ 喔		uo ㄨㄛ 窝	
e ㄜ 鹅	ie ㄧㄝ 耶		üe ㄩㄝ 约
ai ㄞ 哀		uai ㄨㄞ 歪	
ei ㄟ 欸		uei ㄨㄟ 威	
ao ㄠ 熬	iao ㄧㄠ 腰		
ou ㄡ 欧	iou ㄧㄡ 忧		
an ㄢ 安	ian ㄧㄢ 烟	uan ㄨㄢ 弯	üan ㄩㄢ 冤

续表

en ㄣ恩	in 丨ㄣ因	uen ㄨㄣ温	ün ㄩㄣ晕
ang ㄤ昂	iang 丨ㄤ央	uang ㄨㄤ汪	
eng ㄥ亨的韵母	ing 丨ㄥ英	ueng ㄨㄥ翁	
ong （ㄨㄥ）轰的韵母	iong ㄩㄥ雍		

（1）“知、蚩、诗、日、资、雌、思”七个音节的韵母用 i，即知、蚩、诗、日、资、雌、思等字拼作 zhi、chi、shi、ri、zi、ci、si。

（2）韵母儿写成 er，用作韵尾的时候写成 r。例如，“儿童”拼作 ér tóng，“花儿”拼作 huār。

（3）韵母 ㄝ 单用的时候写成 ê。

（4）i 行的韵母，前面没有声母的时候，写成 yi（衣）、ya（呀）、ye（耶）、yao（腰）、you（忧）、yan（烟）、yin（因）、yang（央）、ying（英）、yong（雍）。

u 行的韵母，前面没有声母的时候，写成 wu（乌）、wa（蛙）、wo（窝）、wai（歪）、wei（威）、wan（弯）、wen（温）、wang（汪）、weng（翁）。

ü 行的韵母，前面没有声母的时候，写成 yu（迂）、yue（约）、yuan（冤）、yun（晕），ü 上两点省略。

ü 行的韵母跟声母 j、q、x 拼的时候，写成 ju（居）、qu（区）、xu（虚），ü 上两点也省略；但是跟声母 n、l 拼的时候，仍然写成 nü（女）、lü（吕）。

（5）iou、uei、uen 前面加声母的时候，写成 iu、ui、un，如 niu（牛）、gui（归）、lun（论）。

（6）在给汉字注音的时候，为了使拼式简短，ng 可以省作 ŋ。

4. 声调符号

阴平	阳平	上声	去声
─	/	V	\

声调符号标在音节的主要母音上。轻声不标。例如，

妈 mā	麻 má	马 mǎ	骂 mà	吗 ma
（阴平）	（阳平）	（上声）	（去声）	（轻声）

5. 隔音符号

a、o、e 开头的音节连接在其他音节后面时，如果音节的界限发生混淆，用隔音符号（’）隔开，如 pi’ao（皮袄）。

（二）汉语拼音字母

汉语拼音字母采用拉丁字母，汉语拼音字体就可以使用国际上约定俗成的拉丁字母的各种字体。

语文课本上用的汉语拼音字母叫哥特体（也有的译为歌德体）。它是楷体，但又接近草体，线条均匀，没有粗细之分，没有装饰线，便于书写。哥特体同常见的罗马体有两个字母字形差别较大，一个是ɑ、g，一个是a、g。

汉语拼音字母哥特体书写样式及笔顺如下。

1. 大楷字母的样式和笔顺

A B C D E F

G H I J K L

M N O P Q R

S T U V W X

Y Z

2. 小楷字母的样式和笔顺

ɑ b c d e f g

h i j k l m n

o p q r s t

u v w x y z

3. 要注意字母的位置

大楷字母全部占中上格，小楷字母占中格的有13个字母，它们是：ɑ、c、e、m、n、o、r、s、u、v、w、x、z；占中上格的有8个字母，它们是：b、d、f、h、i、k、l、t；占中下格的有4个字母，它们是：g、p、q、y；还有一个j，要占上中下格。要注意的是中格要沾满，上、下格不要占满。

汉语拼音字母共26个，《字母表》中按国际通用的排列方法规定了它们的排列顺序，既便于记诵，又便于按音序编制索引、资料、名单等。每个字母所代表的音叫本音，本音是用来拼音的。字母除了有本音之外，还有它的名称音。26个字母中只有ɑ、o、e、i、u 5个元音字母发音响亮，而其余21个辅音大多发音不响亮，称呼起来不方便。为了便于称呼字母，在辅音字母后面附加元音，元音仍读本音，这样字母便有了它的“名称音”。

a	bê	cê	dê	e	êf	gê
ha	i	jie	kê	êl	êm	nê
o	pê	qiu	ar	ês	tê	
u	vê	wa	xi	ya	zê	

四、国际音标

国际音标是国际语音学会为了记录和研究人类语言的语音而创制的一套记音符号，自 1888 年公布以来，曾多次修订。国际音标共有一百多个符号，符合“一个符号一个音素，一个音素一个符号”的原则。由于其符号简明，比较科学、完备，因而是国际上在语音教学与研究中使用最广泛的记音符号。

表 1-4 是我国适用的国际音标简表。学习汉语语音，应该掌握与汉语拼音方案有关的一些国际音标。表 1-5 是汉语拼音、相关国际音标的对照表，可以对照学习。

表1-4　国际音标简表

	发音部位 / 发音方法			双唇	唇齿	舌尖前	舌尖中	舌尖后		舌面前	舌面中	舌面后	喉
				上唇下唇	上齿下唇	舌尖齿背	舌尖上齿龈	舌尖硬腭前	舌叶	舌面前硬腭前	舌面中硬腭	舌面后软腭	
辅音	塞音	清	不送气	p			t				c	k	ʔ
			送气	p‘			t‘				c‘	k‘	
		浊		b			d					g	
	塞擦音	清	不送气		pf	ts		tʂ	tʃ	tɕ			
			送气		pf‘	ts‘		tʂ‘	tʃ‘	tɕ‘			
		浊				dz		dʐ	dʒ	dʑ			
	鼻音	浊		m	ɱ		n	ɳ		ȵ		ŋ	
	闪音	浊						ɽ					
	边音	浊					l						
	擦音	浊		ɸ	f	s		ʂ	ʃ	ɕ	ç	x	h
		浊		β	v	z		ʐ	ʒ	ʑ	j	ɣ	ɦ
	半元音	浊		w ɥ	ʋ						j (ɥ)	(w)	

续表

类别 / 舌位 / 唇形 / 口腔 / 舌位				舌尖元音					舌面元音						
				前		央	后		前		央			后	
				不圆	圆	自然	不圆	圆	不圆	圆	不圆	自然	圆	不圆	圆
元音	高	最高	闭	ɿ	ʮ		ʅ	ʯ	i	y				ɯ	u
		次高							I						ɷ
	中	高中	半闭						e	ø				ɤ	o
		正中				ɚ						ə			
		低中	半开						ɛ	œ				ʌ	ɔ
	低	次低							æ			ɐ			
		最低	开						a			A		ɑ	ɒ

表1-5　汉语拼音与国际音标对照表

拼音字母	国际音标	拼音字母	国际音标	拼音字母	国际音标
b	[p]	c	[ts‘]	ie	[iɛ]
p	[p‘]	s	[s]	iao	[iau]
m	[m]	a	[A]	iou	[iou]
f	[f]	o	[o]	ian	[iɛn]
v	[v]	e	[ɤ]	in	[in]
d	[t]	ê	[ɛ]	iang	[ian]
t	[t‘]	i	[i]	ing	[iŋ]
n	[n]	-i（前）	[ɿ]	ua	[ua]
i	[l]	-i（后）	[ʅ]	uo	[uo]
g	[k]	u	[u]	uai	[uai]
k	[k‘]	ü	[y]	uei	[uei]
ng	[ŋ]	er	[ə˞]	uan	[uan]
h	[x]	ai	[ai]	uen	[uən]
j	[tɕ]	ei	[ei]	uang	[uaŋ]
q	[tɕ‘]	ao	[au]	ueng	[uəŋ]
x	[ɕ]	ou	[ou]	ong	[uŋ]
zh	[tʂ]	an	[an]	üe	[yɛ]
ch	[tʂ‘]	en	[ən]	üan	[yɛn]
sh	[ʂ]	ang	[aŋ]	ün	[yn]
r	[ʐ]	eng	[əŋ]	iong	[yŋ]
z	[ts]	ia	[ia]		

思考与练习

1. 什么是语音？它同自然界其他声音有何异同？
2. 说说发音器官各部分的名称和位置。
3. 声母和辅音有何不同，韵母和元音有何不同？
4. 分析“普通话是教师的职业语言”这句话共有多少个音节？每个音节有多少

个音素？哪些是元音音素？哪些是辅音音素？

5. 按照汉语拼音字母哥特体书写样式及笔顺默写 26 个字母的大写和小写。

第二节 声母

训练目标

1. 熟练掌握 21 个辅音声母的正确发音。

2. 了解本地方言语音与普通话语音中声母的对应关系，掌握声母辨正的方法，能听辨、认读易混声母组成的词语。

理论基础

一、声母的分类

普通话语音系统中共有 21 个辅音声母，这些辅音声母的不同是发音部位和发音方法的不同造成的，我们可以分别从发音部位和发音方法对辅音声母进行分类。

（一）按声母的发音部位分类

辅音声母发音时，气流受到阻碍的部位就是发音部位。声母受阻的部位有七处，每一处都是由口腔里两个部位接触或接近而形成的。

（1）双唇音（b、p、m），由上唇和下唇闭合阻塞气流而形成。

（2）唇齿音（f），由上齿和下唇内侧接近阻碍气流而形成。

（3）舌尖前音，也称平舌音（z、c、s），由舌尖接触或接近齿背阻碍气流而形成。

（4）舌尖中音（d、t、n、l），由舌尖抵住上齿龈阻碍气流而形成。

（5）舌尖后音，也称翘舌音（zh、ch、sh、r），由舌尖接触或接近硬腭前部阻碍气流而成。

（6）舌面音，也称舌面前音（j、q、x），由舌面前部接触或接近硬腭前部阻碍气流而成。

（7）舌根音，也称舌面后音（g、k、h），由舌面后部（舌根）接触或接近软腭阻碍气流而成。

（二）按声母的发音方法分类

发音方法指的是辅音声母发音时形成阻碍和克服阻碍的方式，也就是发音器官如何阻碍气流，气流又是怎样克服阻碍的。这个发音过程可分为三个阶段：①成阻——阻碍开始形成；②持阻——阻碍持续；③除阻——阻碍解除。发音方法主要从三个方面进行分析：构成阻碍和克服阻碍的方式、声带是否振动及气流的强弱。

1. 从构成阻碍和克服阻碍的方式看，声母可分为塞音、擦音、塞擦音、鼻音、边音五类

（1）塞音（b、p、d、t、g、k）。发音时，发音部位闭合，阻塞气流，软腭上升，堵住鼻腔通道；气流冲破阻碍迸裂而出，爆发成声。

（2）擦音（f、h、x、sh、r、s）。发音时，发音部位接近，形成一条窄缝，软腭上升，堵住鼻腔通道；气流从窄缝中挤出，摩擦成声。

（3）塞擦音（j、q、zh、ch、z、c）。发音时，发音部位先闭合，阻住气流，软腭上升，堵住鼻腔通道；气流冲开一条窄缝，从窄缝中挤出，摩擦成声。

（4）鼻音（m、n）。发音时，口腔里的发音部位闭合，阻塞气流，然后软腭下垂，打开鼻腔通道，气流振动声带，从鼻腔透出，形成鼻音。ng 也是鼻音，但不能作声母。

（5）边音。发音时，舌尖抵住上齿龈，阻住气流在口腔前端的出路，软腭上升，堵住鼻腔通道，气流颤动声带，从舌头两边流出。

2. 从声带是否振动看，声母分为清音和浊音两类

声带振动的音是浊音，普通话有 4 个浊音声母 m、n、l、r，ng 也是浊音；声带不振动的是清音，普通话有 17 个清音声母。

3. 从气流的强弱看，塞音和塞擦音有送气音和不送气音的区别

发音时气流较强的塞音或塞擦音是送气音，有 p、t、k、q、ch、c 6 个；发音时气流较弱的塞音或塞擦音是不送气音，有 b、d、g、j、zh、z 6 个。

普通话辅音声母的类别可用表 1-6 来概括。

表1-6 普通话辅音声母总表

<table>
<tr><th colspan="3" rowspan="3">发音部位 / 辅音声母 / 发音方法</th><th colspan="2">唇音</th><th rowspan="2">舌尖前音</th><th rowspan="2">舌尖中音</th><th rowspan="2">舌尖后音</th><th rowspan="2">舌面前音</th><th rowspan="2">舌面后音</th></tr>
<tr><th>双唇音</th><th>唇齿音</th></tr>
<tr><th>上唇 下唇</th><th>上齿 下唇</th><th>舌尖 齿背</th><th>舌尖 上齿龈</th><th>舌尖 硬腭前</th><th>舌面 硬腭前</th><th>舌面后 软腭</th></tr>
<tr><td rowspan="2">塞音</td><td rowspan="2">清音</td><td>不送气音</td><td>b[p]</td><td></td><td></td><td>d[t]</td><td></td><td></td><td>g[k]</td></tr>
<tr><td>送气音</td><td>b[p‘]</td><td></td><td></td><td>t[t‘]</td><td></td><td></td><td>k[k‘]</td></tr>
<tr><td rowspan="2">赛擦音</td><td rowspan="2">清音</td><td>不送气音</td><td></td><td></td><td>z[ts]</td><td></td><td>zh[tʂ]</td><td>j[tɕ]</td><td></td></tr>
<tr><td>送气音</td><td></td><td></td><td>c[ts‘]</td><td></td><td>ch[tʂ‘]</td><td>q[tɕ‘]</td><td></td></tr>
<tr><td rowspan="2">擦音</td><td colspan="2">清音</td><td></td><td>f[f]</td><td>s[s]</td><td></td><td>sh[ʂ]</td><td>x[ɕ]</td><td>h[x]</td></tr>
<tr><td colspan="2">浊音</td><td></td><td></td><td></td><td></td><td>r[ʐ]</td><td></td><td></td></tr>
<tr><td>鼻音</td><td colspan="2">浊音</td><td>m[m]</td><td></td><td></td><td>n[n]</td><td></td><td></td><td></td></tr>
<tr><td>边音</td><td colspan="2">浊音</td><td></td><td></td><td></td><td>l[l]</td><td></td><td></td><td></td></tr>
</table>

此外，在普通话里有一些音节没有辅音声母，我们称之为“零声母”。普通话零声母可以分为两类，一类是开口呼零声母，如“爱”（ài）、“藕”（ǒu）；一类是非开口呼零声母，即以字母 y、w 打头的音节，如“衣”（yī）、“弯”（wān）。

二、声母的发音

普通话21个辅音声母的发音有“呼读音”和“本音”的区别，“本音”是辅音声母的实际读法，是用来拼音的。因为声母的本音多不响亮，为了便于教学和称呼声母，在每个声母后面分别配上不同的元音，这样发出来的音叫“呼读音”。下面结合发音部位和发音方法的名称来描述声母的发音条件，并列举词语进行发音操练。

1. **b [p]** 双唇不送气清塞音（是双唇音、不送气音、清音、塞音的简称，下同）

例词：

宝贝 bǎobèi　　步兵 bùbīng　　奔波 bēnbō

辨别 biànbié　　表白 biǎobái　　百般 bǎibān

2. **p [p']** 双唇送气清塞音

例词：

铺排 pūpái　　匹配 pǐpèi　　品评 pǐnpíng

偏僻 piānpì　　瓢泼 piáopō　　澎湃 péngpài

3. **m [m]** 双唇浊鼻音

例词：

面貌 miànmào　　美妙 měimiào　　命脉 mìngmài

磨灭 mómiè　　弥漫 mímàn　　盲目 mángmù

4. **f [f]** 唇齿清擦音

例词：

芬芳 fēnfāng　　风范 fēngfàn　　非法 fēifǎ

纷繁 fēnfán　　肺腑 fèifǔ　　发奋 fāfèn

声母的发音
音频来源：网络资料

5. **d [t]** 舌尖中不送气清塞音

例词：

导弹 dǎodàn　　当代 dāngdài　　奠定 diàndìng

单调 dāndiào　　大豆 dàdòu　　等待 děngdài

6. **t [t']** 舌尖中送气清塞音

例词：

探讨 tàntǎo　　妥帖 tuǒtiē　　天坛 tiāntán

头疼 tóuténg　　团体 tuántǐ　　厅堂 tīngtáng

7. **n [n]** 舌尖中浊鼻音

例词：

农奴 nóngnú　　袅娜 niǎonuó　　牛奶 niúnǎi

男女 nánnǚ 泥泞 nínìng 扭捏 niǔniē

8. **l [l]** 舌尖中浊边音

例词：

轮流 lúnliú 蓝领 lánlǐng 冷落 lěngluò

嘹亮 liáoliàng 拉拢 lālǒng 历来 lìlái

9. **g [k]** 舌根不送气清塞音

例词：

骨干 gǔgàn 瓜葛 guāgé 巩固 gǒnggù

桂冠 guìguān 开垦 kāikěn 广告 guǎnggào

10. **k [k']** 舌根送气清塞音

例词：

宽阔 kuānkuò 坎坷 kǎnkě 开垦 kāikěn

慷慨 kāngkǎi 可靠 kěkào 空旷 kōngkuàng

11. **h [x]** 舌根清擦音

例词：

呵护 hēhù 辉煌 huīhuáng 浑厚 húnhòu

豪华 háohuá 欢呼 huānhū 航海 hánghǎi

（ng 舌根浊鼻音，在普通话里不作声母，是辅音。）

12. **j [tɕ]** 舌面不送气清塞擦音

例词：

嫁接 jiàjiē 焦距 jiāojù 寂静 jìjìng

坚决 jiānjué 俊杰 jùnjié 检举 jiǎnjǔ

13. **q [tɕ']** 舌面送气清塞擦音

例词：

牵强 qiānqiǎng 亲戚 qīnqi 恰巧 qiàqiǎo

请求 qǐngqiú 确切 quèqiè 蜷曲 quánqū

14. **x [ɕ]** 舌面清擦音

例词：

习性 xíxìng 闲暇 xiánxiá 细小 xìxiǎo

相信 xiāngxìn 学习 xuéxí 下旬 xiàxún

15. **zh [tʂ]** 舌尖后不送气清塞擦音

例词：

站长 zhànzhǎng	正直 zhèngzhí	转折 zhuǎnzhé
庄重 zhuāngzhòng	住宅 zhùzhái	执照 zhízhào

16. **ch [tʂ']** 舌尖后送气清塞擦音

例词：

春潮 chūncháo	长城 chángchéng	出产 chūchǎn
驰骋 chíchěng	穿插 chuānchā	惆怅 chóuchàng

17. **sh [ʂ]** 舌尖后清擦音

例词：

神圣 shénshèng	闪烁 shǎnshuò	少数 shǎoshù
舒适 shūshì	税收 shuìshōu	上述 shàngshù

18. **r [ʐ]** 舌尖后浊擦音

例词：

柔软 róuruǎn	容忍 róngrěn	仍然 réngrán
闰日 rùnrì	扰攘 rǎorǎng	如若 rúruò

19. **z [ts]** 舌尖前不送气清塞擦音

例词：

造作 zàozuò	自尊 zìzūn	走卒 zǒuzú
罪责 zuìzé	曾祖 zēngzǔ	脏字 zāngzì

20. **c [ts']** 舌尖前送气清塞擦音

例词：

粗糙 cūcāo	猜测 cāicè	苍翠 cāngcuì
层次 céngcì	参差 cēncī	草丛 cǎocóng

21. **s [s]** 舌尖前清擦音

例词：

速算 sùsuàn	松散 sōngsǎn	琐碎 suǒsuì
瑟缩 sèsuō	洒扫 sǎsǎo	诉讼 sùsòng

三、声母辨正

各地方言的语音系统和普通话的语音系统不尽相同，学习普通话应当注意方言与普通话在声母、韵母、声调上的对应规律，以便有针对性地把自己的方言改正过来。

声母辨正要从发准音、分清字两方面入手。发准音就是要掌握声母的发音原理，方法确切，发音到位；分清字就是要分清某些声母容易混淆的汉字该读哪个声母。

下面列出几组需要重点辨正的容易相混的声母。

（一）分辨 n 和 l

1. 方言分布

北方话中的西南官话、江淮官话及西北方言的部分地区，都是 n、l 不分的。南方的湘、赣、粤、闽方言也有大片 n、l 混读的区域。有的方言两者全部相混，有的方言部分相混。

2. 辨正方法

第一，区别 n 和 l 的发音要领。n 和 l 都是舌尖抵住上齿龈发音的，不同主要在于有无鼻音。可用堵鼻孔的方式来体会 n 和 l 的发音差别。

第二，利用形声字声旁类推的方法帮助记忆 n、l 声母的字。例如，"奴"的声母是 n，以它为声旁的字，声母往往是 n，如"驽、孥、努、弩、怒"；"里"的声母是 l，以"里"为声旁的字，声母往往是 l，如"厘、俚、理、鲤"等。

第三，普通话中 n 声母的字比较少，采用"记少不记多"的方法记住声母是 n 的字，其他自然属于 l 声母字了。

n 声母偏旁类推字表

偏旁	类推字
那	nǎ 哪；nà 那、娜；nuó 挪、娜。
乃	nǎi 乃、奶。
奈	nài 奈；nà 捺
南	nán 南、喃、楠、蝻。
脑	nǎo 恼、瑙、脑。
内	nèi 内；nè 讷；nà 呐、衲、钠。
尼	ní 尼、泥、呢。
倪	ní 倪、霓。
念	niǎn 捻；niàn 念。
捏	niē 捏；niè 涅。
聂	niè 聂、蹑。
宁	níng 宁、拧、咛、狞、柠；nìng 宁（～可）、泞。
纽	niū 妞；niǔ 扭、纽、钮。
农	nóng 农、浓、脓。
奴	nú 奴、孥、驽；nǔ 努；nù 怒。
诺	nuò 诺；nì 匿。
懦	nuò 懦、糯。

虐　nüè 虐、疟。

（二）分辨 zh、ch、sh 与 z、c、s

1. 方言分布

吴、闽、客家、粤方言一般没有声母 zh、ch、sh，北方有些地区的方言中，把声母是 zh、ch、sh 的一部分字说成 z、c、s。还有粤方言、胶东方言、闽方言等还可能把 zh、ch、sh 与 j、q、x 混淆。

2. 辨正方法

第一，辨别这两组声母的发音要领，特别是找准发音部位。平舌音声母是舌尖平伸接触或接近上齿背；翘舌音声母是舌尖翘起，接触或接近硬腭的前部。

第二，巧用方法，记忆常用的平舌音和翘舌音声母字。

（1）利用形声字声旁类推。例如，

中——忠、钟、盅、衷、种、肿、仲（都是翘舌音）

曹——漕、嘈、槽、螬、遭、糟（都是平舌音）

（2）借助声韵调配合规律来分辨。例如，韵母 ua、uai、uang，只拼舌尖后音 zh、ch、sh，不与舌尖前音相拼；ong 只与 s 相拼，不与 sh 相拼；ze 只有声调为阳平的字，ce、se 只有声调为去声的字。

（3）按记多不记少的原则记单边字。从普通话常用字的总数比例看，平翘之比约为 3∶7，z、c、s 声母字大大少于 zh、ch、sh。我们只记 z、c、s 声母字，可以起到事半功倍的效果。例如，ca 记住“擦、礤、嚓、拆（方音）、礤”五个字，cen 只有“岑、涔、参（差）”三个字，zen 只有“怎、谮”两个字，sen 只有“森”一个字，而 cha、zhen、shen 却各有三四十个字。

（三）分辨 r 与 l

1. 方言分布

客赣方言、吴方言和北方话中的江淮方言、东北方言等的部分地方没有 r 声母，通常把普通话的 r 声母读成 [l]、[z] 或是“i”“ü”开头的零声母字。

2. 辨正方法

第一，首先要学会 r 的发音。r 是舌尖后浊擦音，sh 是舌尖后清擦音，这两个音的区别在于声带是否振动。练习 r 时，可先练习发 sh 的本音，然后保持发音部位不变，振动声带，就可以发好 r 的音了。

第二，把握 r 与 l 发音上的差异。r 的发音部位是舌尖和硬腭前部，l 的发音部位是舌尖与齿龈，位置上有前后之别。r 是擦音，气流直接从口腔前端挤出，且通道窄，摩擦很重；l 是边音，舌尖要抵出上齿龈，封闭口腔前端的通道，气流从舌头两边流出，摩擦不十分明显。

第三，熟记55个r声母字。普通话中r声母字并不多，3500个常用字中只有55个，可专门记，记忆时可联想形声字声旁类推的方法。

rán 然、燃 ；rǎn 冉、染

ráng 瓤；rǎng 壤、嚷；ràng 让

ráo 饶；rǎo 扰 ；rào 绕

rě 惹；rè 热

rén 人、仁；rěn 忍；rèn 刃、认、任、纫、妊、韧、饪

rēng 扔；réng 仍

rì 日

róng 绒、容、溶、蓉、熔、融、荣；rǒng 冗

róu 柔、揉、蹂 ròu 肉

rú 如、茹、儒、蠕；rǔ 汝、乳、辱；rù 入、褥

ruǎn 软

ruǐ 蕊；ruì 锐、瑞

rùn 闰、润

ruò 若、弱

（四）分辨f与h

1. 方言分布

湘、粤、闽、客家等方言大都不能清楚区分声母f和h，北方方言区的江淮官话及西南官话也存在混读现象。

2. 辨正方法

f与h都是清擦音，区别只在阻碍的部位上。f是上齿和下唇内侧，h是舌根和软腭。区别f与h这两个声母的发音并不难，关键是要弄清f与h相对应的字词。可采用形声字声旁类推和普通话声韵配合规律等方法来辨别记忆。例如，f不与ai相拼，方言中念fai的，普通话中都念huai，如“怀、淮”等；f与o相拼的字只有“佛”，方言中念fo的，普通话都念huo，如“活、火、或”等。

思考与练习

一、什么是声母的发音部位？按照发音部位可以把普通话声母分为哪几类？

二、什么是声母的发音方法？按照发音方法可以从哪些角度给普通话声母分出哪些类？

笔记

三、听读下列各组词语，写出它们的声母。

沼泽	追踪	资质	张嘴
操持	仓储	柴草	蠢材
算术	飒爽	哨所	深思
在场	瓷砖	创造	狮子
防护	横幅	话费	后悔
内敛	能量	耐劳	努力
来年	冷暖	流年	落难
人类	热烈	燃料	容量
腊肉	缭绕	朗润	例如

四、对比辨音练习。

1. 鼻音 n 与边音 l

无奈—无赖	脑子—老子	大娘—大梁
男裤—蓝裤	浓重—隆重	女客—旅客

2. 舌尖前音 z、c、s 与舌尖后音 zh、ch、sh

阻力—主力	司长—师长	栽花—摘花
粗纺—出访	辞藻—池沼	三角—山脚

3. 边音 l 与舌尖后音 r

碧蓝—必然	娱乐—余热	出路—出入
楼道—柔道	历程—日程	龙马—戎马

4. 擦音 f 与 h

斧头—虎头	非凡—辉煌	飞机—灰鸡
仿佛—恍惚	发源—花园	分配—婚配

五、朗读下列绕口令，注意分辨容易相混的声母。

（1）六十六岁的陆老头，盖了六十六间楼，买了六十六篓油，养了六十六头牛，栽了六十六棵垂杨柳。六十六篓油，堆在六十六间楼；六十六头牛，拴在六十六棵垂杨柳。忽然一阵狂风起，吹倒了六十六间楼，翻倒了六十六篓油，折断了六十六棵垂杨柳，砸死了六十六头牛，急煞了六十六岁的陆老头。

（2）牛郎恋刘娘，刘娘念牛郎。牛郎连连恋刘娘，刘娘年年念牛郎。娘念郎来郎恋娘，郎念娘来娘恋郎。

（3）三山撑四水，四水绕三山，三山四水春常在，四水三山四时春。

（4）紫瓷盘，盛鱼翅，一盘熟鱼翅，一盘生鱼翅。迟小池拿了一把瓷汤匙，要吃清蒸美鱼翅。一口鱼翅刚到嘴，鱼刺刺进齿缝里，疼得小池拍腿挠牙齿。

（5）山前有个崔粗腿，山后有个崔腿粗。二人山前来比腿，不知是崔腿粗的腿粗，还是崔粗腿的腿粗。

（6）风吹灰飞，灰飞花上花堆灰。风吹花灰灰飞去，灰在风里飞又飞。

六、朗读短文，标出方言中易混的声母。

苏州园林里都有假山和池沼。

假山的堆叠，可以说是一项艺术而不仅是技术。或者是重峦叠嶂，或者是几座小山配合着竹子花木，全在乎设计者和匠师们生平多阅历，胸中有丘壑，才能使游览者攀登的时候忘却苏州城市，只觉得身在山间。

至于池沼，大多引用活水。有些园林池沼宽敞，就把池沼作为全园的中心，其他景物配合着布置。水面假如成河道模样，往往安排桥梁。假如安排两座以上的桥梁，那就一座一个样，决不雷同。

节选自叶圣陶《苏州园林》

第三节 韵母

训练目标

1. 掌握韵母的构成、分类和发音特点，熟练掌握 39 个韵母的正确发音。

2. 了解本地方言语音与普通话语音中韵母的对应关系，掌握韵母辨正的方法，能听辨、认读易混韵母组成的词语。

理论基础

一、韵母的构成和分类

（一）韵母的构成

普通话共有 39 个韵母，《汉语拼音方案》的韵母表中列出了 35 个，韵母表后说明文字有 4 个，分别是加符号字母表示的韵母 ê [ɛ]，兼职字母 i 代表韵母 -i（前）[ɿ]、-i（后）[ʅ]，以及组合字母表示的韵母 er[ɚ]。

韵母的内部结构可以分为韵头、韵腹、韵尾。

韵头是主要元音前面的元音，又叫介音，由 i、u、ü 充当。它的发音轻而短，只表示韵母的起点。

韵腹就是韵母中的主要元音。比起韵头、韵尾，它的口腔开口度最大，声音最响亮清晰。ɑ、o、e、ê、i、u、ü、er、-i（前）、-i（后）都可以充当韵腹。

韵尾是韵腹后面的音素，由i、u（ɑo、iɑo中的韵尾也是u）或鼻辅音n、ng充当。

当韵母中只有一个元音时，这个元音就是韵腹，如“zhē”（遮）中的韵腹是e，“jīn”（巾）中的韵腹是i，韵尾是n；有两个或三个元音时，开口度最大、声音最响亮的元音是韵腹，如“kuā”（夸）中的ɑ是韵腹，u是韵头，“yōu”（优）中i是韵头，o是韵腹，u是韵尾。一个韵母可以没有韵头或韵尾，但不能没有韵腹。

韵腹加韵尾或仅有韵腹（无韵尾）都可叫韵身或韵。韵文押韵的“韵”主要指韵头后面的部分。

（二）韵母的分类

1. 按音素构成分类

普通话的韵母按音素构成可以分为单元音韵母、复元音韵母和鼻音尾韵母三类。

单元音韵母也称单韵母，是由单个元音构成的。普通话共有10个单韵母，分别是ɑ、o、e、ê、i、u、ü、-i（前）、-i（后）、er。

复元音韵母也称复韵母，是由两个或三个元音复合而成的。普通话共有13个复韵母，它们是ɑi、ei、ɑo、ou、iɑ、ie、uɑ、uo、üe、iɑo、iou、uɑi、uei。

鼻音尾韵母也称鼻韵母，由元音和鼻辅音构成。普通话共有16个鼻韵母，它们是ɑn、iɑn、uɑn、üɑn、en、uen、in、ün和ɑng、iɑng、uɑng、eng、ueng、ing、ong、iong。

2. 按“四呼”分类

“四呼”是我国传统语言学上的术语。音韵学家根据韵母开头元音的发音口形，将韵母分为开口呼、齐齿呼、合口呼、撮口呼，简称四呼。表1-7为普通话韵母总表。

开口呼：韵母不是i、u、ü和不以i、u、ü起头的韵母，如ɑ、er、ei、ɑn、eng等。

齐齿呼：i或以i起头的韵母，如，i、iɑ、ie、iou 、in、iɑng等。

合口呼：u或以u起头的韵母，如，u、uo、uɑi、uɑn、ueng等。

撮口呼：ü或以ü起头的韵母，如，ü、üe、üɑn、ün等。

表1–7 普通话韵母总表

分类	开口呼	齐齿呼	合口呼	撮口呼
单元音韵母	-i[ɿ] [ʅ]	i[i]	u[u]	ü[y]
	ɑ[A]	iɑ[iA]	uɑ[uA]	
	o[o]		uo[uo]	
	e[ɤ]			
	ê[ɛ]	ie[iɛ]		üe[yɛ]
	er[ɚ]			

续表

分类	开口呼	齐齿呼	合口呼	撮口呼
复元音韵母	ai[ai]		uai[uai]	
	ei[ei]		uei[uei]	
	ao[au]	iao[iau]		
	ou[ou]	iou[iou]		
带鼻音韵母	an[an]	ian[iɛn]	uan[uan]	üan[yan]
	en[ən]	in[in]	uen[uən]	ün[yn]
	ang[aŋ]	iang[iaŋ]	uang[uaŋ]	
	eng[əŋ]	ing[iŋ]	ueng[uəŋ]	
			ong[uŋ]	iong[yŋ]

ong[uŋ] 放在合口呼、iong[yŋ] 放在撮口呼，是按它们的实际读音排列的。《汉语拼音方案》用“ong”“iong”表示 [uŋ]、[yŋ]，而没有采用“ung”“üng”是为了字形清晰，避免手写体 u 和 o 相混。

二、韵母的发音

韵母主要由元音构成，学习韵母的发音必须学习元音的发音。

元音发音时声带都要振动，气流通过口腔并受制于口腔的形状，从而形成不同的音色。口腔的形状主要决定于舌位的前后、口腔的开合和唇形的圆展。我们可以根据这三方面来分析元音发音的条件。

第一，舌位的前后。舌头前伸后缩会引起舌位的前后变化。舌头前伸，舌面前部隆起，发出的音是前元音，如 i、ü；舌头后缩，舌面后部隆起，发出的音是后元音，如 o、u；舌头处于自然状态，舌面中部隆起，发出的音是央元音，如 ɑ。

韵母的发音
音频来源：网络资料

第二，口腔的开合。口腔的开合程度叫开口度，它与舌位的高低密切相关。开口度越小，舌面距离上腭越近，舌位就越高；反之，舌位就越低。根据舌位的高低把元音分为高元音，如 i、ü；半高元音，如 e、o；半低元音，如 ê；低元音，如 ɑ。

第三，唇形的圆展。嘴唇拢圆，发出的是圆唇元音，如 o、u、ü；嘴唇向两边展开或呈自然状态，发出的音是不圆唇元音，如 ɑ、i、e 等。

为准确把握韵母的发音，我们还应学会运用舌面元音舌位唇形图。图 1-2 是舌面元音舌位唇形图，图上标示了包括普通话 7 个舌面单元音韵母和常用国际音标的发音条件。舌位的前后用斜线表示，舌位的高低用横线表示，不圆唇元音标示在斜线左边，圆唇元音标示在斜线右边。

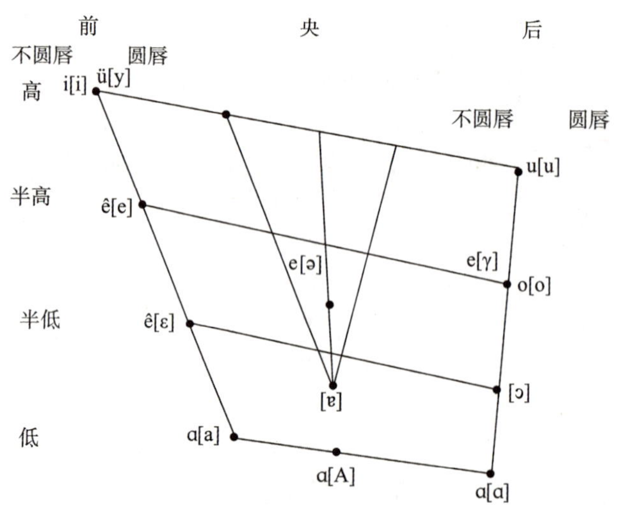

图1–2　舌面元音舌位唇形图

下面分类说明韵母的发音。

（一）单元音韵母

单韵母共有 10 个，根据发音时舌头起作用的部位和方式不同，分为 7 个舌面单韵母、2 个舌尖单韵母和 1 个卷舌单韵母。

1. 舌面单韵母

发音时，舌面节制气流。

ɑ[ɑ]　舌面、央、低、不圆唇元音。

口腔自然大开，舌头不前不后，舌位低，唇形不圆，声带振动。

例词：

发达 fādá　　麻辣 málà　　刹那 chànà

打靶 dǎbǎ　　喇叭 lǎba　　哈达 hǎdá

o[o]　舌面、后、半高、圆唇元音。

口腔半闭，舌头后缩，舌位半高，嘴唇拢圆，声带振动。

例词：

薄膜 bómó　　磨墨 mómò　　饽饽 bōbo

磨破 mópò　　伯伯 bóbo　　默默 mòmò

e[ɤ] 舌面、后、半高、不圆唇元音。

发音状况大致同于 o，但双唇自然展开。

例词：

色泽 sèzé　　折合 zhéhé　　合格 hégé

隔热 gérè　　可乐 kělè　　苛刻 kēkè

ê[ε] 舌面、前、半低、不圆唇元音。

舌尖抵住下齿背，舌位半低，口半开，嘴角向两边展开，声带振动。

普通话里只有“欸”这个字念 ê，ê 一般只与 i、ü 组成复韵母 ie、üe。

i [i] 舌面、前、高、不圆唇元音。

口微开，唇形成扁平状，舌尖轻抵下齿背，声带振动。

例词：

戏迷 xìmí　　集体 jítǐ　　礼仪 lǐyí

西医 xīyī　　启迪 qǐdí　　霹雳 pīlì

u[u] 舌面、后、高、圆唇元音。

双唇拢圆成小孔，舌头后缩，舌根抬高接近软腭，声带振动。

例词：

吐露 tǔlù　　朴素 pǔsù　　祝福 zhùfú

出入 chūrù　　鼓舞 gǔwǔ　　目录 mùlù

ü [y] 舌面、前、高、圆唇元音。

发音状况大致同于 i，但唇形拢圆。

例词：

序曲 xùqǔ　　雨具 yǔjù　　须臾 xūyú

女婿 nǚxu　　旅居 lǚjū　　区域 qūyù

2. 舌尖单韵母

发音时，舌尖节制气流。

-i[ɿ] 舌尖前、高、不圆唇元音。

舌尖前伸，与上齿背相对，留一条窄缝，气流通过时不发生摩擦，唇形不圆，声带振动。

例词：

字词 zìcí　　自私 zìsī　　恣肆 zìsì

此次 cǐcì　　子嗣 zǐsì　　刺字 cìzì

-i[ʅ] 舌尖后、高、不圆唇元音。

舌尖后缩翘起与硬腭前部相对，留一条窄缝，气流通过时不发生摩擦，唇形不圆，声带振动。

例词：

支持 zhīchí　　实施 shíshī　　日食 rìshí

指示 zhǐshì　　市尺 shìchǐ　　日志 rìzhì

舌尖前元音 -i[ɿ] 与舌尖后元音 -i[ʅ] 发音状况不同，出现的条件也不同。-i[ɿ] 只出现在声母 z、c、s 后，-i[ʅ] 只出现在声母 zh、ch、sh、r 后。而舌面元音 i[i] 也不会出现在 zh、ch、sh、r、z、c、s 后，因此《汉语拼音方案》用字母 i 同时表示三个不同的元音，却并不会发生混淆。

3. 卷舌单韵母

er[ɚ] 卷舌、央、中、不圆唇元音。

er 是带有卷舌动作的央元音 e[ə]。发音时，舌面舌尖同时节制气流，舌头略后缩，舌位居中，唇形不圆，在发 e[ə] 的同时，舌尖向硬腭卷起，声带振动。er 虽然有两个字母，但 r 不表示音素，只表示卷舌动作，所以 er 仍属单韵母。

例词：

偶尔 ǒu'ěr　　耳朵 ěrduo　　二胡 èrhú

而且 érqiě　　鱼饵 yúěr　　儿化 érhuà

（二）复元音韵母

复韵母的发音与单韵母不一样。单韵母发音时舌位、唇形始终保持不变，而复韵母发音时舌位、唇形都有变化。这种变化表现为两个特点：

第一，复韵母的发音不是两三个元音简单相加，而是由一个元音的发音状况快速滑向另一个元音的发音状况。这个过程是渐变的，中间应该有一串过渡音，气流不能中断，听起来浑然一体。

第二，复韵母中各元音的分量不一样，其中韵腹是复韵母的重心，发音响亮、清晰，占的时间也长些，韵腹之前的韵头及其之后的韵尾发音则比较轻短、模糊。

普通话中的 13 个复韵母，根据韵腹的位置分为前响复韵母、中响复韵母和后响复韵母。

请参看复元音舌位活动图，注意复韵母中的元音舌位与单韵母元音舌位的差别。

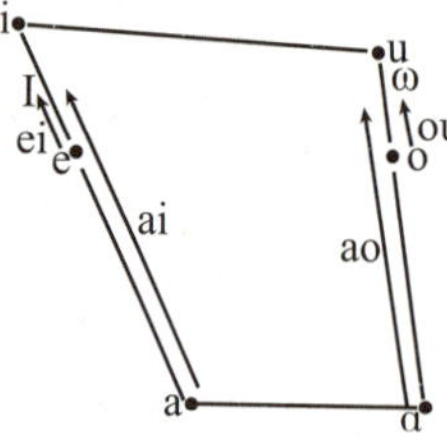

（a）前响复元音（由开而闭）

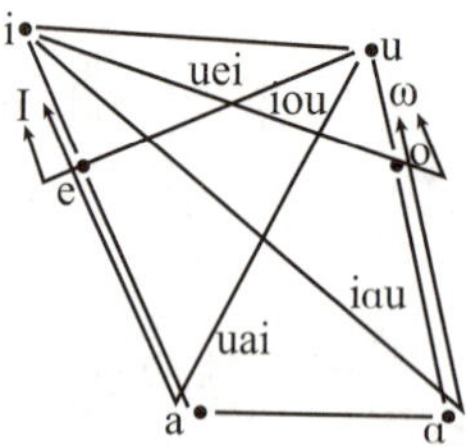

（b）中响复元音（由闭而开再闭）

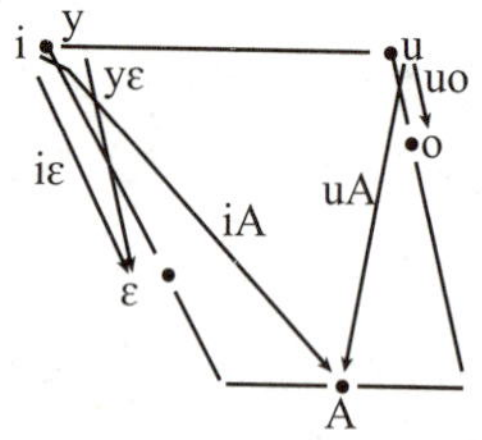

（c）后响复元音（由闭而开）

图1–3　复元音舌位活动图

1. 前响复韵母　**ɑi ei ɑo ou**

这组韵母韵腹在前，发音共同点是元音舌位由低向高滑动，口形由大变小，开头元音响亮、清晰，收尾元音轻短、模糊。

例词：

ai[ai]　海带 hǎidài　　彩排 cǎipái　　晒台 shàitái

　　　　摆开 bǎikāi　　爱戴 àidài　　灾害 zāihài

ei[ei]	肥美 féiměi	蓓蕾 bèilěi	非得 fēiděi
	配备 pèibèi	娓娓 wěiwěi	黑莓 hēiméi
ao[au]	高潮 gāocháo	号召 hàozhào	稻草 dàocǎo
	刨刀 bàodāo	操劳 cāoláo	毫毛 háomáo
ou[ou]	守候 shǒuhòu	抖擞 dǒusǒu	透漏 tòulòu
	欧洲 ōuzhōu	佝偻 gōulóu	绸缪 chóumóu

2. 中响复韵母 iao iou uai uei

这组韵母韵头、韵腹、韵尾齐全。发音共同点是舌位先降后升，前头的元音轻短，只表示舌位移动的起点，中间的元音响亮、清晰，后面的元音轻短、模糊。

例词：

iao[iau]	巧妙 qiǎomiào	缥缈 piāomiǎo	调教 tiáojiào
	小鸟 xiǎoniǎo	疗效 liáoxiào	窈窕 yǎotiǎo
iou[iou]	悠久 yōujiǔ	绣球 xiùqiú	牛油 niúyóu
	求救 qiújiù	久留 jiǔliú	优秀 yōuxiù
uai[uai]	摔坏 shuāihuài	外踝 wàihuái	外快 wàikuài
	怀揣 huáichuāi		
uei[uei]	归队 guīduì	垂危 chuíwēi	悔罪 huǐzuì
	追随 zhuīsuí	水位 shuǐwèi	摧毁 cuīhuǐ

3. 后响复韵母 ia ie ua uo üe

这组韵母韵腹在后，发音共同点是舌位由高向低滑动，口形由小到大，开头元音轻短，只表示舌位移动的起点，后一元音响亮、清晰。

例词：

ia[iʌ]	恰恰 qiàqià	架下 jiàxia	假牙 jiǎyá
	下家 xiàjiā	掐下 qiāxià	压价 yājià
ie[iɛ]	结业 jiéyè	贴切 tiēqiè	趔趄 lièqie
	铁鞋 tiěxié	姐姐 jiějie	歇业 xiēyè
ua[ua]	瓜花 guāhuā	娃娃 wáwa	花褂 huāguà
	耍滑 shuǎhuá	花袜 huāwà	
uo[uo]	骆驼 luòtuo	懦弱 nuòruò	火锅 huǒguō
	哆嗦 duōsuo	阔绰 kuòchuò	蹉跎 cuōtuó
ü e[yɛ]	雀跃 quèyuè	决绝 juéjué	雪月 xuěyuè
	约略 yuēlüè		

（三）鼻音尾韵母

鼻韵母发音时，由元音的发音状态过渡到鼻辅音的发音状态，鼻音色彩逐渐增加，最后阻碍部位闭合，形成鼻辅音。

鼻韵母分为两类，以舌尖鼻辅音 n 作韵尾的是前鼻韵母；以舌根鼻辅音 ng 作韵尾的是后鼻韵母。

1. 前鼻韵母 an en in ün ian uan üan uen

an[an]、en[ən]、in[in]、ün[yn] 这四个鼻韵母发音的共同点是先发元音，紧接着软腭逐渐降低，打开鼻腔通道，增加鼻音色彩，舌尖向上齿龈移动，最后抵住上齿龈发 n，整个韵母发音完毕才除阻。要注意的是，a 在 an、uan、ian 的发音有细微差别。其在 an、uan 中发前、低元音 [ɑ]，与单韵母 a[ʌ]（央元音）相比，舌位偏前；其在 ian 中发前、半低元音 [ɛ]；舌位比单韵母 a 偏前偏高；而 en 中的 e 是央元音 [ə]，比单韵母 e[ɤ] 靠前。

例词：

an[an]	展览 zhǎnlǎn	难堪 nánkān
	肝胆 gāndǎn	汗衫 hànshān
en[ən]	沉闷 chénmèn	根本 gēnběn
	分神 fēnshén	门诊 ménzhěn
in[in]	濒临 bīnlín	音频 yīnpín
	辛勤 xīnqín	金银 jīnyín
ün[yn]	均匀 jūnyún	军训 jūnxùn
	逡巡 qūnxún	芸芸 yúnyún

ian[iɛn]、uan[uan]、üan[yan]、uen[uən] 这四个前鼻韵母发音的共同点是前面的元音（韵头）要发得轻而短，然后滑向较响亮的主要元音（韵腹），紧接着软腭逐渐下降，打开鼻腔通道，增加鼻音色彩，舌尖往下齿龈移动，最后抵住上齿龈发 n，整个韵母发音完毕才除阻。

例词：

ian[iɛn]	颠连 diānlián	边沿 biānyán
	天仙 tiānxiān	前面 qiánmiàn
uan[uan]	专断 zhuānduàn	传唤 chuánhuàn
	万贯 wànguàn	婉转 wǎnzhuǎn
üan[yan]	源泉 yuánquán	涓涓 juānjuān
	轩辕 xuānyuán	全权 quánquán
uen[uən]	温存 wēncún	混沌 hùndùn
	春笋 chūnsǔn	滚轮 gǔnlún

2. 后鼻韵母 ang、eng、ing、ong、iong、iang、uang、ueng

ang[ɑŋ]、eng[əŋ]、ing[iŋ]、ong[uŋ]、iong[yŋ] 这五个后鼻韵母发音时，先发元音（韵

腹），ang 的元音是后元音 [ɑ]，ong 的元音为 u（不是 o），iong 的元音为 ü[y]（不是 io），紧接着软腭下垂，打开鼻腔通道，同时舌根抬起抵住软腭发 ng，待整个发音完毕再解除阻碍。

iang[iaŋ]、uang[uaŋ]、ueng[uəŋ] 这三个后鼻韵母发音时，前面的元音（韵头）轻短，只表示舌位移动的起点，紧接着发 ang[aŋ]、eng[əŋ]。

例词：

ang[aŋ]	苍茫 cāngmáng	长廊 chángláng
	放荡 fàngdàng	螳螂 tángláng
eng[əŋ]	蒸腾 zhēngténg	丰盛 fēngshèng
	逞能 chěngnéng	整风 zhěngfēng
ing[iŋ]	冰凌 bīnglíng	姓名 xìngmíng
	倾听 qīngtīng	评定 píngdìng
ong[uŋ]	隆重 lóngzhòng	空洞 kōngdòng
	从容 cóngróng	工农 gōngnóng
iong[yŋ]	汹涌 xiōngyǒng	炯炯 jiǒngjiǒng
	茕茕 qióngqióng	熊熊 xióngxióng
iang[iaŋ]	湘江 xiāngjiāng	两样 liǎngyàng
	强将 qiángjiàng	娘娘 niángniang
uang[uaŋ]	装潢 zhuānghuáng	狂妄 kuángwàng
	矿床 kuàngchuáng	双簧 shuānghuáng
ueng[uəŋ]	蓊郁 wěngyù	水瓮 shuǐwèng
	蕹菜 wèngcài	

三、韵母辨正

各地方言的韵母与普通话韵母存在诸多不同，下面列举典型的几组加以分辨。

（一）分辨鼻音韵尾 -n 和 -ng

普通话里鼻音韵尾 n 和 ng 分得很清楚，如 an 与 ang、en 与 eng、in 与 ing 等。有些方言这两种鼻音韵尾区分不清，以致出现“陈村”“程村”不分，“老林”“老凌”弄错的现象。这种混同现象多数表现为 en 与 eng、in 与 ing 这两对韵母。要分清前后鼻韵尾应从两方面入手：

第一，发准 n 和 ng 这两个鼻韵尾。n 和 ng 发音的不同关键在于阻碍部位的不同。发韵尾 n 时，舌尖轻轻抵住上齿龈；发韵尾 ng 时，舌根轻轻抵住软腭。

第二，运用一些方法记住鼻音韵尾的代表字，然后进一步记住普通话此类常用

字的读音。例如，

1. 利用形声字声旁类推

贞（en）—贞、侦、祯、桢、帧

正（eng）—正、征、症、整、证、政、惩

斤（in）—斤、近、靳、芹、忻、昕、欣、新、薪

青（ing）—菁、睛、精、靖、静、清、蜻、情

2. 利用声韵配合规律帮助记忆

普通话声母 d、t 不与 en 和 in 相拼，方言中念 den、ten、din、tin 的字应改为 deng、teng、ding、ting。

3. 按记少不记多的原则记单边字

普通话中 n 与 en、in 相拼的字只有"嫩"和"您"两个，念 gen、ken、hen 的字只有以"艮"为声旁的形声字和"亘、肯、啃"等少数的几个字；z、c、s 和 en 组成的音节，只有"怎、岑、涔、参（参差）、森"等少数几个字。记住这些字也就能分清另一边该归入 eng 韵的字了。

对比辨音：

安然 ānrán—昂然 ángrán

葬送 zàngsòng—赞颂 zànsòng

审视 shěnshì—省市 shěngshì

深思 shēnsī—生丝 shēngsī

刮风 guāfēng—瓜分 guāfēn

清蒸 qīngzhēng—清真 qīngzhēn

亲生 qīnshēng—轻声 qīngshēng

金鱼 jīnyú—鲸鱼 jīngyú

人名 rénmíng—人民 rénmín

烂漫 lànmàn—浪漫 làngmàn

搪瓷 tángcí—弹词 táncí

陈旧 chénjiù—成就 chéngjiù

木棚 mùpéng—木盆 mùpén

市政 shìzhèng—市镇 shìzhèn

信服 xìnfú—幸福 xìngfú

亲近 qīnjìn—清静 qīngjìng

红心 hóngxīn—红星 hóngxīng

谈情 tánqíng—弹琴 tánqín

（二）分辨齐齿呼和撮口呼韵母

有些使用客家方言、闽方言、西南官话的地方，没有撮口呼韵母，往往把撮口呼读成齐齿呼，如"自律"读成"自立"，"信誉"读成"信义"。

学会发 ü 并不难，因为 i 与 ü 的区别在于唇形的圆展。练习时，可先展开嘴唇发 i，舌位保持不变，把双唇拢圆，就发出 ü 了。

学会 ü 的发音后，还要进一步记住哪些字是撮口呼韵母。普通话中属于撮口呼的基本音节只有 24 个，相对应的汉字也不多，记忆起来并不困难。

对比辨音：

适于 yú—适宜 yí

全 quán 面—前 qián 面

白云 yún—白银 yín

雪 xuě 景—写 xiě 景

缘 yuán 分—盐 yán 分　　　　　　拒绝 jùjué—季节 jìjié

（三）分辨 o 与 e

有些方言韵母 o 与 e 不分。例如，东北不少地方的方言把 o 韵母的一些字读为 e 韵母；西南不少地方的方言把 e 韵母读成 o 韵母，或是丢失 uo 的韵头 u，读成 o 韵母；江西的方言中也存在着 o、uo、e 不分的现象。

要分清这三个韵母首先须把握它们的发音差异，o 和 e 发音情况大致相同，区别在于 o 是圆唇韵母，e 是不圆唇韵母；uo 是复韵母，发音时不能丢失韵头 u。其次要注意普通话 o 只跟 b、p、m、f 相拼，对应的字很少，而 e、uo 则不跟 b、p、m、f 相拼。

对比辨音：

破格 pògé	墨盒 mòhé	隔膜 gémó
婀娜 ēnuó	过河 guòhé	伯乐 bólè
勒索 lèsuǒ	合作 hézuò	堕落 duòluò

思考与练习

一、读准并默写普通话单韵母、复韵母、鼻韵母。

二、元音的发音受哪几个条件的影响？画出舌面元音舌位图，标出普通话七个舌面元音的位置，并准确描述七个元音的发音情况。

三、有些方言区的人对前鼻韵母和后鼻韵母区分不清，将下列词语读音相混：长针—长征、分化—风化、金鱼—鲸鱼、贫民—平民。请问可以采取什么方法分辨？

四、听读下列词语，写出它们的韵母。

折磨	曲奇	谢绝	寿桃	暧昧
衰退	表舅	食饵	勒索	华夏
安放	繁忙	畅谈	民警	神圣
承认	银杏	挺进	房间	壮观
遵循	创建	奖状	双杠	春笋
清静	烂漫	声明	轻声	军营

五、练习韵母的发音，注意分辨它们的异同。

i：	书籍 shūjí	气味 qìwèi	戏曲 xìqǔ
ü：	书局 shūjú	趣味 qùwèi	序曲 xùqǔ
ie：	夜读 yèdú	竭力 jiélì	猎取 lièqǔ
üe：	阅读 yuèdú	角力 juélì	掠取 lüèqǔ
ai：	改了 gǎile	分派 fēnpài	稗子 bàizi
ei：	给了 gěile	分配 fēnpèi	被子 bèizi
ao：	考试 kǎoshì	稻子 dàozi	牢房 láofáng
ou：	口试 kǒushì	豆子 dòuzi	楼房 lóufáng
an：	反问 fǎnwèn	寒露 hánlù	水潭 shuǐtán
ang：	访问 fǎngwèn	航路 hánglù	水塘 shuǐtáng
ian：	皮件 píjiàn	前头 qiántou	潜力 qiánlì
üan：	疲倦 píjuàn	拳头 quántou	权力 quánlì
uan：	机关 jīguān	木船 mùchuán	晚点 wǎndiǎn
uang：	激光 jīguāng	木床 mùchuáng	网点 wǎngdiǎn
en：	申明 shēnmíng	诊治 zhěnzhì	出身 chūshēn
eng：	声明 shēngmíng	整治 zhěngzhì	出生 chūshēng
in：	水滨 shuǐbīn	亲近 qīnjìn	贫民 pínmín
ing：	水兵 shuǐbīng	清静 qīngjìng	平民 píngmín
uen：	春风 chūnfēng	轮子 lúnzi	依存 yīcún
ong：	冲锋 chōngfēng	笼子 lóngzi	依从 yīcóng
ün：	运费 yùnfèi	寻衅 xúnxìn	群居 qúnjū
iong：	用费 yòngfèi	雄性 xióngxìng	琼剧 qióngjù

六、朗读绕口令，注意读准提示的韵母。

（1）要说“尔”专说“尔”，马尔代夫，喀布尔，
阿尔巴尼亚，扎伊尔，卡塔尔，尼泊尔，
贝尔格莱德，安道尔，萨尔瓦多，伯尼尔，
利伯维尔，班珠尔，厄瓜多尔，塞舌尔，
哈密尔顿，尼日尔，圣彼埃尔，巴斯特尔，
塞内加尔的达喀尔，阿尔及利亚的阿尔及尔。（er）

（2）梁上两对倒吊鸟，泥里两对鸟倒吊，
可怜梁上的两对倒吊鸟，惦着泥里的两对鸟倒吊，
可怜泥里的两对鸟倒吊，也惦着梁上的两对倒吊鸟。（ao、iao）

（3）太阳从西往东落，听我唱个颠倒歌。
天上打雷没有响，地下石头滚上坡。

江里骆驼会下蛋，山上鲤鱼搭成窝。

腊月炎热直流汗，六月寒冷打哆嗦。

妹照镜子头梳手，门外口袋把驴驮。（e、o、uo、ou）

（4）长江上有船，船上有床，床上有床单，床单上躺着枪炮班长。

枪炮班长躺在床单上，床单铺在床上，床在船上，船在长江上。（an、uan、ang、uang）

（5）陈庄程庄都有城，陈庄城通程庄城。

陈庄城和程庄城，两庄城墙都有门。

陈庄城进程庄人，陈庄人进程庄城。

请问陈程两庄城，两庄城门都进人。

哪个城进陈庄人，程庄人进哪个城？（en、eng）

（6）天上七颗星，树上七只鹰，

梁上七个钉，台上七盏灯。

拿扇扇了灯，用手拔了钉，

举枪打了鹰，乌云盖了星。（ing）

（7）扁担长，板凳宽，扁担没有板凳宽，板凳没有扁担长。扁担绑在板凳上，板凳不让扁担绑在板凳上，扁担偏要扁担绑在板凳上。（an、ian、ang、eng）

（8）天上有银星，星旁有阴云。银星躲过阴云，不让阴云遮银星。（in、ün、ing）

七、朗读短文。

1. 找出文中前鼻韵母、后鼻韵母字，再进行朗读

身陷苦难却仍为荷花的盛开欣喜赞叹不已，这是一种趋于澄明的境界，一种旷达洒脱的胸襟，一种面临磨难坦荡从容的气度，一种对生活童子般的热爱和对美好事物无限向往的生命情感。

节选自《态度创造快乐》

2. 朗读短文，标出受方言影响容易读错的韵母

莫高窟壁画的内容丰富多彩，有的是描绘古代劳动人民打猎、捕鱼、耕田、收割的情景，有的是描绘人们奏乐、舞蹈、演杂技的场面，还有的是描绘大自然的美丽风光。其中最引人注目的是《飞天》。壁画上的飞天，有的臂挎花篮，采摘鲜花；有的反弹琵琶，轻拨银弦；有的倒悬身子，自天而降；有的彩带飘拂，漫天遨游；有的舒展着双臂，翩翩起舞。看着这些精美动人的壁画，就像走进了灿烂辉煌的艺术殿堂。

节选自《莫高窟》

第四节 声调

训练目标

1. 了解声调的性质和作用。
2. 熟练掌握普通话四声的实际读法，能结合本地方言听辨调类，改换调值。

理论基础

汉语是有声调的语言。声调主要决定于音高，和音长、音强也有一定的关系。控制音高变化的是声带，声带可以随时调整，或绷紧或放松，这就造成种种不同的音高变化，形成声调。我们用普通话读“dɑ”这个音节，至少可以读出四种不同的音高变化，用相应的汉字可表示为“搭、达、打、大”，这四个汉字的声母、韵母是相同的，但因为有了声调高低升降的变化，表达出的语素意义是不同的。因此，我们可以说声调是音节中具有区别意义作用的音高变化。

一、调值和调类

调值是声调的实际读法，也就是声调高低曲直的变化形式。调值表现出两个语音特点。其一，构成调值的音高是相对音高，这与音乐中的绝对音高有区别。绝对音高是指声音振动频率的绝对数值所表示的音高。在音乐里，C 调的 1（哆），无论谁唱，无论用什么乐器演奏，音高都是相同的。相对音高是用比较的方法确定的同一基调的音高变化形式和幅度。人们的嗓音条件是不相同的。一般来说，成年男性的声带比女性的厚、长、宽一些，他们说话的音高就低一些。同一个人情绪紧张时，声带会控制得紧一些,他说话的音高往往也会比情绪平静时高一些。但不管性别差异、嗓音条件、情绪状态如何，不同的人用普通话说“好”（hǎo）时，音高的变化形式都是由高降到低，再升到半高这样的一个曲折过程，升降幅度大体相同，也就是说相对高音是一样的，表达“好”的词义不会发生变化。其二，构成调值的相对音高的变化是连续的、渐变的，中间没有停顿、没有跳跃。

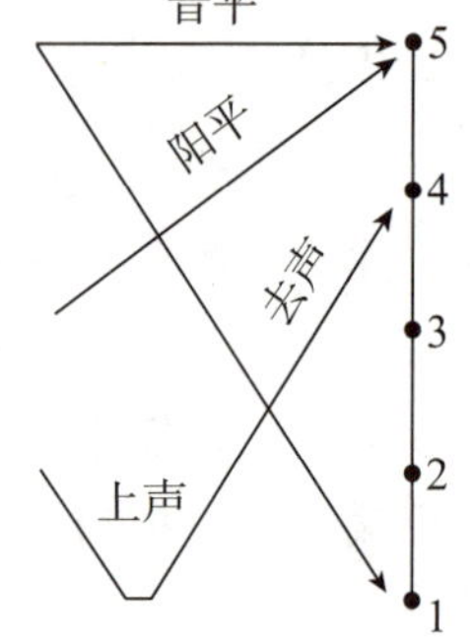

图1-4 普通话声调示意图

描写声调的调值，通常采用赵元任创造的五度标记法。具体做法是：用一条竖线共分为四格五度，从下至上用 1、2、3、4、5 度分别表示低、半低、中、半高、高的相对音高值；在竖线的左侧用从左至右的线条表示音高升降变化的形式（图 4-1）。

笔记

调类是声调的分类。把调值相同的字归纳在一起就形成了调类。

一种语言或方言的调值分多少类，是由其基本调值决定的，就是说，它的一个音节能念出多少个可以区别意义的调值来，就有多少个调类。例如，普通话有四种基本调值，就有四个调类，广西博白方言有十种基本调值，就有十个调类，而河北滦县方言只有三种调值，则有三个调类。

二、普通话的声调

普通话的声调有四个调类，名称为阴平、阳平、上声、去声。

1. 阴平（第一声）

调值为 55，由 5 度起音至 5 度收音，又叫高平调或 55 调。阴平声音高而平，基本上没有升降的变化，如“青、春、高、飞”的声调。

2. 阳平（第二声）

调值为 35，即由 3 度起音升到 5 度收音，又叫中升调或 35 调。阳平从中起音，往上扬到高音，如“人、民、团、结”的声调。

3. 上声（第三声）

调值为 214，即由 2 度起音降到 1 度再升到 4 度收音，又叫降升调或 214 调。上声是一个曲折的调子，由半低起调降到低，然后升到半高音，如“美、好、理、想”的声调。

4. 去声（第四声）

调值为 51，即由 5 度起音降到 1 度收音，又叫全降调或 51 调。去声高起直降，降的过程干脆利落，如“胜、利、迈、进”。

声调的发音
音频来源：网络资料

《汉语拼音方案》规定了四声的调号“ˉ、ˊ、ˇ、ˋ”，调号的形状实际上就反映了普通话四个调类调值变化的形式。调号要标在主要元音上，如“yīn（阴）、yáng（阳）、shǎng（上）、qù（去）”。下面的顺口溜可以帮助我们记住标调的方法：

ɑ、o、e、i、u、ü，标调时按顺序。

i 上标调去掉点，i u 并排标后边。

普通话语音里还有一个轻声，它是一种音变现象，不是一个调类。轻声音节都不标调，如 wáwa（娃娃）。

用国际音标标记汉语音节时，调值可用调值数码法表示，也可用微缩的五度竖标法表示。

例如，调值数码法：[in 55]（阴）、[iɑŋ 35]（阳）、[ʂɑŋ 24]（上）、[tɕy 51]（去）；五度标记法：[in]（阴）、[iɑŋ]（阳）、[ʂɑŋ]（上）、[tɕy]（去）。

为了便于中文信息处理，国家语言文字工作委员会（简称国家语委）还组织制定了《汉语拼音方案的通用键盘表示规范》，其中对声调符号的处理规定为：“四个声调符号依次用1、2、3、4表示（轻声用5表示），放在该音节字母之后。例如guo2jia1（国家）xiong1di5（兄弟）。”

三、普通话声调练习

1. 念准按四声顺序排列的同声同韵字

ma 妈麻马骂　　po 坡婆叵迫　　ke 科咳渴克

jia 家荚假架　　sui 虽随髓穗　　tao 掏桃讨套

fen 分焚粉愤　　hong 烘红哄讧　　chi 吃迟齿斥

2. 念准按四声顺序排列的四字短语

山河锦绣 shānhéèjǐnxiù　　胸怀广阔 xiōnghuáièguǎngkuò

非常好看 fēichángèhǎokàn　　心直口快 xīnzhíèkǒukuài

千锤百炼 qiānchuíèbǎiliàn　　光明磊落 guāngmíngèlěiluò

3. 念准同声同韵异调词语

安适 ānshì　　咸鱼 xiányú　　报导 bàodǎo

按时 ànshí　　鲜鱼 xiānyú　　宝刀 bǎodāo

暗示 ànshì　　限于 xiànyú　　报到 bàodào

协议 xiéyì　　真实 zhēnshí　　妖艳 yāoyàn

写意 xiěyì　　珍视 zhēnshì　　谣言 yáoyán

谢意 xièyì　　阵势 zhènshì　　耀眼 yàoyǎn

四、声调辨正

普通话与各种方言之间声调上的差别一方面表现在调类上，一方面表现在调值上。从调类上来说，普通话只分四个调类，而各地方言最多的可分十类，如广西博白方言，最少的三类，如河北滦县方言。一般说来以分四类或五类的居多。北方方言一般无入声调，而绝大多数南方方言则有入声调。从调值上说，有的方言与普通话调值调类都不同，有的方言与普通话调类相同，调值不同，还有的方言有与普通话调值相同，但不是归为同一调类，各地方言调值可谓五花八门。

辨正声调首先必须勤学苦练，清楚地读出一平二升三曲四降的区别，读准普通话四声的调值。

其次，要找出普通话和方言声调间的对应关系。方言与普通话之间声调虽然有很大差异，但却存在着较为整齐的对应关系。普通话和方言的调类系统都来自古代汉语的调类系统，现代汉语沿用“平、上、去、入”等古代调类名称，目的是使人了解古今调类演变的来龙去脉，便于搞清方言与普通话声调的对应规律。因此，我们学习普通话声调，一般可以从古代四声出发，找出自己的方言与普通话调类的对

应关系，并以此类推。只有少数声调例外字才需要一个个去记。

下面按古代“平、上、去、入”四声分类，做简要说明。

1. 平声

在普通话里分为阴平和阳平两类，绝大多数方言也如此。只有少数方言平声不分阴阳，归为一个调类，如山西太原（见《汉语方言声调对照表》）。

分别用方言和普通话朗读以下两类字，体会自己的方言是否将古平声分为阴平、阳平两类。

（1）飞机　应该　参观　增加

（2）农民　人才　和平　原来

平声分成阴阳两类的方言区，进行声调辨正时，只要把自己方言阴平的调值读成 55，阳平调成 35 就正确了。平声不分阴阳的方言区，则要仔细予以分辨。

2. 上声

由于古代上声字有一部分在普通话归入了去声，因此普通话上声字最少。大多数方言也是如此。而吴方言的一部分和粤方言把上声分为了阴上和阳上两个调类，这些方言区的人要特别注意自己方言的阳上字（古汉语按声母的清浊分为阴调和阳调两类，清声母归阴调、浊声母归阳调）。阳上字在普通话里只有部分归入上声，这部分阳上声字都是鼻音声母、边音声母和零声母的字。

分别用方言和普通话朗读下面两类字。如果自己的方言里这两类字调类不同，应把它们合并。

（1）首长　选举　土改　海岛

（2）老友　两亩　买米　冷暖

3. 去声

普通话去声字较多，包括古去声字、一部分古浊声母上声字以及部分古入声字。吴、湘、赣、闽、粤等方言区去声多半分阴去和阳去两类。这些方言区的人学习普通话时要把这两个调类合并起来，调值读成 51。上声分阴上和阳上两类的方言还要把没有归入普通话上声的那些阳上字归入普通话去声。

分别用方言和普通话朗读下列三类字，如果自己方言里这三类字调类不全相同，应当把它们合并。

（1）报告　战胜　世界　变化

（2）暴怒　现代　定论　大步

（3）抱负　静坐　动荡　近似

4. 入声

普通话没有入声，古入声字在普通话里分归到阴、阳、上、去四个声调。北方地区的方言大部分也没有入声，而南方地区的方言却大多有入声。多数方言的入声字带有塞音韵尾，读音比较短促，音节念不长，如赣方言。也有入声后面不带塞音韵尾的，读音不短促，如湘方言。

有入声的方言区的人学习普通话，首先要弄清哪些字是入声字，然后注意把入声字那种短促的念法改掉，按普通话的声调去念。

区分古入声字的今读声调有困难的人，是必须下一番功夫去记忆的。据粗略统计，600 个左右常用的古入声字，在普通话中读去声的约占 40%，读阳平的约占 31%，读阴平的约占 21%，读上声的只有 7%~8%。鼻音声母、边音声母和零声母的古入声字绝大部分在普通话中读去声。此外，绝大多数入声字主要分布在 11 个无韵尾的韵母中：ɑ、o、e、i、u、ü、−i[ʅ]、iɑ、ie、uo、üe。含鼻韵母的音节里，根本没有入声字。

总之，熟练读准普通话声调的四种调值，并联系自己熟悉的方言声调找出规律去学习，普通话的四个声调是能够准确把握的。

思考与练习

一、什么是调值？什么是调类？二者的关系怎样？

二、拼读下列词语并注上汉字。

qiúzhí—qiúzhī	gébì—gēbì	jiǎncǎi—jiǎncái
bìyù—bǐyù	chūnjié—chúnjié	zhīyè—zhíyè

三、下列词语都是古入声字，先给它们注上拼音，再比较这些词语的普通话读音和你家乡话的读音有无区别，其中有无规律可循。

接触	束缚	克服	答复	各国
压缩	毕业	剥夺	活跃	哲学
挖掘	褐色	的确	赤脚	适合
脉络	法律	魄力	熟悉	碧绿

四、读下列词语，注意第二个音节的调值高度。

阳 + 阴	国歌	提高	财经
	萌生	黄金	群居
去 + 阳	自然	化学	住房
	范畴	盛名	桂圆
阴 + 去	播送	单位	消灭
	勘误	发动	工作

五、读下列词语，注意第二个音节调值的长度。

上＋上　舞蹈　海鸟　请柬
阴＋上　潇洒　花蕊　蛙泳
阳＋上　明朗　传统　持久
去＋上　酷暑　信仰　创举

六、先给下列词语标上声调，再念准熟读。

心直口快　花团锦簇　雕虫小技
告老还乡　弄假成真　妙手回春
欢欣鼓舞　翻江倒海　高瞻远瞩
风餐露宿　惊涛骇浪　披星戴月
垂头丧气　惩前毖后　来龙去脉
世态炎凉　后继无人　壮志凌云

七、朗读下列绕口令，注意声调变化。

（1）朱家一株竹，竹笋初长出。朱叔处处锄，锄出笋来煮。锄完不再出，朱叔没笋煮，竹株又干枯。

（2）耕地要用犁，口渴要吃李。李子掉下地，沾了一身泥。不要扔了李，只需洗掉泥。

（3）王家有只黄毛猫，偷吃汪家红糖包。汪家打死王家的黄毛猫，王家要汪家赔黄毛猫，汪家要王家赔红糖包。

（4）姥姥喝酪，酪落，姥姥捞酪；舅舅架鸠，鸠飞，舅舅揪鸠；妈妈骑马，马慢，妈妈骂马；妞妞轰牛，牛拧，妞妞拧牛。

八、语言大师赵元任先生用声调不同的 shi 音节写成下面一段文言文。试读这段文言文，理解意思，体会汉语声调的魅力。

施氏食狮史

石室诗士施氏，嗜狮，誓食十狮。施氏时时适市视狮。十时，适十狮适市。是时，适施氏适市。氏视是十狮，恃矢势，使是十狮逝世。氏拾是十狮尸，适石室。石室湿，氏使侍拭石室。石室拭，氏始试食是十狮。食时，始识是十狮，实十石狮尸。试释是事。

第五节 音节

训练目标

1. 了解普通话音节结构的特点，学会分析汉字字音结构。
2. 弄清普通话声韵配合的基本规律。
3. 掌握音节的拼读方法和拼写规则。

理论基础

音节是由音素按照一定的方式组合而成的语音的基本结构单位，是人们可以凭听觉和发音时的肌肉感觉，自然觉察到的最小的语音片断。一般来说，一个汉字的读音就是一个音节，例外的是儿化音节。

一、普通话音节的结构

用汉语传统的分析法来分析，普通话音节一般由声母、韵母、声调组成，韵母内部又可分为韵头（介音）、韵腹（主要元音）、韵尾三个部分。下面列表 1–6 分析普通话的音节结构。

表1–8　普通话音节结构表

例字 \ 音节 \ 结构成分		声母	韵母				声调
			韵头（介音）	韵腹（主要元音）	韵尾		
					元音	辅音	
屋	wū	（零）		u			阴平
强	qiáng	q	I	ɑ		ng	阳平
楼	lóu	l		o	u		阳平
困	kùn	k	u	e		n	去声
雨	yǔ	（零）		ü			上声
外	wài	（零）	u	ɑ	I		去声
学	xué	x	ü	ê			阳平
知	zhī	zh		-i[ʅ]			阴平
久	jiǔ	j	I	o	u		上声
要	yào	（零）	I	ɑ	u		去声

从表 1–8 可以看出普通话音节的结构有如下特点：

（1）汉语音节成分最复杂的有五个部分：声母、韵头、韵腹、韵尾、声调。每个音节都有韵腹和声调，可以没有辅音声母、韵头和韵尾。

（2）一个汉语音节最多有四个音素，如“强”（qiáng），最少一个音素，如“雨”（yǔ）。

（3）元音音素在音节中占优势，至少一个，最多可有三个，而且连续排列，分别充当韵头、韵腹和韵尾。如果音节中只有一个音素，除极个别例外，这个音素一定是元音。（普通话口语中只限于叹词呣 m、嗯 n、哼 hng 等没有元音只有辅音。）

（4）音节可以没有辅音。辅音音素只出现在音节的开头，充当声母，或是末尾，充当韵尾。除 ng 外，其余辅音均可充当声母。充当韵尾的辅音只有 n 和 n g 。音节中没有辅音连续排列的情况，韵腹是音节中的主要元音。

（5）充当韵腹的元音有 ɑ、o、e、ê、i、u、ü、er、-i[ʅ]、-i[ʅ]；可以充当韵头的只有高元音 i、u、ü，可以充当韵尾的有高元音 i、u（ɑo、iɑo 中的 o 的实际是 u）和鼻辅音 n、ng。

二、普通话声韵拼合规律

普通话声母和韵母假如全部能相拼的话，不计声调，可以拼成 800 多个音节。事实上，普通话音节表里大约有 400 个有字的音节。这说明，声母和韵母的拼合受到一定的拼合规则的限制。哪些声母能跟哪些韵母相拼，不能跟哪些韵母相拼，是以声母的发音部位和韵母的“四呼”为依据的。其配合关系如表 1-9 所示。

表1-9 普通话声韵配合简表

声母 \ 能否配合 \ 韵母		开口呼	齐齿呼	合口呼	撮口呼
双唇音	b p m	+	+	只跟u相拼	
唇齿音	f	+		只跟u相拼	
舌尖中音	d t	+	+	+	
	n l				+
舌面音	j q x		+		+
舌根音	g k h	+		+	
舌尖后音	zh ch sh r	+		+	
舌尖前音	z c s	+		+	
零声母	Φ	+	+	+	+

注：“+”表示全部或局部声韵能相拼，空白表示不能相拼

从表 1-9 中可以看出普通话声韵配合的一些主要规律：

（1）开口呼韵母不与舌面音 j、q、x 相拼，能与其他各类声母相拼。

（2）齐齿呼韵母不与唇齿音 f、舌根音 g、k、h，舌尖后音 zh、ch、sh、r，舌尖前音 z、c、s 相拼。

（3）合口呼韵母不与舌面音 j、q、x 相拼，可以与其他各类声母相拼。但与双唇音 b、p、m 和唇齿音 f 相拼时，只限于单韵母 u。

（4）撮口呼韵母只与舌尖中音 n、l 和舌面音 j、q、x 相拼，不与其他各类声母相拼。

还有一些小规律：

第一，韵母 o 只拼双唇音和唇齿音声母，而韵母 uo 却不能同双唇音、唇齿音声母相拼。

第二，韵母 ong 没有零声母音节，而韵母 ueng 只有零声母音节。

第三，韵母 -i（前）只拼 z、c、s 三个声母，-i（后）只拼 zh、ch、sh、r 四个声母，并且都没有零声母音节。

第四，韵母 er 不与辅音声母相拼，只有零声母音节。

三、音节的拼读

拼读就是按照普通话音节的构成规律，把声母、韵母拼合并加上声调成为一个音节。

（一）拼读要领

1. 声母要用本音

拼读时要用声母的本音，而不是平常称呼声母的呼读音。声母要读得轻短，发音部位要正确；韵母是发音响亮的部分，要重念。

2. 声母、韵母要连贯

汉语的拼音方法就是要把声母韵母快速连读，一气呵成，中间不要停顿。例如拼 dà（大）时，d 和 a 要快速连读，之间若有停顿，就会拼成 d（ē）-à，成不了 dà（大）音。

3. 要念准韵头

对于有韵头的音节，在拼音时韵头尽量轻短，但一定要注意念准，不要出现丢失韵头或改变韵头的现象。

4. 声调要到位

拼读音节时，不仅声韵要准确，声调的调值还必须到位。汉语音节同声同韵的多，读准声调才能更准确地区分意义。

（二）拼读方法

1. 两拼法

音节分为声母和韵母直接相拼的方法。拼读要领用一个口诀概括就是“前音（声母）轻短后音重，两音相连猛一碰”。例如，

h-uān → huān（欢）　　　　q-ìng → qìng（庆）

2. 三拼法

音节分为声母、韵头（介音）、韵身（韵母除去韵头的部分）三部分进行连读的方法。拼读要领用一个口诀概述为“声短介快韵母响，三拼连读很顺当”。这种方法只适合有韵头的音节。例如，

h–u–á → huá（滑）　　x–i–áng → xiáng（翔）

3. 声介合母拼读法

先把声母和介音 i、u、ü 合成一个整体，称为声介合母，然后再跟韵身进行连读。这种方法也只适用于有韵头的音节。例如，

du–ān → duān（端）　　zhu–āng → zhuāng（庄）

有一点应当注意 ie、iu、in、ing、ui、üe、un 八个韵母，虽然开头是 i、u、ü，却不能用“声介合母”的方法拼读。

（三）拼读时还要带上声调，一般有两种方法

1. 音节数调法

先用声母、韵母拼出音节，再看调号，是哪个调，就按阴平、阳平、上声、去声的顺序数下去，数到这个音节的声调为止。例如，拼 xiě（写），先读 xiē，再读 xié，最后定调为 xiě。此方法只适用于初学阶段。

2. 韵母定调法

用声母和带调的韵母拼读成音节。例如，

p–ǔ → pǔ（普）　　t–ōng → tōng（通）。

四、音节的拼写规则

《汉语拼音方案》对普通话音节有如下具体规定。

（一）隔音字母 y、w 的用法

y、w 是起隔音作用的字母，使用 y、w 是为了使音节界限清楚。y、w 的使用可分为三种情况。

1. 韵母表 i 行的韵母，在零声母音节中，如果 i 后面还有别的元音，就把 i 改为 y

ia → ya（呀）　　ie → ye（野）　　iao → yao（腰）
iou→you（优）　　ian→yan（烟）　　iang→yang（央）

如果 i 后面没有别的元音，就在 i 前加上 y：

i → yi（衣）　　in → yin（因）　　ing → ying（英）

2. 韵母表中 u 开头的韵母，在零声母音节中，如果 u 后面还有别的元音，就把 u 改为 w

ua → wa（蛙）　　uo → wo（窝）
uai → wai（歪）　　uei → wei（威）
uan → wan（弯）　　uen → wen（温）
uang → wang（汪）　　ueng → weng（翁）

如果 u 后面没有别的元音，就直接在 u 前加上 w。如：

u → wu（乌）

3. 韵母表中 ü 行的韵母，在零声母音节中，不论 ü 后面有没有别的元音，一律要在 ü 前面加 y。加 y 后，ü 上两点要省写

ü → yu（迂）　　üe → yue（约）
üan → yuan（冤）　　ün → yun（晕）

在小学汉语拼音教学中把 y、w 当作声母，读作"声母 y""声母 w"，这样就可以免教 y、w 的拼写规则，减轻小学生的学习负担。对于带 y、w 的大部分音节，看作是由声母 y、w 同韵母相拼而成。如 yā（呀）是 y 和 ā 拼成，wā 是 w 和 ā 拼成。另有少量带 y、w 的音节，在小学汉语拼音教学中是作为整体认读音节教学的。如 yi、yin、ying、wu、yu 等。

（二）隔音符号"'"的用法

a、o、e 开头的音节连接在其他音节后面时，如果音节的界限发生混淆，就用隔音符号"'"隔开。例如：

xi'ān（西安）—xiān（先）　　míng'é（名额）—míngé（民革）

（三）省写

1. ü 上两点的省略

ü 行的韵母跟在 y 后要省去两点，跟 j q x 相拼时，ü 上两点必须省略。例如，jū（居）、quē（缺）、xùn（训）。但是 ü 行韵母与 n、l 相拼时，ü 上两点不能省。因为省去之后就可能引起意义的混淆。试比较：nǔ（努）—nǚ（女）、lù（路）—lǜ（绿）。

2. 韵母 iou、uei、uen 的省写式

《汉语拼音方案》规定，iou、uei、uen 前面加辅音声母时，写成 iu、ui、un。如 niú（牛）、jiù（救）、zūn（尊）。

（四）标调法

标调法有多种，这里只讲《汉语拼音方案》规定的一种。

（1）声调符号要标在一个音节的韵腹上，如 fān（翻）

（2）在韵腹符号省略的 iu、ui 中，调号拼在后一个元音符号上，如 niú（牛）、huǐ（毁）。

（3）调号位于 i 上时，省略上面的点，如 jī（鸡）、xìn（信）。

（4）轻声音节不标调，如 màozi（帽子）、shūfu（舒服）。

（5）音节一律标原调，不标变调（特殊情况除外），如 yīdìng（一定）。

思考与练习

一、列表分析下列各音节的结构方式，并指出其韵母是“四呼”中哪一种。

油 yóu　　布 bù　　吃 chī　　桃 táo　　万 wàn
广 guǎng　　耳 ěr　　靴 xuē　　用 yòng　　会 huì

二、请根据声韵配合规律，指出下列音节存在错误的原因，并进行修改。

dēn（灯）　　puō（坡）　　cīng（轻）　　fōng（风）
giào（教）　　cuàng（创）　　sùn（迅）　　duǒng（懂）
xā（虾）　　ziǔ（久）　　tō（拖）　　ōng（翁）

三、下列各词的拼写是不符合拼写规则的，请把它们改正过来。

轮流 luénlióu　　月夜 yüèyiè　　委员 uěiüán
方案 fāngàn　　谚语 yiànǚ　　乌鸦 ūyiā
推却 tūiqüè　　南昌 nánchāng　　规律 guēilù

四、给下列词语注上拼音。

垂柳　安宁　婴儿　怎么　运动　上海
回音　勇武　自传　村庄　解剖　腾飞

五、按照拼读要领拼读下列音节。

1. 两拼法拼读

shèá → shá 啥　　fèēi → fēi 非
gèòng → gòng 贡　　zèěn → zěn 怎

2. 三拼法拼读

qèièā → qiā 掐　　xèüèàn → xuàn 炫
nèuèǎn → nuǎn 暖　　kèuèáng → kuáng 狂

3. 声介合母拼读法拼读

chuèān → chuān 川　　ruèèn → rùn 闰
xièáng → xiáng 祥　　suèǒ → suǒ 索

笔记

第一章　语音

六、拼读下面一段话。

wǒ cháng xiǎng dúshūrén shì shìjiān xìngfú rén, yīnwèi tāmen chúle yōngyǒu xiànshí de shìjiè zhīwài, hái yōngyǒu lìng yī gè gèng wéi hàohàn yě gèng wéi fēngfù de shìjiè, xiànshí de shìjiè shì rénrén dōu yǒu de, ér hòu yī gè shìjiè què wéi dúshūrén suǒ dú yǒu.yóu cǐ wǒ xiǎng, nàxiē shīqù huò bùnéng yuèdú de rén shì duōme de bùxìng, tāmen de sàngshī shì bùkě bǔcháng de .shìjiān yǒu zhūduō de bùpíngděng, cáifù de bù píngděng, quánlì de bù píngděng, ér yuèdú nénglì de yōngyǒu huò sàngshī què tǐxiàn wéi jīngshén de bù píngděng.

七、朗读下面一段文字。

年少的时候，我们差不多都在为别人而活，为苦口婆心的父母活，为循循善诱的师长活，为许多观念、许多传统的约束力而活。年岁逐增，渐渐挣脱外在的限制与束缚，开始懂得为自己活，照自己的方式做一些自己喜欢的事，不在乎别人的批评意见，不在乎别人的诋毁流言，只在乎那一份随心所欲的舒坦自然。偶尔，也能够纵容自己放浪一下，并且有一种恶作剧的窃喜。

节选自杏林子（台湾）《朋友和其他》

第六节 音变

音变
音频来源：网络资料

训练目标

1. 明确语流音变是普通话语音中不可缺少的重要内容。
2. 熟练掌握变调、轻声、儿化、语气词“啊”的音变规律。

理论基础

人们在进行言语交流活动时，总是连续地发出音节，从而形成连串的自然的动态语流。在动态语流中，有些相邻的音节会相互影响，产生语音变化，这就是语流音变，也叫音变。任何一种语言都存在音变现象。普通话的音变情况多种多样，最主要的有变调、轻声、儿化、语气词“啊”的音变。

一、变调

在语流中，由于邻近音节声调的相互影响而发生的变化，叫作变调。普通话常见的变调现象有以下几种。

笔记

（一）上声的变调

普通话的上声是个降升调，调值为 214，在四个声调中音长最长。上声音节只在单念或处在词语、句子的末尾时读原调，只要处在别的音节前面，它就会缩短音长，改变原来的调值。其变调规律如下。

1. 两个上声音节相连，前一个上声变为阳平，调值由 214 变成 35

例如：

懒散　雪景　草场　语法　水果

岛屿　古典　笔挺　手指　领导

2. 上声在阴平、阳平、去声前变为半上，调值由 214 变为 21

例如：

阴平前：保温　辅音　打通　海关　小兵

阳平前：导游　改革　朗读　友情　语言

去声前：讨论　挑战　感谢　伙伴　努力

3. 上声在轻声前的变调，要根据轻声音节的情况而定

（1）在原为非上声音节的轻声音节前仍读半上，调值由 214 变为 21。

例如：

打听　眼睛　老爷　本钱　脑袋　寡妇

（2）在原为上声音节的轻声音节前，有一种情况是变为阳平，调值为 35；一种情况是变为半上，调值为 21。

例如：

变为 35：小鬼　等等　哪里　打手　老鼠

变为 21：马虎　椅子　姐姐　奶奶　耳朵

4. 三个上声音节相连时，要依据词语结构的疏密程度而定

第一种情况可称为“双单格”，即前两个上声音节结构更为紧密，内部的语义停顿在第二个上声音节后。这种格式里，前两个上声音节变为阳平，调值是 35，第三个上声音节调值不变。

例如：

勇敢者　管理法　手写体　展览馆　虎骨酒

第二种情况可称为“单双格”，即后两个上声音节结构更为紧密，内部的语义停顿在第一个上声音节后。这种格式里，前一个上声音节变为半上，调值为 21，第二个上声音节变为阳平，调值是 35，第三个不变。

例如：

老总管　马老板　小雨伞　纸老虎　冷处理

在实际运用中，如果遇上四个及以上更多个上声音节相连的情况，我们可根据不同词语的内部组合情况将它们划分为若干二字组或三字组，然后按上述变调规律进行变调。

例如：

岂有 / 此理（35+21+35+214）

你 / 很勇敢（21+21+35+214）

我打 / 洗脸水（35+21+35+35+214）

小李 / 百米跑 / 九秒 / 九九（35+21+35+35+21+35+21+35+214）

（二）"一""不"的变调

在普通话里，"一"的本调是阴平，"不"的本调是去声，它们的变调规律基本相同。

1. 单念或处于词末、句末时均读原调，"一"表示序数时，也读原调

例如：

始终如一　不，就不　第一　一连一排

2. 在去声音节前都变为阳平，调值为 35

例如：

一致　一定　一律　一路　一贯

不对　不幸　不要　不论　不是

3. 在阴平、阳平、上声前都读去声（"不"读原调），调值为 51

例如：

阴平前：一般　一天　不高　不吃

阳平前：一齐　一年　不行　不妨

去声前：一尺　一举　不止　不傻

4. 夹在词语中间读轻声

例如：

试一试　找一找　听一听　走一走

去不去　好不好　来不及　写不完

（三）重叠式形容词的变调

单音节形容词重叠后，如果第二个音节儿化了，不论原来是什么声调，都应读成阴平。例如"短短儿"变读为"duǎnduānr"，"远远儿"变为"yuǎnyuānr"。如果重叠部分不儿化，则保持原调不变。

过去，在普通话的语音系统中，单音节形容词的叠音后缀，不管原来是什么声调，都要读为阴平。例如"热腾腾"读为"rètēngtēng"，"红彤彤"读为"hóngtōngtōng"。双音节形容词重叠以后，要求第二个音节变为轻声，第三、四个音节都变为阴平。例如“轻轻松松”读为“qīngqingsōngsōng”、“舒舒服服”读为“shūshufūfū”。而现在在进行普通话水平测试的时候，这两种情况是否音变，已经不再作为评分依据，可按照传统规则变调，亦可读成原调。

二、轻声

（一）什么是轻声

普通话的四声有的在一定条件下，失去原来的调值，变成又轻又短的调子，这就是轻声。轻声是从四声变化而来的特殊的变调现象，它有调值，但不固定，不是与四声并列的第五种声调。

（二）轻声的语音变化

轻声音节的语音变化与语音物理属性的四个要素都有关。一个音节由非轻声到轻声变化主要表现为音长变短，音强减弱，失去原来的调值而又产生了一定的音高形式。轻声的音高形式因前一个音节声调的影响而不同。一般说来，上声之后的轻声字调值较高，阴平和阳平的调值偏低，去声之后的调值最低。用五度标记法大致表示为：

阴平 + 轻声，调值变为 2 度　跟头　黑的　桌子
阳平 + 轻声，调值变为 3 度　甜头　黄的　镯子
上声 + 轻声，调值变为 4 度　苦头　紫的　椅子
去声 + 轻声，调值变为 1 度　念头　绿的　凳子

除了音长、音高、音强上的变化外，轻声音节有时在声母和韵母上也会发生音色的变化。不送气的清塞音、清塞擦音声母有时变为相应的浊音。一些韵母的元音会变得轻短而向中央元音靠拢，发音较为含混，甚至有的元音会弱化到脱落。例如，“哥哥”的后一个“哥”字，声母清塞音 g[k] 有时会变为浊塞音 [g]；韵母后元音 e[ɤ] 变为央元音 [ə]。“儿子”中的“子”，声母清塞擦音 [ts] 变为浊塞擦音 [dz]，韵母舌尖前元音 -i [ɿ] 变为央元音 [ə]。“意思”中的“思”韵母脱落了，只剩下声母 s[s]。

（三）轻声的规律

轻声有比较强的规律性。它和词汇、语法有密切联系。一般说，新词、科学术语里没有轻声音节，口语中的常用词才有读轻声音节的。在普通话里下面一些成分通常读轻声。

1. 语气词“啊、呢、吗、吧”等

例如：

好啊　谁呢　行吗　放心吧

2. 助词“的、地、得、着、了、过”等

例如：

我的书　高兴地　懒得很

看着　走了　来过

3. 构词后缀“子、头、们、么”等

例如：

鞋子　燕子　石头　馒头

孩子们　同志们　什么　这么

“电子、男子、鱼头”等词的“子、头”是实语素，不读轻声。

4. 名词、代词后面表示方位的词或语素

例如：

墙上　这里　地下　左边　上面

5. 动词、形容词后表示趋向的“来、去、起来、下去”等

例如：

拿来　送去　起来　下去　回来

热起来　夺回来　走下去　挑回去

前头带有表示可能性的“得”“不”的趋向动词不读轻声。例如“说不上”“合得来”中“上”“来”不读轻声，“不”“得”读轻声。

6. 部分重叠词的后一音节

例如：

狒狒　饽饽　星星　娃娃　爸爸　看看　说说

7. 量词、“个”

例如：

这个　几个　三个

口语里有一批常用的双音节词语的第二个音节，习惯上读轻声。

唠叨　体面　云彩　清楚　眼睛　商量

疙瘩　风筝　咳嗽　算盘　客气　亮堂

（四）轻声的作用

有些轻声词语具有区别词义和词性的作用。

例如：

老子 lǎozi（指父亲，也是骄傲人的自称，名词）
老子 lǎozǐ（道家学派的创始人，名词）

笔记

大意 dàyi（疏忽，形容词）
大意 dàyì（主要的意思，名词）

人家 rénjia（指自己或别人，代词）
人家 rénjiā（指住户，也指女子未来的夫家，名词）

三、儿化

（一）什么是儿化

儿化指的是后缀“儿”，与前一个音节融合在一起，使这个音节的韵母带上卷舌色彩的音变现象。由于儿化而产生卷舌色彩的韵母就叫“儿化韵”。用汉语拼音拼写儿化音节，只需在原音节末尾加上“r”表示。例如，“鱼儿”→ yúr、“点儿”→ diǎnr。字母 r 不表示音素，只表示卷舌动作。

（二）儿化的作用

儿化并不是一种纯粹的语音现象，它跟词汇、语法、修辞有密切的联系，具有区别词性词义和表示感情色彩的作用。

1. 儿化对有些词具有区别词义的作用。

白面（小麦磨的面粉）——白面儿（毒品、海洛因）
心（心脏）——心儿（中心部分）
头（脑袋）——头儿（首领）
火星（行星）——火星儿（极小的火）

2. 儿化在有些词里有确定词性的作用。

滚（动词）——滚儿（名词）
破烂（形容词）——破烂儿（名词）
个（量词）——个儿（名词）
堆（动词）——一堆儿（量词）

3. 有的词儿化后表示细小、轻微或亲切喜爱的感情色彩。

小鸡儿　一丝儿　脸蛋儿　小孩儿

（三）儿化韵的发音

普通话 39 个韵母除了单韵母 ê、er 以外，其他的都可以儿化。韵母儿化有不同的读音变化，变化情况取决于韵母的末尾音素是否便于卷舌。便于卷舌是指韵母的末尾音素是舌位较低或较后的元音（ɑ、o、e、ê、u），儿化时原韵母不变，直接增加卷舌动作。不便于卷舌，是指韵母的末尾音素是前、高元音（i、ü），舌尖元音（-i），或鼻韵尾（n、ng），末尾音素的舌位与卷舌动作发生冲突，儿化时，韵母的音变不是简单地增加一个卷舌动作，而是伴随脱落、增音、更换和同化等现象。儿化音变会使韵腹、韵尾发生变化，对声母和韵头没有影响。具体变化情况如下（例中拼音为实际读音）。

1. 韵母或韵尾是 a、o、e、ê、u 的，儿化时直接加卷舌动作

例如：

刀把儿 dāobàr	土坡儿 tǔpōr
大伙儿 dàhuǒr	方格儿 fānggér
小鞋儿 xiǎoxiér	核儿 húr
面条儿 miàntiáor	抓阄儿 zhuājiūr

2. 韵尾是 i、n（除 in、ün 外）的，丢掉韵尾，主要元音卷舌

例如：

锅盖儿 guōgàr	甜味儿 tiánwèr
竹竿儿 zhúgār	小船儿 xiǎochuár
纳闷儿 nàmèr	冰棍儿 bīngguèr

但是韵母是 in、ün 的，丢掉韵尾，还要加 er。例如：

背心儿 bèixīer	合群儿 héqūer

3. 韵母是 i、ü 的，在原韵母后加 er

例如：

小鸡儿 xiǎojīer	有趣儿 yǒuqùer

4. 韵母是 -i[ɿ]、-i[ʅ] 的，韵母失落，变作 er

例如：

瓜子儿 guāzěr	没事儿 méishèr

5. 韵尾是 ng 的，丢韵尾，韵腹鼻化（发音时口腔鼻腔同时共鸣，称作“鼻化音”，用 ~ 表示），并卷舌

例如：

帮忙儿 bāngm~ár	唱腔儿 chàngqi~ār
板凳儿 bǎnd~èr	胡同儿 hút~òng

但韵母是 ing、iong 的，丢掉韵尾，还要加上鼻化的 ~er

打鸣儿 dǎmí~er	小熊儿 xiǎoxió~er（io 发 ü）

四、语气词“啊”的音变

“啊”用在句前是叹词，仍发“a”。当“啊”作语气词，用在句中或句末停顿处时，由于受前一音节末尾音素的影响而发生音变，同时用字也可根据实际读法变化。见表 1–10。

笔记

表1–10 啊的表音

前一音节末尾音素	"啊"的音变	汉字写法	举例
ɑ、o、e、ê、i、ü	yɑ	呀	妈呀、鱼呀、唱歌呀、快写呀、真多呀、是你呀
u（包括ɑo、iɑo）	wɑ	哇	好哇、苦哇、妙哇
n	Nɑ	哪	亲人哪、弹琴哪、难哪
ng	ngɑ	啊	唱啊、行啊、小王啊
-i[ɿ]	[zʌ]	啊	几次啊、孩子啊、深思啊
-i[ʅ]、er	rɑ[ʐʌ]	啊	快吃啊、是啊、店小二啊

思考与练习

一、术语解释。

1. 音变 2. 变调 3. 轻声 4. 儿化

二、举例说明轻声、儿化与词汇、语法的关系。

三、指出下面上声字的声调变化情况。

首先　　铁轨　　火柴　　鼓动　　水手长
姥姥　　语言　　脸谱　　懒散　　好产品
礼貌　　好处　　辅音　　捧起　　花雨伞

四、朗读下面四字词语，注意"一""不"的读音。

一朝一夕　　一以贯之　　一暴十寒
不蔓不枝　　不哼不哈　　不三不四
一窍不通　　不屑一顾　　不拘一格

五、朗读短文，注意"啊"的音变。

（1）漓江的水真静啊，漓江的水真清啊，漓江的水真绿啊！桂林的山真奇啊，桂林的山真秀啊，桂林的山真险啊！

（2）鸡啊、鸭啊、猫啊、狗啊，一块儿水里游啊！牛啊、羊啊、马啊、骡啊，一块儿进鸡窝啊！狮啊、虫啊、虎啊、豹啊，一块儿街上跑啊！兔啊、鹿啊、鼠啊、孩子啊，一块儿上窗台啊！

六、朗读下面的句子，指出音变现象。

（1）有一次，我禁不住问他："老班长，你怎么不吃鱼啊？"

（2）种马场养有五百匹好母马。

七、朗读短文，读准轻声词语。

燕子去了，有再来的时候；杨柳枯了，有再青的时候；桃花谢了，有再开的时候。但是，聪明的，你告诉我，我们的日子为什么一去不复返呢？——是有人偷了他们罢：那是谁？又藏在何处呢？是他们自己逃走了罢：现在又到了哪里呢？

节选自朱自清《匆匆》

八、朗读下面绕口令，注意儿化词语的发音。

（1）进了门儿，倒杯水儿，喝了两口运运气儿。顺手拿起小唱本儿，唱一曲儿又一曲儿，练完嗓子我练嘴皮儿。绕口令儿，练字音儿，还有单弦儿牌子曲儿。小快板儿，大鼓词儿，又说又唱我真带劲儿。

（2）你别看两间小门脸儿，你别看屋子不大点儿，你别看屋子不起眼儿，可售货员服务贴心坎儿。有火机，有烟卷儿，有背心儿，有裤衩儿，有刀子、勺子、小饭铲儿。起个早儿贪个晚儿，买什么都在家眼前儿。

九、轻声词重点记忆练习。

有规律可循的轻声词比较好掌握，难度最大的是无规律可循，只是普通话里习惯上读轻声的那一类词语。下面的轻声词语是根据《普通话水平测试用必读轻声词语表》整理的习惯上读轻声的词语，练习时可以对自己感到最生疏的轻声词进行强化记忆。

爱人 àiren	巴掌 bāzhang	白净 báijing
帮手 bāngshou	棒槌 bàngchui	包袱 bāofu
包涵 bāohan	本事 běnshi	比方 bǐfang
扁担 biǎndan	别扭 bièniu	拨弄 bōnong
簸箕 bòji	补丁 bǔding	不由得 bùyóude
不在乎 bùzàihu	部分 bùfen	裁缝 cáifeng
财主 cáizhu	苍蝇 cāngying	差事 chāishi
柴火 cháihuo	称呼 chēnghu	畜生 chùsheng
窗户 chuānghu	刺猬 cìwei	凑合 còuhe
耷拉 dāla	答应 dāying	打扮 dǎban
打点 dǎdian	打发 dǎfa	打量 dǎliang
打算 dǎsuan	打听 dǎting	大方 dàfang
大爷 dàye	大夫 dàifu	耽搁 dānge
耽误 dānwu	道士 dàoshi	灯笼 dēnglong

提防 dīfang	地道 dìdao	地方 dìfang
弟兄 dìxiong	点心 diǎnxin	东家 dōngjia
东西 dōngxi	动静 dòngjing	动弹 dòngtan
豆腐 dòufu	嘟囔 dūnang	对付 duìfu
对头 duìtou	队伍 duìwu	耳朵 ěrduo
风筝 fēngzheng	福气 fúqi	甘蔗 gānzhe
干事 gànshi	高粱 gāoliang	膏药 gāoyao
告诉 gàosu	疙瘩 gēda	胳膊 gēbo
工夫 gōngfu	功夫 gōngfu	姑娘 gūniang
故事 gùshi	寡妇 guǎfu	怪物 guàiwu
关系 guānxi	官司 guānsi	规矩 guīju
闺女 guīnü	蛤蟆 háma	含糊 hánhu
行当 hángdang	合同 hétong	和尚 héshang
核桃 hétao	红火 hónghuo	厚道 hòudao
狐狸 húli	胡琴 húqin	糊涂 hútu
皇上 huángshang	胡萝卜 húluóbo	活泼 huópo
火候 huǒhou	伙计 huǒji	护士 hùshi
机灵 jīling	脊梁 jǐliang	记号 jìhao
记性 jìxing	家伙 jiāhuo	架势 jiàshi
嫁妆 jiàzhuang	将就 jiāngjiu	交情 jiāoqing
叫唤 jiàohuan	结实 jiēshi	街坊 jiēfang
姐夫 jiěfu	戒指 jièzhi	精神 jīngshen
咳嗽 késou	客气 kèqi	口袋 kǒudai
窟窿 kūlong	快活 kuàihuo	困难 kùnnan
阔气 kuòqi	喇叭 lǎba	喇嘛 lǎma
懒得 lǎnde	老婆 lǎopo	老实 lǎoshi
老爷 lǎoye	累赘 léizhui	篱笆 líba
力气 lìqi	厉害 lìhai	利落 lìluo
利索 lìsuo	痢疾 lìji	连累 liánlei
凉快 liángkuai	粮食 liángshi	溜达 liūda
萝卜 luóbo	骆驼 luòtuo	麻烦 máfan
麻利 máli	马虎 mǎhu	买卖 mǎimai
忙活 mánghuo	冒失 màoshi	眉毛 méimao
媒人 méiren	门道 méndao	眯缝 mīfeng
迷糊 míhu	苗条 miáotiao	名堂 míngtang

名字 míngzi　明白 míngbai　蘑菇 mógu
模糊 móhu　木匠 mùjiang　难为 nánwei
脑袋 nǎodài　能耐 néngnai　念叨 niàndao
娘家 niánjia　奴才 núcai　女婿 nǚxu
暖和 nuǎnhuo　疟疾 nüèji　牌楼 páilou
盘算 pánsuan　朋友 péngyou　脾气 píqi
屁股 pìgu　便宜 piányi　漂亮 piàoliang
婆家 pójia　铺盖 pūgai　欺负 qīfu
亲戚 qīnqi　勤快 qínkuai　清楚 qīngchu
亲家 qìngjia　热闹 rènào　人家 rénjia
认识 rènshi　扫帚 sàozhou　商量 shāngliang
上司 shàngsi　烧饼 shāobing　少爷 shàoye
生意 shēngyi　牲口 shēngkou　师父 shīfu
师傅 shīfu　石匠 shíjiang　石榴 shíliu
时候 shíhou　实在 shízai　拾掇 shíduo
使唤 shǐhuan　世故 shìgu　似的 shìde
事情 shìqing　收成 shōucheng　收拾 shōushi
首饰 shǒushi　舒服 shūfu　舒坦 shūtan
疏忽 shūhu　爽快 shuǎngkuai　思量 sīliang
算计 suànji　岁数 suìshu　特务 tèwu
挑剔 tiāoti　跳蚤 tiàozao　铁匠 tiějiang
头发 tóufa　妥当 tuǒdang　唾沫 tuòmo
挖苦 wāku　委屈 wěiqu　为了 wèile
位置 wèizhi　稳当 wěndang　稀罕 xīhan
媳妇 xífu　喜欢 xǐhuan　吓唬 xiàhu
先生 xiānsheng　相声 xiàngsheng　消息 xiāoxi
小气 xiǎoqi　笑话 xiàohua　心思 xīnsi
行李 xíngli　兄弟 xiōngdi　休息 xiūxi
秀才 xiùcai　秀气 xiùqi　学生 xuésheng
学问 xuéwen　衙门 yámen　胭脂 yānzhi
烟筒 yāntong　眼睛 yǎnjing　秧歌 yāngge
养活 yǎnghuo　吆喝 yāohe　妖精 yāojing
钥匙 yàoshi　衣服 yīfu　衣裳 yīshang
意思 yìsi　应酬 yìngchou　冤枉 yuānwang
月饼 yuèbing　月亮 yuèliang　云彩 yúncai

运气 yùnqi	在乎 zàihu	扎实 zhāshi
眨巴 zhǎba	栅栏 zhàlan	张罗 zhāngluo
丈夫 zhàngfu	帐篷 zhàngpeng	丈人 zhàngren
招呼 zhāohu	招牌 zhāopai	折腾 zhēteng
枕头 zhěntou	芝麻 zhīma	知识 zhīshi
指甲 zhǐjia（zhījia）	主意 zhǔyi（zhúyi）	转悠 zhuànyou
庄稼 zhuāngjia	壮实 zhuàngshi	状元 zhuàngyuan
字号 zìhao	自在 zìzai	祖宗 zǔzong
作坊 zuōfang	琢磨 zuómo	

第七节 语音规范化

训练目标

1. 正确认识语音规范化问题，掌握普通话语音规范的标准，能够识别并纠正语音不规范的现象。

2. 了解国家普通话水平测试的内容和等级要求。

理论基础

语音规范化是指确立民族共同语语音的明确一致的标准。其主要内容，一是确立正音标准，二是推广标准音。

一、确立正音标准

普通话是现代汉民族的共同语，以北京语音为标准音。但北京语音并不能与普通话语音画等号，北京语音内部还存在一些需要规范的分歧现象，这些分歧现象的存在给方言区的人学习普通话带来不便，有必要进行规范。普通话语音规范化工作包括：①排除北京话的特殊土语成分；②轻声词、儿化词的读音规范；③异读词的规范。

（一）排除北京话的特殊土音成分

北京口语中存在着一些土音成分，例如：

演唱嗓子不好听了，说成“嗓子 piǎ 了”。

“把绳子拉直”说成“把绳子 dèn 直”，或写作“扽”。

“塞上窟窿”，说成“sēi 上窟窿”。

“蝴蝶”说成“hùtiěr”。

“言语”说成“yuányi”

“布织得 zí 密”意为“布织得细密”。

“拿眼睛 zēi 着我”意为“拿眼睛盯着我”。

这些特殊的土音显然是不应当进入普通话的。

（二）轻声词、儿化词的读音规范

北京话里轻声词、儿化词特别多。张洵如编的《北京话轻声词汇》就收词 4351 条，几千条轻声词中只有一部分是有规律的轻声词。儿化词的数量比轻声词更多。贾采珠编的《北京话儿化词典》（语文出版社，1990）收儿化词近 7000 条。《现代汉语词典》也收儿化词近 3000 条。如此多的轻声、儿化词让方言区的人学习，肯定是有困难的。但轻声、儿化又并非是一种纯粹的语音现象，有些轻声、儿化词语具有区别词义、确定词性、增强语言表现力的作用。例如，“东西”“兄弟”轻声不轻声意义不同。“盖”“盖儿”儿化不儿化词性有差异。因此，一般认为，有必要吸收那些具有区别词义和词性作用，或者是已经被普遍采用的轻声词和儿化词，使普通话更加丰富多彩。而对于那些没有上述作用，在习惯上可读可不读轻声和儿化的词语则不必收到普通话中来。

（三）异读词的规范

异读词是指没有意义差别而有几个不同读音的词。例如，北京话里“暂时”的“暂”可读为“zàn zhàn zǎn”。

多音字不属于异读现象，因为虽然为同一个汉字，有不同的读音，但多音字出现在不同的词里，表达不同的意义，如“班长（zhǎng）”与“长（cháng）短”。

北京话里异读词的类型从语音角度分析有下面几种：

声母不同，如膝（xī qī）盖、秘（mì bì）密；

韵母不同，如塑（sù suò）料 、跃（yuè yào）进；

声调不同，如从（cóng cōng）容 、事迹（jì jí）。

声韵调有两项或三项不同，如呆（dāi ǎi）板、五更（gēng jīng）

上面举例的异读词，已经审定前一个为规范读音。

北京话里异读词产生的原因主要有以下几条。

1. 文白异读

就是读书音与口语音的区别。例如：

	嚼	血	露	薄
读书音（文）	jué	xuè	lù	bó
口语音（白）	jiáo	xiě	lòu	báo

2. 方音渗透

方言中一些词吸收进入普通话时往往带有方音特点，这就造成了异读。例如，北京话吸收吴方言的词“揩油”，使“揩”产生了 kāi 和 kā（方音）两种读音；“亚”

读 yà，但是受京东唐山一带方言的影响，有读上声 yǎ 的；“巷”本读 xiàng ，而上海话读 hàng，人们把“巷道”读成了 hàng，据说是上海工人的读音影响了北京话（《王力语言学论文集》）。

3. 讹读影响

有些异读是误读造成的，如“塑”音为 sù，现在误读 shuò 或 suò，显然是受偏旁“朔”shuò 读音的影响。相似情况的“谊”yì，误读 yí，“械”xiè 误读 jiè，“畸”jī 误读 qí，“酵”jiào 误读 xiào，都是照半边字读错了字音，但是长期通行，正误并存，形成异读。

4. 背离规律

还有一些异读，按语音发展规律应读某音，但又出现不合规律的特殊读法，如“帆”字是古浊平声字，按规律应读阳平，但又出现阴平的读法，“含”读成 hén、“泥泞”的“泞”读成 néng 都是北京话语音发展的特殊现象。

异读词的规范历来受到国家的高度重视。新中国成立以来，我国先后进行过两次普通话审音工作。1956 年成立普通话审音委员会，历经 8 年编成了《普通话异读词审音表初稿》及“续编”“三编”，1963 年合并为《普通话异读词审音总表初稿》，奠定了普通话语音规范的基础。1982 年中国文字改革委员会开展了第二次普通话审音工作，以《普通话异读词审音总表初稿》为基础，形成了《普通话异读词审音表》。此表 1985 年由国家语委、国家教委、广播电视部联合发布，是普通话语音的现行国家标准，是普通话推广普及的基础依据。

《普通话异读词审音表》将异读词分为两类进行不同的处理：其一，确定异读词的统读音，废止其他读音。其二，确定 120 多个异读词仍保留异读音。（见附录《普通话异读词审音表》）。

《普通话异读词审音表》具有立法性质，废止异读音，确立统读音的占 80%，这给学习普通话语音带来很大的方便。

随着社会经济的快速发展，语言生活发生了巨大变化，社会对普通话语音标准有了新的需求。为进一步贯彻落实《中华人民共和国国家通用语言文字法》，完善普通话语音规范标准体系，促进普通话推广工作，在距上一次普通话审音工作已有 30 年后，2011 年 10 月 28 日，由国家语委组建的新一届普通话审音委员会成立，这意味着新世纪的普通话审音工作正式启动。

二、推广标准音

推广标准音就是要推广普通话的语音规范，而普通话水平测试对语音规范起了强有力的推动作用。

普通话水平测试是我国新时期推广普通话、促进语言规范化的重大举措。它是一种目标参照性考试，是对应试人运用普通话所达到的标准程度的检测和评定。

普通话水平测试试卷包括 5 个组成部分，满分为 100 分。（各省、自治区、直辖市语言文字工作部门可以根据测试对象或本地区的实际情况，决定是否免测“选择判断”测试项。如免测此项，“命题说话”测试项的分值由 30 分调整为 40 分。）

（一）读单音节字词（100 个音节，不含轻声、儿化音节），限时 3.5 分钟，共 10 分

目的：测查应试人声母、韵母、声调读音的标准程度。

（二）读多音节词语（100 个音节），限时 2.5 分钟，共 20 分

目的：测查应试人声母、韵母、声调和变调、轻声、儿化读音的标准程度。

（三）选择判断，限时 3 分钟，共 10 分

1. 词语判断（10 组）

目的：测查应试人掌握普通话词语的规范程度。

2. 量词、名词搭配（10 组）

目的：测查应试人掌握普通话量词和名词搭配的规范程度。

3. 语序或表达形式判断（5 组）

目的：测查应试人掌握普通话语法的规范程度。

（四）朗读短文（1 篇，400 个音节），限时 4 分钟，共 30 分

目的：测查应试人使用普通话朗读书面作品的水平。在测查声母、韵母、声调读音标准程度的同时，重点测查连读音变、停连、语调以及流畅程度。

（五）命题说话，说足 3 分钟，共 30 分

目的：测查应试人在无文字凭借的情况下说普通话的水平，重点测查语音标准程度、词汇语法规范程度和自然流畅程度。

普通话水平测试是一个有标准、有层次、有系统的整体，测试把普通话划分为三个级别，每个级别内划分两个等次。测试满分为 100 分。等级标准如下：

一级甲等（97~100 分）。朗读和自由交谈时，语音标准，词汇、语法正确无误，语调自然，表达流畅。测试总失分率在 3% 以内。

一级乙等（92~96.9 分）。朗读和自由交谈时，语音标准，词汇、语法正确无误，语调自然，表达流畅。偶然有字音、字调失误。测试总失分率在 8% 以内。

二级甲等（87~91.9 分）。朗读和自由交谈时，声韵调发音基本标准，语调自然，表达流畅。少数难点音（平翘舌音、前后鼻尾音、边鼻音等）有时出现失误。词汇、语法极少有误。测试总失分率在 13% 以内。

二级乙等（80~86.9 分）。朗读和自由交谈时，个别调值不准，声韵母发音有不到位现象。难点音（平翘舌音、前后鼻尾音、边鼻音、fu–hu、z–zh–j、送气不送气、i–ü

不分、保留浊塞音和浊塞擦音、丢介音、复韵母单音化等）失误较多。方言语调不明显。有使用方言词、方言语法的情况。测试总失分率在 20% 以内。

三级甲等（70~79.9 分）。朗读和自由交谈时，声韵调发音失误较多，难点音超出常见范围，声调调值多不准。方言语调较明显。词汇、语法有失误。测试总失分率在 30% 以内。

三级乙等（60~69.9）。朗读和自由交谈时，声韵调发音失误多，方音特征突出。方言语调明显。词汇、语法失误较多。外地人听其谈话有听不懂情况。测试总失分率在 40% 以内。

等级标准是全国统一的标准。在现阶段，普通话水平测试针对不同方言区的各类人员做出了不同的等级达标要求。

普通话水平测试自 20 世纪 80 年代初提出，1994 年启动这项工作至今，取得了显著的成效。测试使普通话的评判有了科学依据和量化标准，这是现代汉语规范化进程中十分重要的学术成就。测试使推普由宣传、倡导变成了依法推进的工作，为相关岗位从业人员持证上岗工作提供了参考依据，使推普工作扎实、有效，推普手段具有可操作性。同时，通过测试使推普工作家喻户晓，促进了全社会公民语言规范化意识的普遍提高，学习和推广普通话的热情和愿望得到广泛增强，公共领域普通话水平也有明显提升。现在，普通话测试工作已由最早的教育部门、广电影视扩展到公务员、旅游、卫生、铁路、公安、检察、法院、邮政、信息产业、金融、民航、文化、体育、商业、交通等众多部门。这说明普通话水平测试的实际价值远远超出了测定个人普通话水平的单纯意义，已经成为关系到广大人民群众切身利益的社会公益事业。

思考与练习

一、结合生活中的事例说说语音规范化的必要性。

二、什么是异读词？下面加点的字哪些属于异读范围，哪些不是，为什么？凡不规范的读音请改正。

恐吓（hè）——吓人（xià）
草创（chuàng）——重创（chuāng）
供给（gōng）——提供（gòng）
模式（mó）——模样（mú）
头晕（yūn）——晕车（yùn）
麦芒（wáng）——光芒（máng）
答复（dá）——答应（dā）

五更（jīng）——更换（gēng）

三、北京方言中，轻声、儿化现象有些泛滥，请从下列词语中，找出不必读轻声儿化的词语。你认为对这类词应怎样加以规范。

详细　西瓜　泥巴　包涵　洒脱　姑娘　棉花　恰当

水果儿　黑枣儿　冰棍儿　布片儿　抠门儿　农活儿　花园儿　脸盆儿

第二章 语言技能

学习提示

具有好的口语表达能力是一个幼儿教师必备的教学技能之一。本章所讲解内容，从多方面入手，着力提升幼师生们的语言技能。全章主要从朗读技能、讲故事技能和态势语技能几个方面入手，全面阐释语言技能的广泛内涵。朗读技能一节详细阐释了不同文体的朗读技巧，意在让幼师生们朗读不同文体的文章时准确到位；讲故事技能一节，不仅从技术上对如何讲故事加以指导，而且还提供了丰富的训练资源；态势语技能一节，对如何恰当地运用态势语，到态势语全面的训练，均进行了详细的讲解。

第一节 朗读技能

训练目标

1. 了解朗读的基本信息，掌握朗读的基本要求。

2. 掌握停连、重音、语气、语调、节奏等朗读技巧，并能运用到朗读训练中。

3. 掌握不同文体的朗读技巧，能正确、流利、有感情地朗读不同文体的文章，从而体会文章精妙的语言魅力。

理论基础

朗读是口语交际的一种重要形式。朗读不仅可以提高阅读能力，增强艺术鉴赏力，更为重要的是：通过朗读可以有效地培养读者对语言词汇细致入微的体味能力，确立口语表述最佳形式的自我鉴别能力，甚至可以开阔胸怀、陶冶性情等。因此，作为未来的幼儿教师应该注重朗读技能的掌握，着力提高自己的朗读技能。

一、朗读概述

朗读，是把书面文字作品转化为有声语言的一种活动。它是朗读者在理解文字作品的基础上用自己的语音塑造形象，反映生活，说明道理，再现作者思想感情的再创造过程。

（一）朗读的作用

朗读长期伴随着我们的生活，它的作用是多方面的：

其一，从语音教学的角度来讲，朗读是进行普通话语音训练的综合形式。坚持朗读有利于综合运用声、韵、调、音变等语音知识，巩固语音学习成果，从总体上掌握普通话语音系统；可以有效地纠正方言，促进普通话水平的提高。

其二，朗读有利于提高语言表现力。朗读过程，就是广泛吸取古今中外名家语言精华的过程。通过朗读，久而久之，我们自然而然地贮存许多可借、可用的表现手段，并在需要时信手拈来，甚或可成为厚积薄发的妙手偶得。这样，我们的口头表达能力和书面表达能力便在潜移默化中得到了提高。

其三，朗读是教师，特别幼儿教师职业能力结构中的一项基本功，在幼儿教师们的平时教学生活中随时需要朗读。一名幼儿教师如果不善于朗读，是无法带领学生进入文字作品的佳境、去欣赏语言表达的无穷魅力、去体味作品的深刻内蕴的，当然也不可能指导学生如何朗读了。

（二）朗读准备

1. 用普通话朗读，字音正确、规范

朗读时在声母、韵母、声调、轻声、儿化、音变以及语句的表达方式等方面都要符合普通话语音的规范。要特别注意那些容易受方言读音干扰的字词、多音多义词、异读词、形近字等的正确读音。

练习1

冠心病是冠状动脉粥样性心脏病的简称。它是供应心脏营养物质的血管——冠状动脉发生了粥样硬化所致。这样粥样硬化的斑块，堆积在冠状动脉内膜上，越积越多，使冠状动脉管腔严重狭窄，甚至闭塞，从而导致了心肌的血流量减少，供氧不足，产生一系列缺血性表现。

注释：

冠 guān　冠心病、冠状动脉

供 gōng　供应、提供、供给制、供销

血 xüè　血管、血流、血压

血 xiě　缺血

塞 sè　闭塞、阻塞、塞责

2. 要忠实于作品的语言原貌，不掉字，不添字，不重复，不读破句，做到语言流畅

练习2

父亲的爱

爸不懂得怎样表达爱，使我们一家人融洽相处的是我妈。他只是每天上班下班，而妈则把我们做过的错事开列清单，然后由他来责骂我们。

有一次我偷了一块糖果，他要我把它送回去，告诉卖糖的说是我偷来的，说我愿意替他拆箱卸货作为赔偿。但妈妈却明白我只是个孩子。

我在运动场打秋千跌断了腿，在前往医院途中一直抱着我的，是我妈。爸把汽车停在急诊室门口，他们叫他驶开，说那空位是留给紧急车辆停放的。爸听了便叫嚷道："你以为这是什么车？旅游车？"

在我生日会上，爸总是显得有些不大相称。他只是忙于吹气球，布置餐桌，做杂务。把插着蜡烛的蛋糕推过来让我吹的，是我妈。

我翻阅照相册时，人们总是问："你爸爸是什么样子？"天晓得！他老是忙着替别人拍照。妈和我笑容可掬地一起拍的照片，多得不可胜数。

我记得妈有一次叫他教我骑自行车。我叫他别放手，但他却说是应该放手的时候了。我摔倒之后，妈跑过来扶我，爸却挥手要她走开。我当时生气极了，决心要

给他点儿颜色看。于是我马上爬上自行车，而且是自己骑给他看。他只是微笑。

我念大学时，所有的家信都是妈写的。他除了寄支票外，还寄过一封短信来给我，说因为我没有在草坪上踢足球了，所以他的草坪长得很美。

每次我打电话回家，他似乎都想跟我说话，但结果总是说："我叫你妈来接。"

我结婚时，掉眼泪的是我妈。他只是大声擤了下鼻子，便走出房间。

我从小到大都听他说："你到哪里去？什么时候回家？汽车有没有汽油？不，不准去。"

爸完全不知道怎样表达爱。除非……会不会是他已经表达了而我却未能察觉？

——本文选自〔美〕艾尔玛·邦贝克《父亲的爱》

3. 感情充沛，抑扬顿挫，表达自然

朗读之前要做好充分的准备工作，要反复阅读作品，除了落实字词句的正确读音外，还必须深入分析、理解作品的思想内容，力求从作品的主题、体裁、结构、语言，以及综合各种要素而形成的风格等方面入手，进行认真、充分和有效的解析。在此基础上，朗读者才能产生出真实的感情、鲜明的态度，才会有充沛、真挚的感情投入朗读中去。仅仅有对作品的深入理解还不够，还须善于表达。朗读应注意处理好句中的停顿、声音的快慢、轻重以及高低的变化，并在准备时用一定的符号表示出来。朗读者表达的思想感情要顺应作品思想感情的发展，既不能单调平淡，乏味无趣，也不能装腔作势，矫揉造作。

二、朗读技巧

（一）停连

祖国啊，我亲爱的祖国
音频来源：网络资料

停连是指朗读语流中声音的中断和延续，是停顿和连接的合称，是有声语言表情达意的重要手段之一。在朗读中，在层次之间、段落之间、小层次之间、词组之间甚至词之间，都可能出现声音的中断或延续，那声音中断处是停顿，那声音延续处是连接。

我们在朗读时，既不能一字一停、断断续续地进行，也不能字字相连、一口气念到底。朗读中的停连是必不可少的，一方面，朗读者生理上的换气需要停连，同时为了体现句子的语法结构也需要停连；另一方面，显示文章语意，充分表达思想情感，并给听者理解含义和品味感情的时间也需要停连。停连是根据语句的语法关系、逻辑关系和语义表达的需要来设置的，我们大致可以把停连分为语法性停连和强调性停连两种。

语法性停连是指为了显现篇章的大小层次和句子的结构关系而设置的停连。标点符号是语法停连的主要标志，段落也可以看作语法停连的标志。一般说来，段落之间的停顿要长于句子之间的停顿。句子之间的停顿时间大致为顿号最短，逗号次之，分号长于逗号，句号长于分号；问号、叹号相当于句号；省略号和破折号视其具体作用而定。有一些长句子内部没有标点，我们可以根据语法结构成分决定如何停连。

例如：

我和哥哥拿着叔叔帮我们做的风筝，高高兴兴地来到体育场。

“叔叔帮我们做的风筝”是“拿着”的宾语，“拿着”后面必须有一个停连，才能显现出这种语法关系。如果在“叔叔”后面停连就是读破句了,会闹出“拿着叔叔”的笑话。

由于表情达意的需要，有时候有标点符号的地方也是可以不设置停连的。

例如：

猴子叫起来：“糟了，糟了！月亮掉在井里啦！”

朗读这个句子时，第一个“糟了”和第二个“糟了”可以连起来读，也可以把全句都连起来读，以显示小猴子吃惊的语态。

语法性停连一般安排在意义相对完整的词和短语之间，使句子的各种成分关系明确，脉络清楚。

强调性停连是为了突出某种事物或表达某种特殊感情而设置的停连，它可能跟语法性停连重合，也可能跟语法性停连不一致。需要说明的是，强调性停连并没有固定的位置，它更多地体现了朗读者个人在朗读技巧上的处理。下面列举几种强调性停连。

1. 区分性停连

区分性停连是将文字转化为有声语言时对一个个汉字进行重新组合的停连。区分性停连的目的是区分语意、顺畅语气，以求听众一听就懂，不会造成歧义，避免产生误会。

例如：

朗读一家商店的帽子标价，有四种停连处理：

（1）最贵的一顶值两千元。（没有停顿，语意不清）

（2）最贵的∧一顶∧值∧两千元。（停顿太多，支离破碎）

（3）最贵的一顶∧值两千元。（有一顶最贵）

（4）最贵的∧一顶值两千元。（最贵的有好几顶，每顶都值两千元）

又如：

（1）阎王一边∧一个亲兵持枪而立。（一个亲兵）

（2）阎王一边一个亲兵∧持枪而立。（两个亲兵）

（说明：∧表示停顿时间稍长，如用于有标点的地方，表示停顿时间更长些。）

2. 并列性停连

并列性停连是指在作品中属于同等位置、同等关系、同等样式的词语之间的停顿及各成分内部的连接。它们之间的并列关系，决定了它们的停顿应该同位置、同时间，而它们之间的内部联系较紧，有时有些小停顿，时间也不可长。

例如：

（1）我的母亲老了，∧她早已习惯听从她强壮的儿子；我的儿子还小，∧他还习惯听从他高大的父亲。

（2）山∧朗润起来了，水∧涨起来了，太阳的脸∧红起来了。

例（2）中，“山”“水”“太阳的脸”是并列关系，“朗润起来”“涨起来”“红起来”也是并列关系，这样处理使语义明确，同时也有利于形成节奏感。

遇到并列成分较多的情况，一般采用分组的方法，或按内容，或按数目，或按类别，尽量避免一个一个读出来，造成单调乏味、呆板拖拉的感觉。

例如：

母亲和我都叹息他的景况：多子，饥荒，苛税，兵，匪，官，绅，都苦得他像一个木偶人了。

句中七个并列成分按内容可分为三组：“多子，饥荒”一组、“苛税”一组、“兵，匪，官，绅”一组，组与组之间的停顿时间可稍长，组内各成分之间的停顿时间可稍短。

3. 突显性停连

突显性停连是指为强调某一词语、短语、句子，而在其前后甚至是前后同时安排的停顿，使所强调的词句突显出来，其他不强调的词句中，有停顿处也相对缩短一些时间。

例如：

她∧死了，在旧年的大年夜∧冻死了。

在这句话两处较长时间的停顿中，“死”和“冻死”得到了突出强调，表达者悲伤、同情的情感也得到了强化。

又如：

森林爷爷∧一点儿∧也不着慌。

强调“一点儿”，在其前后安排停顿，更体现出“森林爷爷”的蔑视态度。

突显性停连与重音有密切的关系。从作品全篇来看，凡是重点层、重点段、重点句、重点词，都会使用突显性停连，只是有的非常明显，有的却因为有其他因素的存在而隐蔽一些。

4. 生理性停连

生理性停连表现为因生理变化而引起的停连，像激动、恐惧、哽咽、上气不接下气、垂危时的叮咛、人物的口吃等。这些生理变化形式的停连，在朗读中只要抓住一两处富有特征的词或短语稍加停顿，能给听者造成某种生理变化的感觉就可以了，不必自始至终、字字句句地模仿那种声音形态、气息状态。

例如：

王友感动极了，他流着眼泪后悔喊道："陶……∧陶校长，你……你打我两下吧！我砸的不是坏人，而是∧自己的同学啊……"

又如：

邻居的小伙子背着我去看她的时候，她正艰难地呼吸着，像她那一生艰难的生活。别人告诉我，她昏迷前的最后一句话是："我那个有病的∧儿子∧和我那个∧还未成年的∧女儿……"

5. 灵活性停连

朗读应该是生动引人的，为此，在语意清晰、语言链条完整、思想感情运动状态活跃的基础上，常常运用灵活性停连，或移动停顿位置，或延缓、缩短停顿的时间，或增多、减少连接。这样做，纯属不违原作的技巧性处置，但由于改变了某些固定的处理，便给人以新鲜活泼的感觉。

例如：

其余呢，西湖的波太明了，秦淮河的也太暗了。可爱的，我将什么来比拟你呢？我怎么比拟得出呢？∧大约潭是很深的，故能蕴蓄着这样奇异的绿；仿佛蔚蓝的天融了一块在里面似的，这才这般的∧鲜润啊。

又如：

以我心的清静世界去契合法界的华藏世界，则花花/世界，叶叶/如来，∧心美如画，/画美如心，∧心在画中，画在心中，∧心心相印，心画如一。∧其∧启迪理想，开发智慧，陶冶情操，修养道德，也是∧重重无尽的。……

（说明：/表示朗读停顿，有此标注的地方需稍作停顿，但停顿时间比顿号短。）

总体上说，停顿的位置必须根据作品内容和具体语句，并以思想感情的运动状态为前提来安排。一般来说，句子越长，内容越丰富，停顿就越多；句子越短，内容越浅显，停顿就越少。感情凝重深沉时，停顿较多，感情欢快急切时，连接较紧。

（二）重音

朗读的内容是由众多的词、短语构成语句连成一体的，这些词、短语在表达思想感情，达到某种具体的语言目的的时候，绝不会是平列的，不可能处在同一个地位上，总是有的重要些，有的次要些。那些重要的词、短语，甚至是某个音节，必然要求通过朗读的声音形式显出它的重要程度，我们就把这些在朗读时需要强调或突出的词或短语，甚至某个音节，叫重音。重音经常在独立、完整的语句中出现，因此，也称"语句重音"。

重音是体现语句目的的重要手段。一句话哪些词该读重音，情况是不一样的。按照产生的原因可以分为语法重音和强调重音两种。

语法重音跟语法结构有着密切联系。比如主谓结构中谓语的主要动词重读，偏正结构中的修饰语重读,表示状态或程度的补语重读等。这类重音一般不必过分强调,它属于人们自然形成的语音习惯,只是同语句的其他部分相比较,读得比较重一些罢了。

强调重音也叫逻辑重音或感情重音,指的是为了表示某种特殊的感情和强调某种特殊意义而确定的重音,目的在引起听者注意自己所要强调的某个部分。语句在什么地方该用强调重音并没有固定的规律,而是受说话的环境、内容和感情的支配。同一句话,强调重音不同,表达的意思也往往不同。

例如:

我喜欢朗读。(回答"谁喜欢朗读")

我喜欢朗读。(回答"你喜不喜欢朗读")

我喜欢朗读。(回答"你喜欢什么")

与强调性停连一样,强调重音并没有固定的位置,它更多地体现了朗读者个人在朗读技巧上的处理。下面列举几种强调重音。

1. 并列性重音

作品中常有并列语句,使内容得以完整的表现。并列成分是相辅相成的有机并列,而主要的并列成分便形成并列性重音。

例如:

如果没有太阳,地球上将到处是黑暗,到处是寒冷,没有风、雪、雨、露,没有草、木、鸟、兽,自然也不会有人。

2. 突显性重音

作品中某些语句,为了区别程度、范围等对那些具有极力强调色彩的词或短语要给以突出,我们统称为突显性重音。"什么都……""谁也……""极""很"等都是常见的突显性重音。

例如:

它什么都怕,可是它又那么勇猛,不要说见着小虫和老鼠,就是遇上蛇也敢斗一斗。

又如:

但一位先生却以为这客店也包办囚人的饭食,我住在那里不相宜,几次三番,几次三番地说。

3. 比喻性重音

比喻能化平淡为生动,化深奥为浅显,化抽象为具体。在朗读中突出比喻词语,能使被比喻的事物形象鲜明、生动可感。

例如:

人站得高些,不但能有幸早些领略到希望的曙光,还能有幸发现生命的立体的诗篇。每一个人的人生，都是这诗篇中的一个词、一个句子或者一个标点。你可能没有成为一个美丽的词、一个引人注目的句子、一个惊叹号，但你依然是这生命的立体诗篇中的一个音节、一个停顿、一个必不可少的组成部分。

又如：

叶子出水很高，像亭亭的舞女的裙。层层的叶子中间，零星地点缀着些白花，有袅娜开着的，有羞涩地打着朵儿的，正如一粒粒明珠，又如碧天里的星星。

4. 对比性重音

运用对比突出语言的目的，或加强形象，或明确观点，或渲染气氛，或显露曲折，或直陈态度，或深化感情。

例如：

后来发生了分歧：母亲要走大路，大路平顺；我的儿子要走小路，小路有意思。

又如：

虚心使人进步，骄傲使人落后。

5. 反义性重音

作品的褒贬，不一定与词语的一般意义吻合，有时，褒义词用于贬义，贬义词用于褒义。这种情况下，为了突出它们的相反意义，就把它们作为重音，即反义性重音。一般的说法是“反语”，那是从语气上说的，我们这里是仅从重音的角度说的。

例如：

好个国民党政府的“友邦人士”！是些什么东西！

即使所举的罪状是真的罢，但这些事情，是无论那一个“友邦”也都有的，他们的维持他们的“秩序”的监狱，就撕掉了他们的“文明”的面具。摆什么“惊诧”的臭脸孔呢？

又如：

当然，能够只是送出去，也不算坏事情，一者见得丰富，二者见得大度。

重音不是“加重声音”的简称。突出重音的方法多种多样，重读是突出，轻读、拖长也是突出。可以快中显慢，也可重中见轻，还可高低相间，抑或虚实互转、前后顿歇等。

（三）句调

在汉语中，字有字调，句有句调。我们通常称字调为声调，是指音节的高低升降。而句调我们则称为语调，是指整个语句的高低升降的变化。句调是贯穿整个句子的，只是在句末音节上表现得特别明显。句调根据表示的语气和感情态度的不同，大致分为四种：升调、降调、平调、曲调。

1. 升调

调子由平升高，语势上升。一般用来表示疑问、反问、惊异、号召等语气。

例如：

（1）你问我？难道你看不出我是这里的下士吗？（反问）

（2）你有什么事吗？（疑问）

（3）真是他干的？（惊异）

（4）全世界人民团结起来！（号召）

2. 降调

调子由平降低，语势渐降。一般用于表示陈述、感叹、请求等语气。

例如：

（1）我们班没有一个不会说普通话的。（陈述）

（2）多么美丽的秋色呀！（感叹）

（3）大家一起来吧。（请求）

3. 平调

调子始终保持同样的高低，语势平稳舒缓，常用来表示严肃、冷淡、不带特殊感情的陈述和说明等语气。

例如：

（1）请老老实实地把犯罪经过说一遍！（严肃）

（2）这件事和我没关系。（冷淡）

（3）我们家的后园有一块空地。（叙述）

4. 曲调

全句语调曲折，或先升后降，或先降后升，常用来表示含蓄、讽刺、意在言外等语气。

例如：

医生的功德真是无量啊！世间上幸好有了他们，不然怕会有人满之患呢！（讽刺）

朗读中的语调是一个涉及面很广的较为复杂的问题，上面分的这四种基本类型，只是对语调的基本情况进行一个大体描述，切不可将这四类语调公式化，将它同陈述句、祈使句、疑问句、感叹句等句子类型完全等同起来。

（四）节奏

节奏是一种有规律的、连续进行的完整运动形式。用反复、对应等形式把各种变化因素加以组织，构成前后连贯的有序整体（即节奏），是抒情性作品的重要表现手段。节奏在朗读中是指根据作品感情表达的需要所表现出来的有规律的高低起伏、抑扬顿挫的语音变化。

例1：关关/雎鸠，在河/之舟，窈窕/淑女，君子/好逑。

例2：白日/依山/尽，黄河/入海/流。欲穷/千里/目，更上/一层/楼。

在朗读作品时，纷繁的感情色彩会表现为不同的节奏，例如，急切、狂躁、愤怒、喜悦、惊慌等。那么我们该如何寻找节奏呢?

首先，节奏在音节的匀称里。

例如：

秋风袅袅，送来了一阵阵淡淡的菊花清香。我的眼前好像出现了一片千姿百态、婷婷袅袅的秋菊，经过凄风冷雨，重霜寒露，更加显得丰神绝世，生机盎然。秋风无拘无束地梳弄着姑娘蓬松的头发。阴沉的浓雾开始渐渐散开。远处山峦的轮廓逐渐清晰起来。那令我神往的垂柳、小桥、亭台在水中的倒影，不知从哪儿又钻出来。树枝上叽叽喳喳叫着的小鸟也准备振翼高飞。这一切，犹如一幅淡淡的富有墨韵的水墨画。

其次，节奏在句子的长短交替中。

例如：

水陆草木之花，可爱者甚蕃。晋陶渊明独爱菊；自李唐来，世人盛爱牡丹；予独爱莲之出淤泥而不染，濯清涟而不妖，中通外直，不蔓不枝，香远益清，亭亭静植，可远观而不可亵玩焉。予谓菊，花之隐逸者也；牡丹，花之富贵者也；莲，花之君子者也。噫！菊之爱，陶后鲜有闻；莲之爱，同予者何人；牡丹之爱，宜乎众矣。

再次，节奏在整散并用的句子排列中。

例如：

我的眼前，是一片镶着露珠的绿茵茵的草滩，草滩上生长着一垄垄黄灿灿的油菜花，在这绿色和黄色的背后，又衔接着一派无边无际的蓝色湖水。那草滩的绿，绿得娇嫩，那菜花的黄，黄的蓬勃，而那湖水的蓝，又是蓝得多么醉人啊！它蓝似海洋，可比海洋要蓝得纯正；它蓝似天空，可比天空要蓝得深沉。青海湖的蓝，蓝得纯净，蓝得深湛，也蓝得温柔恬雅。那蓝锦缎似的湖面上，起伏着一层微微的涟漪，像是淌未凝固的玻璃浆液，又像是白色种的小姑娘那水灵灵、蓝晶晶的眸子。

另外，节奏也在反复咏唱的意绪回旋中。

例如：

说是寂寞的秋的清愁，
说是辽远的海的相思。
假如有人问我的烦忧，
我不敢说出你的名字。
我不敢说出你的名字，
假如有人问我的烦忧：
说是辽远的海的相思，
说是寂寞的秋的清愁。

在把握好朗读节奏的同时，我们要认识到节奏的类型很多，以下是常见的几种节奏类型。

1. 轻快型

多扬少抑，声轻不着力，语流中顿挫较少，且时间短暂，语速较快，轻巧明丽，有一定的跳跃感。例如《小蝌蚪找妈妈》和《猴子捞月亮》。

小蝌蚪找妈妈

池塘里有一群小蝌蚪，大大的脑袋，黑灰色的身子，甩着长长的尾巴，快活地游来游去。小蝌蚪游哇游，过了几天，长出两条后腿。他们看见鲤鱼妈妈在教小鲤鱼捕食，就迎上去，问："鲤鱼阿姨，我们的妈妈在哪里？"鲤鱼妈妈说："你们的妈妈有四条腿，宽嘴巴。你们到那边去找吧！"小蝌蚪游哇游，过了几天，长出两条前腿。他们看见一只乌龟摆动着四条腿在水里游，连忙追上去，叫着："妈妈，妈妈！"乌龟笑着说："我不是你们的妈妈。你们的妈妈头顶上有两只大眼睛，披着绿衣裳。你们到那边去找吧！"小蝌蚪游哇游，过了几天，尾巴变短了。他们游到荷花旁边，看见荷叶上蹲着一只大青蛙，披着碧绿的衣裳，露着雪白的肚皮，鼓着一对大眼睛。小蝌蚪游过去，叫着："妈妈，妈妈！"青蛙妈妈低头一看，笑着说："好孩子，你们已经长成青蛙了，快跳上来吧！"他们后腿一蹬，向前一跳，蹦到了荷叶上。

2. 凝重型

多抑少扬，多重少轻，音强而有力，色彩多浓重，语势较平稳，顿挫较多，且时间较长，语速偏慢。例如《最后一课》、《囚歌》和《草地夜行》等。

最后一课

那天早晨上学，我去得很晚，心里很怕韩麦尔先生骂我，况且他说过要问我们分词，可是我连一个字也说不上来。我想就别上学了，到野外去玩玩吧。

天气那么暖和，那么晴朗！

画眉在树林边宛转地唱歌；锯木厂后边草地上，普鲁士士兵正在操练。这些景象，比分词用法有趣多了；可是我还能管住自己，急忙向学校跑去。

我走过镇公所的时候，看见许多人站在布告牌前边。最近两年来，我们的一切坏消息都是从那里传出来的：败仗啦，征发啦，司令部的各种命令啦。——我也不停步，只在心里思量："又出了什么事啦？"

铁匠华希特带着他的徒弟也挤在那里看布告，他看见我在广场上跑过，就向我喊："用不着那么快呀，孩子，你反正是来得及赶到学校的！"

我想他在拿我开玩笑，就上气不接下气地赶到韩麦尔先生的小院子里。

平常日子，学校开始上课的时候，总有一阵喧闹，就是在街上也能听到。开课桌啦，关课桌啦，大家怕吵捂着耳朵大声背书啦……还有老师拿着大铁戒尺在桌子上紧敲着，"静一点，静一点……"

我本来打算趁一阵喧闹偷偷地溜到我的座位上去；可是那一天，一切偏安安静静的，跟星期日的早晨一样。我从开着的窗子望进去，看见同学们都在自己的座位上了；韩麦尔先生呢，踱来踱去，胳膊底下挟着那怕人的铁戒尺。我只好推开门，当着大家的面走进静悄悄的教室。你们可以想象，我那时脸多么红，心多么慌！

可是一点儿也没有什么。韩麦尔先生见了我，很温和地说："快坐好，小弗郎士，我们就要开始上课，不等你了。"

我一纵身跨过板凳就坐下。我的心稍微平静了一点儿，我才注意到，我们的老师今天穿上了他那件挺漂亮的绿色礼服，打着皱边的领结，戴着那顶绣边的小黑丝帽。这套衣帽，他只在督学来视察或者发奖的日子才穿戴。而且整个教室有一种不平常的严肃的气氛。最使我吃惊的，后边几排一向空着的板凳上坐着好些镇上的人，他们也跟我们一样肃静。其中有郝叟老头儿，戴着他那顶三角帽，有从前的镇长，从前的邮递员，还有些旁的人。个个看来都很忧愁。郝叟还带着一本书边破了的初级读本，他把书翻开，摊在膝头上，书上横放着他那副大眼镜。

我看见这些情形，正在诧异，韩麦尔先生已经坐上椅子，像刚才对我说话那样，又柔和又严肃地对我们说："我的孩子们，这是我最后一次给你们上课了。柏林已经来了命令，阿尔萨斯和洛林的学校只许教德语了。新老师明天就到。今天是你们最后一堂法语课，我希望你们多多用心学习。"

我听了这几句话，心里万分难过，啊，那些坏家伙，他们贴在镇公所布告牌上的，原来就是这么一回事！

我的最后一堂法语课！

我几乎还不会作文呢！我再也不能学法语了！难道这样就算了吗？我从前没好好学习，旷了课去找鸟窝，到萨尔河上去溜冰……想起这些，我多么懊悔！我这些课本，语法啦，历史啦，刚才我还觉得那么讨厌，带着又那么重，现在都好像是我的老朋友，舍不得跟它们分手了。还有韩麦尔先生也一样。他就要离开了，我再也不能看见他了！想起这些，我忘了他给我的惩罚，忘了我挨的戒尺。

可怜的人！

他穿上那套漂亮的礼服，原来是为了纪念这最后一课！现在我明白了，镇上那些老年人为什么来坐在教室里。这好像告诉我，他们也懊悔当初没常到学校里来。他们像是用这种方式来感谢我们老师四十年来忠诚的服务，来表示对就要失去的国土的敬意。

我正想着这些的时候，忽然听见老师叫我的名字。轮到我背书了。天啊，如果我能把那条出名难学的分词用法从头到尾说出来，声音响亮，口齿清楚，又没有一点儿错误，那么任何代价我都愿意拿出来的。可能开头几个字我就弄糊涂了，我只好站在那里摇摇晃晃，心里挺难受，头也不敢抬起来。我听见韩麦尔先生对我说：

"我也不责备你，小弗郎士，你自己一定够难受的了。这就是了。大家天天都这么想：'算了吧，时间有的是，明天再学也不迟。'现在看看我们的结果吧。唉，总要把学习拖到明天，这正是阿尔萨斯人最大的不幸。现在那些家伙就有理由对我们说了：‘怎么？你们还自己说是法国人呢，你们连自己的语言都不会说，不会写！……’不过，可怜的小弗郎士，也并不是你一个人过错，我们大家都有许多地方应该责备自己呢。”

“你们的爹妈对你们的学习不够关心。他们为了多赚一点钱，宁可叫你们丢下书本到地里，到纱厂里去干活儿。我呢，我难道没有应该责备自己的地方吗？我不是常常让你们丢下功课替我浇花吗？我去钓鱼的时候，不是干脆就放你们一天假吗？……”

接着，韩麦尔先生从这一件事谈到那一件事，谈到法国语音上来了。他说，法国语言是世界上最美的语言，——最明白，最精确；又说，我们必须把它记在心里，永远别忘了它，亡了国当了奴隶的人民，只要牢牢记住他们的语言，就好像拿着一把打开监狱大门的钥匙。说到这里，他就翻开书讲语法。真奇怪，今天听讲，我都懂。他讲得似乎挺容易，挺容易。我觉得我从来没有这样细心听讲过，他也从来没有这样耐心讲解过。这可怜的人好像恨不得把自己知道的东西在他离开之前全教给我们，一下子塞进我们的脑子里去。

语法课完了，我们又上习字课。那一天，韩麦尔先生发给我们新的字帖，帖上都是美丽的圆体字：“法兰西”，“阿尔萨斯”，“法兰西”，“阿尔萨斯”。这些字帖挂在我们课桌的铁杆上，就好像许多面小国旗在教室里飘扬。个个人那么专心，教室里那么安静！只听见钢笔在纸上沙沙地响。有时候一些金甲虫飞进来，但是谁都不注意，连最小的孩子也不分心，他们正在专心画“杠子”，好像那也算是法国字。屋顶上鸽子咕咕咕咕地低声叫着，我心里想：“他们该不会强迫这些鸽子也用德国话唱歌吧！”

我每次抬起头来，总看见韩麦尔先生坐在椅子里，一动也不动，瞪着眼看周围的东西，好像要把这小教室里的东西都装在眼睛里带走似的。只要想想：四十年来，他一直在这里，窗外是他的小院子，面前是他的学生；用了多年的课桌和椅子，擦光了，磨损了；院子里的胡桃树长高了；他亲手栽的紫藤，如今也绕着窗口一直爬到屋顶了。可怜的人啊，现在要他跟这一切分手，叫他怎么不伤心呢？何况又听见他的妹妹在楼上走来走去收拾行李！——他们明天就要永远离开这个地方了。

可是他有足够的勇气把今天的功课坚持到底。习字课完了，他又教了一堂历史，接着又教初级班拼他们的 ba，be，bi，bo，bu。在教室后排座位上，郝叟老头儿已经戴上眼镜，两手捧着他那本初级读本，跟他们一起拼这些字母。他感情激动，连声音都发抖了。听见他古怪的声音，我们又想笑，又难过。啊！这最后一课，我真永远忘不了！

突然教堂的钟敲了十二下。祈祷的钟声也响了。窗外又传来普鲁士士兵的号声——他们已经收操了。韩麦尔先生站起来，脸色惨白，我觉得他从来没有这么高大。

"我的朋友们啊，"他说，"我——我——"

但是他哽住了，他说不下去了。他转身朝着黑板，拿起一支粉笔，使出全身的力量，写了两个大字：

"法兰西万岁！"

然后他呆在那儿，头靠着墙壁，话也不说，只向我们做了一个手势："散学了，——你们走吧。"

3. 低沉型

声音偏暗偏沉，语势多为落潮类，句尾落点多显沉重，语速较缓。例如《十里长街送总理》《卖火柴的小女孩》《我的伯父鲁迅先生》等。

十里长街送总理

天灰蒙蒙的，又阴又冷。长安街两旁的人行道上挤满了男女老少。路那样长，人那样多，向东望不见头，向西望不见尾。人们臂上都缠着黑纱，胸前都佩着白花，眼睛都望着周总理的灵车将要开来的方向。一位满头银发的老奶奶拄着拐杖，背靠着一棵洋槐树，焦急而又耐心地等待着。一对青年夫妇，丈夫抱着小女儿，妻子领着六七岁的儿子，他们挤下了人行道，探着身子张望。一群泪痕满面的红领巾，相互扶着肩，踮着脚望着，望着……

夜幕开始降下来。几辆前导车过去以后，总理的灵车缓缓地开来了。灵车四周挂着黑色和黄色的挽幛，上面装饰着白花，庄严，肃穆。人们心情沉痛，目光随着灵车移动。好像有谁在无声地指挥。老人、青年、小孩，都不约而同地站直了身体，摘下帽子，静静地望着灵车，哭泣着，顾不得擦去腮边的泪水。

就在这十里长街上，我们的周总理迎送过多少位来自五洲四海的国际友人，陪着毛主席检阅过多少次人民群众。人们常常幸福地看到周总理，看到他矫健的身躯，慈祥的面庞。然而今天，他静静地躺在灵车里，渐渐远去，和我们永别了！

灵车缓缓地前进，牵动着千万人的心。许多人在人行道上追着灵车跑。人们多么希望车子能停下来，希望时间能停下来！可是灵车渐渐地远去了，最后消失在苍茫的夜色中了。人们还是面向灵车开去的方向，静静地站着，站着，好像在等待周总理回来。

4. 高亢型

声多明亮高昂，语势多为起潮类，峰峰紧连，扬而更扬，势不可遏，语速偏快。例如《白杨礼赞》《海燕》《我的自白书》。

白杨礼赞

白杨树实在是不平凡的，我赞美白杨树！

汽车在望不到边际的高原上奔驰，扑入你的视野的，是黄绿错综的一条大毡子。

黄的是土，未开垦的荒地，几十万年前由伟大的自然力堆积成功的黄土高原的外壳；绿的呢，是人类劳力战胜自然的成果，是麦田。和风吹送，翻起了一轮一轮的绿波，——这时你会真心佩服昔人所造的两个字“麦浪”，若不是妙手偶得，便确是经过锤炼的语言精华。黄与绿主宰着，无边无垠，坦荡如砥，这时如果不是宛若并肩的远山的连峰提醒了你（这些山峰凭你的肉眼来判断，就知道是在你脚底下的），你会忘记了汽车是在高原上行驶。这时你涌起来的感想也许是“雄壮”，也许是“伟大”，诸如此类的形容词；然而同时你的眼睛也许觉得有点倦怠，你对当前的“雄壮”或“伟大”闭了眼，而另一种的味儿在你心头潜滋暗长了——“单调”。可不是？单调，有一点儿吧？

然而刹那间，要是你猛抬眼看见了前面远远有一排——不，或者只是三五株，一株，傲然地耸立，像哨兵似的树木的话，那你的恹恹欲睡的情绪又将如何？我那时是惊奇地叫了一声的。

那就是白杨树，西北极普通的一种树，然而实在是不平凡的一种树。

那是力争上游的一种树，笔直的干，笔直的枝。它的干通常是丈把高，像加过人工似的，一丈以内绝无旁枝。它所有的丫枝一律向上，而且紧紧靠拢，也像加过人工似的，成为一束，绝不旁逸斜出。它的宽大的叶子也是片片向上，几乎没有斜生的，更不用说倒垂了。它的皮光滑而有银色的晕圈，微微泛出淡青色。这是虽在北方风雪的压迫下却保持着倔强挺立的一种树。哪怕只有碗那样粗细，它却努力向上发展，高到丈许，两丈，参天耸立，不折不挠，对抗着西北风。

这就是白杨树，西北极普通的一种树，然而绝不是平凡的树。

它没有婆娑的姿态，没有屈曲盘旋的虬枝。也许你要说它不美。如果美是专指“婆娑”或“旁逸斜出”之类而言，那么，白杨树算不得树中的好女子。但是它伟岸，正直，朴质，严肃，也不缺乏温和，更不用提它的坚强不屈与挺拔，它是树中的伟丈夫。当你在积雪初融的高原上走过，看见平坦的大地上傲然挺立这么一株或一排白杨树，难道你就只觉得它只是树？难道你就不想到它的朴质，严肃，坚强不屈，至少也象征了北方的农民？难道你竟一点也不联想到，在敌后的广大土地上，到处有坚强不屈，就像这白杨树一样傲然挺立的守卫他们家乡的哨兵？难道你又不更远一点想到，这样枝枝叶叶靠紧团结，力求上进的白杨树，宛然象征了今天在华北平原纵横决荡，用血写出新中国历史的那种精神和意志？

白杨树是不平凡的树，它在西北极普遍，不被人重视，就跟北方的农民相似；它有极强的生命力，磨折不了，压迫不倒，也跟北方的农民相似。我赞美白杨树，就因为它不但象征了北方的农民，尤其象征了今天我们民族解放斗争中所不可缺的朴质、坚强，力求上进的精神。

让那些看不起民众、贱视民众、顽固的倒退的人们去赞美那贵族化的楠木（那也是直挺秀颀的），去鄙视这极常见、极易生长的白杨树吧，我要高声赞美白杨树！

笔记

5. 舒缓型

声多轻松明朗，略高但不着力，语势有跌宕但多轻柔舒展，语速徐缓。例如《春》《桂林山水》《落花生》。

春

盼望着，盼望着，东风来了，春天的脚步近了。

一切都像刚睡醒的样子，欣欣然张开了眼。山朗润起来了，水涨起来了，太阳的脸红起来了。

小草偷偷地从土地里钻出来，嫩嫩的，绿绿的。园子里，田野里，瞧去，一大片一大片满是的。坐着，躺着，打两个滚，踢几脚球，赛几趟跑，捉几回迷藏。风轻悄悄的，草软绵绵的。

桃树、杏树、梨树、你不让我，我不让你，都开满了花赶趟儿。红的像火，粉的像霞，白的像雪。花里带着甜味；闭了眼，树上仿佛已经满是桃儿、杏儿、梨儿。花下成千成百的蜜蜂嗡嗡地闹着，大小的蝴蝶飞来飞去。野花遍地是：杂样儿，有名字的，没名字的，散在草丛里，像眼睛，像星星，还眨呀眨的。

“吹面不寒杨柳风”，不错的，像母亲的手抚摸着你，风里带着些新翻的泥土的气息，混着青草味儿，还有各种花的香，都在微微润湿的空气里酝酿。鸟儿将巢安在繁花嫩叶当中，高兴起来了，呼朋引伴地卖弄清脆的歌喉，唱出婉转的曲子，跟清风流水应和着。牛背上牧童的短笛，这时候也成天嘹亮地响着。

雨是最寻常的，一下就是三两天。可别恼。看，像牛毛，像花针，像细丝，密密地斜织着，人家屋顶上全笼着一层薄烟。树叶儿却绿得发亮，小草儿也青得逼你的眼。傍晚时候，上灯了，一点点黄晕的光，烘托出一片安静而和平的夜。在乡下，小路上，石桥边，有撑着伞慢慢走着的人，地里还有工作的农民，披着蓑戴着笠。他们的房屋，稀稀疏疏的，在雨里静默着。

天上的风筝渐渐多了，地上的孩子也多了。城里乡下，家家户户，老老小小，也赶趟儿似的，一个个都出来了。舒活舒活筋骨，抖擞抖擞精神，各做各的一份事去。“一年之计在于春”，刚起头儿，有的是工夫，有的是希望。

春天像刚落地的娃娃，从头到脚都是新的，它生长着。

春天像小姑娘，花枝招展的、笑着、走着。

春天像健壮的青年，有铁一般的胳膊和腰脚，领着我们上前去。

6. 紧张型

声音多扬少抑，多重少轻，语速快，气较足，顿挫短暂，语言密度大。例如《生死攸关的烛光》《董存瑞舍身炸碉堡》《最后一次的演讲》等。

生死攸关的烛光

这个故事发生在第二次世界大战期间。

法国第厄普市的一条街上有家小旅馆。旅馆的主人是伯瑙德夫人。她丈夫被德国人关进了集中营，现在她身边只有十二岁的儿子雅克和十岁的女儿杰奎琳。为了把德国强盗赶出自己的祖国，母子三人都参加了当时的秘密情报工作。她的小旅馆也成了秘密情报站。

每个星期四的晚上，一位法国农民装扮的人便送来一个小小的铁管，里面装着特工人员搜集到的绝密情报。伯瑙德夫人的任务是把它安全藏好，直至盟军派人来取走。她把装着情报的铁管藏在半截蜡烛中，外面小心地用蜡封好，然后把蜡烛插在一个金属烛台上。蜡烛摆在显眼的位置，反而骗过了德军几次严密的搜查。

一天晚上，旅馆里闯进三个德国军官，说要在这儿住宿。一个少校军官从口袋中掏出一张揉皱的纸，就着暗淡的灯光吃力地看着。这时，那个中尉顺手拿过藏有情报的蜡烛点燃，放到长官面前。坐在一旁的伯瑙德夫人，不由心里怦怦直跳。她知道，蜡烛燃到铁管处就会自动熄灭，这样，情报就会被发现，还会危及他们一家三口的性命……她看着脸色苍白的儿女，急忙从厨房中取出一盏油灯放在桌上。“瞧，先生们，这盏灯亮些。”说着轻轻把蜡烛吹熄。一场危机似乎过去了。但不一会儿，那个中尉又把冒着青烟的蜡烛重新点燃。“晚上这么黑，多点支小蜡烛也好嘛。”他说。烛火摇曳着，发出微弱的光。此时此刻，它仿佛成为这房子里最可怕的东西。伯瑙德夫人的心提到了嗓子眼儿，她仿佛看到德国军官恶狼般的眼睛盯在越来越短的蜡烛上。

这时候，雅克慢慢地站起来：“天真冷，我到柴房里去捡些柴来生个火吧。”说着伸手端起烛台朝门外走去，房子顿时暗了下来。中尉快步赶上前，厉声喝道：“你不用蜡烛就不行吗？”他一把夺回了烛台。

雅克是个懂事的孩子，他知道，厄运即将来临，但在这最后的时刻，自己必须陪着妈妈战斗到底。他从容地搬回一捆木柴，生了火，默默地坐着，等候最后时刻的到来。时间一分一秒地过去了，蜡烛越烧越短。

突然，杰奎琳站起来，娇声娇气地对德国人说道：“司令官先生，天晚了，楼上黑，我可以拿一盏灯上楼睡觉吗？”少校瞧了瞧这位小姑娘，回答道：“当然可以，小姑娘。”杰奎琳镇静地把烛台端起来，向几个军官说过晚安，上楼去了。当她踏上最后一级楼梯时，蜡烛熄灭了。

三、不同文体的朗读训练

朗读的对象不同，朗读的方式和方法也不同。一般来说，诗歌、散文等抒情性比较强的作品，应着重掌握并表现其抒情线索和感情脉络；寓言、童话等作品，叙事性较强，应着重把握并表现作品的情节和人物性格；说明文等平实性的作品，应着重把握对事物性质、功用的介绍，对事理关系的阐述，要求朗读得准确、清楚、平实等。把握各类文体朗读处理的“共性”，有助于我们从整体上把握作品，从而达到事半功倍的效果。但每个作品都有其鲜明的“个性”，我们最终还是要根据最终具体文本的个性，灵活自如地运用表达技巧，恰如其分地表现作品的内容和感情。以下我们将结合例子具体来分析不同文体作品的具体朗读方法。

（一）诗歌的朗读

马雅可夫斯基曾说过这样一句话：“诗歌中的每一个字比作是从千百吨的矿石中挑选出来的。”诗歌，是文学体裁的一种，形式较为多样化，可以吟咏、朗诵。诗歌朗读通常表现为诗歌朗诵，诗歌朗诵就是朗诵者用清晰的语言，响亮的声音，优美的体态，引人的动作把原诗歌、作品有感情地向听众表达出来，从而传达诗歌的思想内容，引起听众的共鸣。

诗歌有以下几个特点：①想象丰富，感情强烈；②节奏鲜明，韵律和谐；③语言精练而形象。这就决定了把握诗歌的朗读技巧要从以下及方面入手。

1. 要有充沛的激情——诗言志

我爱这土地

假如我是一只鸟，
我也应该用嘶哑的喉咙歌唱：
这被暴风雨所打击着的土地，
这永远汹涌着我们的悲愤的河流，
这无止息地吹刮着的激怒的风，
和那来自林间的无比温柔的黎明……

——然后我死了，
连羽毛也腐烂在土地里面。
为什么我的眼里常含泪水？
因为我对这土地爱得深沉……

致橡树
音频来源：网络资料

《我爱这土地》一诗写于抗日战争开始后的 1938 年，当时日本侵略军连续攻占了华北、华东、华南的广大地区，所到之处疯狂肆虐，妄图摧毁中国人民的抵抗意志。中国人民奋起抵抗，进行了不屈不挠的斗争。诗人艾青在国土沦丧、民族危亡的关头，写下了这首慷慨激昂的诗。“为什么我的眼里常含泪水？因为我对这土地爱得深沉……”表达了诗人对祖国的挚爱和对侵略者的仇恨，朗读时要激情充沛，方能表现出作者想要表达的心情。

这也是一切

不是一切大树都被暴风折断，
不是一切种子都找不到生根的土壤；
不是一切真情都流失在人心的沙漠里；
不是一切梦想都甘愿被折掉翅膀。
不，不是一切
都像你说的那样！

不是一切火焰都只燃烧自己
而不把别人照亮；
不是一切星星都仅指示黑夜
而不报告曙光；
不是一切歌声都掠过耳旁
而不留在心上。
不，不是一切
都像你说的那样！

不是一切呼吁都没有回响；
不是一切损失都无法补偿；
不是一切深渊都是灭亡；
不是一切灭亡都覆盖在弱者头上；
不是一切心灵
都可以踩在脚下，烂在泥里；
不是一切后果
都是眼泪血印，而不展现欢容。
一切的现在都孕育着未来，
未来的一切都生长于它的昨天。
希望，而且为它斗争，
请把这一切放在你的肩上。

舒婷在《这也是一切》中表现出她特有的温情、浪漫和理想主义色彩。在舒婷看来，“一切的现在都在孕育着未来 / 未来的一切都生长于它的昨天”。“未来”是积极向上的未来，因为有爱，爱是万物生生不息的养料，有希望，希望是我们须为之坚守的责任。“大树”“种子”“真情”“梦想”这些词语无不包含着希望，而且还有女性特有的柔情。舒婷将此诗谨献给读者，希望能重新焕发他们对未来的希望。所以朗读者对于：“不，不是一切，都像你说的那样！”更应该倾注自己的激情，从而能焕发听众们“对未来的希望”。

2. 要充分展现诗歌的意境

一提到“意境”，我们通常会想到这样一句话——“只可意会、不可言传”。为何对于“意境”我们会有这样的印象？首先我们需要详细地来了解一下什么是“意境”。

“意境”是艺术辩证法的基本范畴之一，也是美学中所要研究的重要问题。意境是属于主观范畴的“意”与属于客观范畴的“境”二者结合的一种艺术境界。这一艺术辩证法范畴内容极为丰富，“意”是情与理的统一，“境”是形与神的统一。在两个统一过程中，情理、形神相互渗透，相互制约，就形成了“意境”。

意境是指抒情性作品中呈现的那种情景交融、虚实相生、活跃着生命律动的韵味无穷的诗意空间。诗歌中的意境是指诗歌运用各种手段创造出来的情景交融、神形兼备的艺术境界，是诗人强烈的思想感情和生动形象的客观事物的契合。意境是诗歌的灵魂。

充分展现诗歌的意境，朗读者要注意以下几点：

首先，要了解诗人和诗作产生的时代背景。

其次，要以意象为突破口进入意境。例如，马致远的《天净沙·秋思》："枯藤老树昏鸦，小桥流水人家，古道西风瘦马。夕阳西下，断肠人在天涯。"其中的名词都是意向，如"枯藤""老树""昏鸦"等。

最后，要以诗歌内在的情感逻辑来统领跳跃的画面。例如，叶挺的《囚歌》。

囚歌

为人进出的门紧锁着，
为狗爬走的洞敞开着，
一个声音高叫着：
爬出来吧，给你自由！
我渴望自由，
但我深深地知道——
人的躯体哪能从狗洞子里爬出！
我希望有一天，
地下的烈火，
将我连这活棺材一齐烧掉，
我应该在烈火和热血中得到永生！

"爬出来吧，给你自由！"有的朗读者以敌人的语气，甚至某种怪腔怪调表达，这样的处理不妥，这样背离了诗人内在情感的表达。事实上，此话诗人并不是以一个说客的身份表达，而是真挚地转述自己的所听所感，应该在表达中着力表达充满憎恶、否定的感情态度，从而更进一步表现诗人内心的赤诚。

"我应该在烈火和热血中得到永生！"这一句本是表达诗人的热烈期望，是诗人的自励自勉，应采用下降语势来表达深沉内在的感情。朗读者不应该加重语气分量，采用上扬语势，作发号召状态，那样会破坏本诗应有的意境。

3. 要重视表现诗歌的音韵之美

音韵美是诗歌区别于其他文学体裁的重要特征。中国诗歌的音韵之美，历经几千年一直在华夏大地上萦绕。中国诗歌的音韵之美得益于我们的汉语，汉语音律优美、韵律和谐，是世界上最优美的诗话语言。单音节发音的汉语，节奏感比任何一种发音长度不一的拼音语言都强很多。中国古代诗人赋诗，似乎是在用汉字为音符作曲。

从《诗经》开始，中国的诗歌就是用来唱的。汉乐府可唱，唐诗可唱，而楚辞则是诗句、音乐、舞蹈的三结合，宋词都有谱且很多也都搭配了舞蹈。

我们欣赏汉语诗歌，一定要充分欣赏和体会音韵美，在欣赏诗歌的音韵美中，我们可以得到艺术和心灵的享受。诗歌的音韵美主要表现在以下三个方面：韵脚的显示、节拍的把握、语调的升降。

（1）韵脚的显示。韵脚是韵文（诗、词、歌、赋等）句末押韵的字。一篇（首）韵文的一些（或全部）句子的最后一个字，采用韵腹和韵尾相同的字，这就叫作押韵。因为押韵的字一般都放在一句的最后，故称“韵脚”。引这些字的韵母要相似或相同。朗读时，我们要有意识地显示出韵脚，在朗读时稍微加重，或是延长韵脚读音。从而更好地表现诗歌和谐的韵律。

例如：

村居

高鼎

草长/莺飞/二月天/，
拂堤/杨柳/醉春烟/。
儿童/散学/归来早/，
忙趁/东风/放纸鸢/。

在读“天”“烟”时适当延长韵脚的读音。

（2）节拍的把握。诗行的节奏也叫节拍，诗歌不仅要押韵，更要有鲜明的节奏。声韵仅反映语言的抑扬，节奏才显示语言的顿挫。郭沫若说：“节奏之于诗，是她的外形，也是她的生命。”风声、鸟鸣、花开、水流，万事万物都是有规律地运动的，运动有快有慢，生命本身就是有节奏的。人说话有抑扬顿挫之分，布谷鸟叫“割麦插禾”（拟声）也有轻重缓急之别。歌不讲节拍就不能唱，诗无节奏就念不上口。所以诗歌要有鲜明的节奏才具备韵律美。我国诗歌的节奏安排主要有以下一些形式：四言两顿、五言三顿、六言三顿、七言四顿、十言四顿等。

例如：

诗经·桃夭

桃之／夭夭，灼灼／其华。之子／于归，宜其／室家。
桃之／夭夭，有蕡／其实。之子／于归，宜其／家室。
桃之／夭夭，其叶／蓁蓁。之子／于归，宜其／家人。

子夜吴歌·夏歌

李白

长安／一片／月，万户／捣衣／声。
秋风／吹／不尽，总是／玉关／情。
何日／平／胡虏，良人／罢／远征。

（3）语调的升降。为避免诗歌的朗读呆板、生硬，朗读诗歌时不能使用同一种语调。每个诗行的语调，必须根据诗句的语意、情感表达来设定。在朗读时，注意语调的升降变化，语音就有了动听的腔调，听起来便具有音乐美，也就能够更细致

笔记

地表达不同的思想感情。语调变化多端，主要有以下几种:高升调、降抑调、平直调、曲折调等。

（二）散文的朗读

散文是指篇幅短小，题材多样，形式自由，情文并茂且富有意境的文章体裁。其特点是通过叙述、描写、抒情、议论等各种表现手法，创造出一种自由灵活、形散神凝、生动感人的艺术境界，它的主要特点是形散而神不散。

1. 散文的朗读基调

散文总是从作者主观视点来观察世界万物，从中有所感悟，于是有感而发，抒发自己的情感。读散文，听散文，似乎是跟着作者去看、去想，并最终和作者想到一块儿。散文朗读的基调是平缓的，没有太大的起伏，即使是在作品的高潮，也不会如演讲般慷慨激昂。在朗读时要用柔和的音色，中等的速度，一般用延音法而不用重音法来处理、强调重音。

散文虽然不像诗歌那样有规整的节奏和严格的韵律，但是也讲究节奏和韵律美。散文的局部或某些句子也有对称结构。

例如:

“风，轻悄悄的;草，软绵绵的。”在朗读时，我们可以用相同的语调来读这两句，使文中的韵律美表现出来。

散文也有不同的类型。抒情散文通常都是抒发作者的真情实感。

例如朱自清先生著名的散文《荷塘月色》《匆匆》，都是在抒发作者的感受。有的文章中虽然也会出现一些事物,但是这些事物都是虚写而不实写,是概括而不具体。如朱自清先生在《春》中描写春天，他赞美春天，发出:“一年之计在于春”的感想，激发我们对生活的热爱。基调是愉快的、热情的。我们应用甜美、明朗的声音去读。我们在朗读这一类型的散文时，我们要以作者的情感为线索。朗诵《春》时，开始是殷切期盼，接着是欣喜。在朗读“山，朗润起来了；水，涨起来了；太阳的脸，红起来了”时，要把三个层次读出来，春天越来越近，人们的欣喜之情溢于言表。中间部分，从多方面描写春天，也表现了作者对春天的热爱。我们可以用降低音量、放慢语速的方法把描写和抒情区别开来。最后三小节，用娃娃、姑娘、青年来比喻春天，体现了人们对新的一年的憧憬和希望，情绪也随之转向高昂。音量、语速也应随之增强和加快。

另外还有叙事散文，叙事散文中穿插着一些人和事。在叙事的过程中，作者产生感慨，抒发自己的情感。那么我们怎样来朗读此种散文呢？总的说来，我们应该把其人其事作为散文的一个组成部分来读。如朗读周作人的散文《苦雨》时，就应做如此处理。

2. 朗诵散文要注意的问题

（1）感情要真实。散文是人内心真情的流露。朗诵散文时应力求展示作者倾注在作品中的“情感”，充分表现作品中的人格意象。朗诵时要充分把握不同的主题、结构和风格。如茅盾的《白杨礼赞》热情地赞美白杨树，进而赞美北方农民，赞美我们民族在解放斗争中所不可缺的质朴、坚强以及力求上进的精神。朗诵时要充分把握这种感情基调。

（2）表达要有变化。散文语言自由、舒展，表达细腻生动，抒情、叙述、描写、设计相辅相成，显得生动、明快，对不同语体风格要区别处理。叙述性语言的朗诵要声音明朗轻柔、娓娓动听、语气舒展；描写性语言要自然、贴切、生动、形象；抒情性语言要自然亲切、由衷而发；议论性语言要深沉含蓄、力透纸背。朗诵者应把握文章的语言特点，恰如其分地处理好语气的高低、强弱，节奏的快慢、缓急，力求真切地把作者的“情”抒发出来，把握“形散神聚”的特点。

散文的结体式样很多，写法多样，有横式、有纵式，有逐层深入、有曲折迂回。但它们都是形散神聚，有一条清晰的线索统领全篇，贯穿全文。或是自始至终有一种充沛的激情来描写感人肺腑的人和事，使全文浑然一体。

例如魏巍的《谁是最可爱的人》一文，作者向人展现的是一种激昂的爱国主义、国际主义之情；柯岩的《岚山情思》，以寓意深邃的话语（“人的感情是很奇怪的东西。它往往长期折磨你，使你时时感觉到它的存在。你可以忍受它，甚至抑制它，但在你不能解释它之前，却很难改变它。”）统领全文，以周总理病重时的一句（“很想再去看看日本的樱花，只怕是没有这个可能了……”）情深意切的话为主旨进行构思。朗诵时应根据文章的主题和发展线索，用停顿的长短来显示文章的结构变化及语脉发展，用重音和语调来突出主题，使语脉清晰，聚而不散。

我们以朱自清先生的《匆匆》为例进行散文朗诵的具体分析。

匆匆

燕子去了，有再来的时候；杨柳枯了，有再青的时候；桃花谢了，有再开的时候。但是，聪明的，你告诉我，我们的日子为什么一去不复返呢？——是有人偷了他们罢：那是谁？又藏在何处呢？是他们自己逃走了罢：现在又到了哪里呢？

我不知道他们给了我多少日子；但我的手确乎是渐渐空虚了。在默默里算着，八千多日子已经从我手中溜去；像针尖上一滴水滴在大海里，我的日子滴在时间的流里，没有声音，也没有影子。我不禁头涔涔而泪潸潸了。

去的尽管去了，来的尽管来着；去来的中间，又怎样地匆匆呢？早上我起来的时候，小屋里射进两三方斜斜的太阳。太阳他有脚啊，轻轻悄悄地挪移了；我也茫茫然跟着旋转。于是——洗手的时候，日子从水盆里过去；吃饭的时候，日子从饭碗里过去；默默时，便从凝然的双眼前过去。我觉察他去的匆匆了，伸出手遮挽时，他又从遮挽着的手边过去，天黑时，我躺在床上，他便伶伶俐俐地从我身上跨过，从我脚边飞去了。等我睁开眼和太阳再见，这算又溜走了一日。我掩着面叹息。但是新来的日子的影儿又开始在叹息里闪过了。

在逃去如飞的日子里，在千门万户的世界里的我能做些什么呢？只有徘徊罢了，只有匆匆罢了；在八千多日的匆匆里，除徘徊外，又剩些什么呢？过去的日子如轻烟，被微风吹散了，如薄雾，被初阳蒸融了；我留着些什么痕迹呢？我何曾留着像游丝样的痕迹呢？我赤裸裸来到这世界，转眼间也将赤裸裸地回去罢？但不能平的，为什么偏要白白走这一遭啊？

聪明的，你告诉我，我们的日子为什么一去不复返呢？

朱自清的散文诗《匆匆》写于 1922 年 3 月 28 日。时是“五四”落潮期，现实让作者失望。但是诗人在彷徨中并不甘心沉沦，他坚守他“中和主义”的立场，执着追求。他坚信：“生活中的各种过程都有它独立的意义和价值——每一刹那有每一刹那的意义与价值！每一刹那在持续的时间里，有它相当的位置。”因此，他要“一步一步踏在泥土上，打下深深的脚印”，以求得“段落的满足”。全文在淡淡的哀愁中透出作者心底不平的低诉，这也反映了“五四”落潮期知识青年的普遍情绪。

《匆匆》是朱自清的感兴之作。由眼前的春景，引动自己情绪的迸发，借助想象把它表达出来。想象“使未知的事物成形而现，诗人的笔使它们形象完整，使空灵的乌有，得着它的居处，并有名儿可唤”[①]。朱自清把空灵的时间，抽象的观念，通过现象来表示，而随着个人情绪的线索，去选择、捕捉那鲜明的形象。情绪随着时间的变化而变化：从无形到有形，从隐现到明晰……不断变化的画面呈现出起伏的浪花。

“燕子去了，有再来的时候；杨柳枯了，有再青的时候；桃花谢了，有再开的时候。”作者几笔勾勒出一个淡淡的画面。其不在于描绘春景的实感，而在于把读者带入画面，与他产生共情，感受他的怅然若失。

时间是怎样的“匆匆”呢？作者并没有作抽象的议论，而是把自己的感觉、潜在的意识形象地表现出来。“早上我起来的时候，小屋里射进两三方斜斜的太阳。太阳他有脚啊，轻轻悄悄地挪移了。”太阳被拟人化，她像一位青春洋溢的姑娘款款而来，悄悄地从身边走过。接着，用一系列排比句展现时间飞逝如流水。吃饭、洗手、默思，是人们日常生活的细节，作者却敏锐地觉察到时间的逝去。当他企图挽留时，它又伶俐地“跨过”，轻盈地“飞去”，悄声地“溜走”，急速地“闪过”了，时间流逝的步伐越来越快。这些活泼的文字，让我们注意到了时间的轻俏，听到了它活泼的脚步声，也感受到了作者心灵的颤动。

散文诗具有音乐美的特质。散文诗抛弃了这一切外在的形式，它的音乐美，从作者内在情绪涨落、语言节奏的有机统一中自然流露出来。亨特认为，“虽是散文，有时也显出节奏之充分存在，因而它岔出了它的名义上的类型，而取得了‘散文诗’

①引自莎士比亚《仲夏夜之梦》。

的名义，就是在诗的领域里的一种半节奏的作品。”《匆匆》就是这样的“半节奏的作品”。

《匆匆》表现作者追寻时间踪迹而引起情绪的飞快流动，全篇格调统一在“轻俏”上，节奏疏隐绵运，轻快流利。为和谐情绪的律动，作者运用了一系列排比句：“洗手的时候，日子从水盆里过去；吃饭的时候，日子从饭碗里过去；默默时……”相同的句式成流线型，一缕情思牵动整个画面，活跃而又恬静的画面迅速展开，使人仿佛看到时间的流动。而且句子大多是短句，五六字一句而显得轻快流畅。句法结构单纯，没有多层次的变化，如一条流动的河潺潺不断，泛着连续的音浪。它的音乐性不是在字音的抑扬顿挫上着力，而是在句的流畅轻快上取胜，作者并没有刻意雕琢，而只是“随随便便写来，老老实实写来”，用鲜明生动的口语，将诗情不受拘束地表现出来，语言的节奏和情绪的律动自然吻合，匀称和谐。

《匆匆》叠字的运用也使它的语言具有节奏美。阳光是“斜斜”的，它“轻轻悄悄”地挪移，我“茫茫然”旋转，时间去得“匆匆”，它“伶伶俐俐”跨过……这些叠字的运用，使诗不仅达到视觉上的真实，而且达到听觉上的真实，即一方面状时间流逝之貌，一方面书时间迈步之声。同时，诗人一方面状客观之事，一方面达主观之情，现实的音响引起诗人情绪的波动，通过语言的音响表现出来，情和景自然地融合在一起。我们还可以看到叠字自然匀称地分布在各句中，以显出它的疏隐绵远的节奏来，这契合了作者幽微情绪的波动。

复沓的运用，也是散文维持其音乐特点常用的手段。“只有徘徊罢了，只有匆匆罢了；在八千多日的匆匆里，除徘徊外，又剩些什么呢？”“徘徊”“匆匆”等字眼反复出现，幽怨之情反复回荡。“我留着些什么痕迹呢？我何曾留着像游丝样的痕迹呢？”多个句子，相同的意思，不同的表达，使感情层层推进，在参差中又显出整齐的美。结句的反复，反复强化作品的主旋律，活泛出感情的波澜起伏。复沓的运用，反复吟咏，起到了一唱三叹的效果。

练习

分析并朗读下列散文：

金色花

〔印度〕泰戈尔

假如我变了一朵“金色花”，只为了好玩，长在那树的高枝上，笑哈哈地在风中摇摆，又在新生的树叶上跳舞，母亲，你会认识我么？你要是叫道：“孩子，你在哪里呀？”我暗暗地在那里匿笑，却一声儿不响。我要悄悄地开放花瓣儿，看着你工作。当你沐浴后，湿发披在两肩，穿过“金色花”的林荫，走到你做祷告的小庭院时，你会嗅到这花的香气，却不知道这香气是从我身上来的。当你吃过中饭，坐在窗前读《罗摩衍那》，那棵树的阴影落在你的头发与膝上时，我便要投我的小小的影子在你的书页上，正投在你所读的地方。但是你会猜得出这就是你孩子的小影子么？

当你黄昏时拿了灯到牛棚里去，我便要突然地再落到地上来，又成了你的孩子，求你讲故事给我听。“你到哪里去了，你这坏孩子？”“我不告诉你，妈妈。”这就是你同我那时所要说的话了。

梨花

许地山

她们还在园里玩，也不理会细丝丝穿入她们的罗衣。池边梨花的颜色被雨洗得更白净了，但朵朵都懒懒地垂着。

姐姐说：“你看，花儿都倦得要睡了！”

“待我来摇醒他们。”

姐姐不及发言，妹妹的手早已抓住树枝摇了几下。花瓣和水珠纷纷地落下来，铺得银片满地，煞是好玩。

妹妹说：“好玩啊，花瓣一离开树枝，就活动起来了！”

“活动什么？你看，花儿的泪都滴在我身上哪。”姐姐说这话时，带着几分怒气，推了妹妹一下。她接着说：“我不和你玩了；你自己在这里玩吧。”

妹妹见姐姐走了，直站在树下出神。停了半晌，老妈子走来，牵着她，一面走着，说：“你看，你的衣服都湿透了；在阴雨天，每日要换几次衣服，教人到哪里找太阳给你晒去呢？”

落下来的花瓣，有些被她们的鞋印入泥中；有些粘在妹妹身上，被她带走；有些浮在池面，被鱼儿衔入水里。那多情的燕子不歇把鞋印上的残瓣和软泥一同衔在口中，到梁间去，构成他们的香巢。

天窗

茅盾

乡下的房子只有前面一排木板窗。暖和的晴天，木板窗扇扇开直，光线和空气都有了。碰着大风大雨，或者北风虎虎地叫的冬天，木板窗只好关起来，屋子就黑的地洞里似的。

于是乡下人在屋上面开一个小方洞，装一块玻璃，叫做天窗。

夏天阵雨来了时，孩子们顶喜欢在雨里跑跳，仰着脸看闪电，然而大人们偏就不许，“到屋里来呀！”孩子们跟着木板窗的关闭也就被关在地洞似的屋里了；这时候，小小的天窗是唯一的慰藉。

从那小小的玻璃，你会看见雨脚在那里卜落卜落跳，你会看见带子似的闪电一瞥；你想象到这雨，这风，这雷，这电，怎样猛厉地扫荡了这世界，你想象它们的威力比你在露天真实感到的要大这么十倍百倍。小小的天窗会使你的想象锐利起来。

晚上，当你被逼着上床去“休息”的时候，也许你还忘不了月光下的草地河滩，你偷偷地从帐子里伸出头来，你仰起了脸，这时候，小小的天窗又是你唯一的慰藉！

你会从那小玻璃上面的一粒星，一朵云，想象到无数闪闪烁烁可爱的星，无数像山似的，马似的，巨人似的，奇幻的云彩；你会从那小玻璃上面掠过一条黑影想象到这也许是灰色的蝙蝠，也许是会唱的夜莺，也许是恶霸似的猫头鹰，——总之，美丽的神奇的夜的世界的一切，立刻会在你的想象中展开。

啊唷唷！这小小一方的空白是神奇的！它会使你看见了若不是有了它你就想不起来秘密；它会使你想到了若不是有了它你就永远不会联想到的种种事件！

发明这"天窗"的大人们，是应得感谢的。因为活泼会想的孩子们会知道怎样从"无"中看出"有"，从"虚"中看出"实"，比任其他看到的更真切，更阔达，更复杂，更确实！

（三）记叙文体的朗读

记叙文是以记人、叙事、写景、状物为主，以写人物的经历和事物发展变化为主要内容的一种文体形式。通过生动形象的事件来反映生活、表达作者的思想感情，文章的中心思想蕴含在具体材料中，通过对人、事、物的生动描写来表现，这是记叙文的特点。以下将以写人记叙文和状物记叙文为代表，来阐述记叙文朗读的注意事项。

以写人为主的记叙文主要是通过对人物外貌、语言、动作、心理活动的描写和典型事例的叙述来反映人物的思想、性格、品质等特点。这里的事例是为写人而选、为写人服务的。写人类记叙文重点在于人，而非事，最终由事及人，旨在揭示人物的思想、性格、品质等特点。写人记叙文的朗读，需要把握以下技巧。

1. 清楚呈现事件的来龙去脉，脉络分明

写人记事的文章，要交代清楚时间、地点、人物和事件四个要素，也要交代清楚事情的来龙去脉。朗读时，我们要对这些要素和叙事的脉络层次作清楚交代。朗读时宜语调平缓、语速中等。

2. 抓住描写，塑造和烘托人物形象

作者在塑造人物形象时，总是对人物的外貌、语言、心理、动作、细节等方面进行刻画，有时还会穿插作者的议论和抒情。朗读时，我们要抓住这些描写，对其外貌举止、心理活动、谈吐对话等加以生动而又恰当的表现，对其对话进行声音造型，以塑造人物形象。

3. 在情节的发展变化中凸显人物性格

人物的性格都是在情节的发展中塑造出来的，也是在情节的不断发展中丰满起来的。

练习

草船借箭

周瑜非常嫉恨诸葛亮，总想找个理由杀掉诸葛亮。

一天，周瑜让诸葛亮造10万支箭，并说10天内就要。诸葛亮痛快地答应了，说："我3天之内就送10万支箭过来。"周瑜很吃惊。

诸葛亮向鲁肃借了20只快船，600名士兵，把每条船用布蒙上，两边堆满一捆捆的干草。周瑜得知这一情况后，心里非常怀疑，不知诸葛亮又在玩什么花样。

到第三天，天还没亮，诸葛亮便派人将鲁肃请来，说："请您和我一同去取箭。"然后，把20条快船用长绳连起来，一直往江北驶去。当时，长江上雾很大，对面看不见人。鲁肃心里不明白，问诸葛亮怎么回事。诸葛亮只是笑，并不回答。

不久，船靠近曹操的水寨。诸葛亮命令将船头朝东船尾向西，一字摆开。又叫士兵一起敲鼓呐喊。曹操听了报告，说："雾天作战，恐怕有埋伏。先让水陆军的弓箭手向他们射箭，雾散后再进军。"于是，箭像雨点一样射向那20条船。

箭头准确地落在草捆上，排得密密麻麻。过了一会儿，诸葛亮命令船头掉过来，再由西向东排开，于是，另一面又被射满了箭。等到太阳要升起来时，雾也快散了。诸葛亮命令军士开船，并一起大喊："谢谢丞相的箭！"

船到了南岸，周瑜已经派了500名军士在江边等着搬箭，卸完后共有十二三万支箭。鲁肃见了周瑜，把诸葛亮借箭的事说了一遍。周瑜叹气说："诸葛亮真是神机妙算，我实在不如他啊！"

地震中的父与子

1994年，美国洛杉矶发生大地震，30万人在不到四分钟的时间里受到了不同程度的伤害。

在混乱中，一位年轻的父亲安顿好受伤的妻子，冲向他七岁儿子的学校。那个昔日充满孩子们欢声笑语的漂亮的三层教学楼，已变成一片废墟。

他顿时感到眼前一片漆黑，大喊："阿曼达，我的儿子！"跪在地上大哭了一阵后，他猛地想起自己常对儿子说的一句话："不论发生什么，我总会跟你在一起！"他坚定地站起身，向那片废墟走去。

他知道儿子的教室在一层楼的左后角，便疾步走到那里。

就在他挖掘的时候，不断有孩子的父母急匆匆地赶来，看到这片废墟，他们痛哭并大喊："我的儿子！""我的女儿！"哭喊过后，便绝望地离开了。有些人上来拉住这位父亲，说："太晚了，没有希望了。"这位父亲双眼直直地看着这些好心人，问道："谁愿意帮助我？"没人给他肯定的回答，他便埋头接着挖。

消防队长挡住他："太危险了，随时可能发生大爆炸，请你离开。"

这位父亲问："你是不是来帮助我？"

警察走过来："你很难过，我能理解，可这样做，对你自己、对他人都有危险，马上回家吧。"

"你是不是来帮助我？"

人们摇头叹息着走开了，都认为这位父亲因为失去孩子过于悲痛，精神失常了。

然而这位父亲心中只有一个念头："儿子在等着我！"

他挖了8小时、12小时、24小时、36小时，没人再来阻挡他。他满脸灰尘，双眼布满血丝，衣服破烂不堪，到处都是血迹。挖到第38小时，他突然听见瓦砾堆底下传出孩子的声音："爸爸，是你吗？"

是儿子的声音！父亲大喊："阿曼达！我的儿子！"

"爸爸，真的是你吗？"

"是我，是爸爸！我的儿子。"

"我告诉同学们不要害怕，说只要我爸爸活着就一定会来救我，也能救大家。因为你说过，不论发生什么，你总会和我在一起！"

"你现在怎么样？有几个孩子活着？"

"我们这里有14个同学，都活着，我们都在教室的墙角，房顶塌下来架成个大三角形，我们没被砸着。"

父亲大声向四周呼喊："这里有14个小孩，都活着！快来人！"

过路的人赶紧跑过来帮忙。

50分钟后，一个安全的出口开辟出来了。

父亲声音颤抖地说："出来吧！阿曼达。"

"不！爸爸。先让我的同学出去吧！我知道你会跟我在一起，我不怕。不论发生了什么，我知道你总会跟我在一起。"

这对了不起的父与子，无比幸福地紧紧拥抱在一起。

在状物记叙文中，"状"是陈述、描摹的意思，"状物"，就是描绘事物。状物的记叙文，也不是为状物而状物，而是托物言志或托物抒情，就是通过描述某物，来表明作者的某种思想、某种感情。这类文章的特点在于把比较抽象的思想感情寄托于具体、形象的事物当中，文中既有对所寄托事物的具体描述，又有对所寓之理和情的充分阐发。

状物类记叙文的朗读，首先要突出其细致刻画的特征，注重重音和停连。其次要抒发情感，贴切到位。朗读描绘景物的句子时，声音要柔美，语速要比较舒缓，语调要起伏较小。如朱自清的《绿》，表现出了朱自清对梅雨潭绿的陶醉，朗读时要身临其境般地感受朱自清别样的爱绿、醉绿情怀。

练习

绿

我第二次到仙岩的时候，我惊诧于梅雨潭的绿了。

梅雨潭是一个瀑布潭。仙岩有三个瀑布，梅雨瀑最低。走到山边，便听见花花花花的声音；抬起头，镶在两条湿湿的黑边儿里的，一带白而发亮的水便呈现于眼前了。

我们先到梅雨亭。梅雨亭正对着那条瀑布；坐在亭边，不必仰头，便可见它的全体了。亭下深深的便是梅雨潭。这个亭踞在突出的一角的岩石上，上下都空空儿的；仿佛一只苍鹰展着翼翅浮在天宇中一般。三面都是山，像半个环儿拥着；人如在井底了。这是一个秋季的薄阴的天气。微微的云在我们顶上流着；岩面与草丛都从润湿中透出几分油油的绿意。而瀑布也似乎分外的响了。那瀑布从上面冲下，仿佛已被扯成大小的几绺；不复是一幅整齐而平滑的布。岩上有许多棱角；瀑流经过时，作急剧的撞击，便飞花碎玉般乱溅着了。那溅着的水花，晶莹而多芒；远望去，像一朵朵小小的白梅，微雨似的纷纷落着。据说，这就是梅雨潭之所以得名了。但我觉得像杨花，格外确切些。轻风起来时，点点随风飘散，那更是杨花了。——这时偶然有几点送入我们温暖的怀里，便倏的钻了进去，再也寻它不着。

梅雨潭闪闪的绿色招引着我们；我们开始追捉她那离合的神光了。揪着草，攀着乱石，小心探身下去，又鞠躬过了一个石穹门，便到了汪汪一碧的潭边了。瀑布在襟袖之间；但我的心中已没有瀑布了。我的心随潭水的绿而摇荡。那醉人的绿呀，仿佛一张极大极大的荷叶铺着，满是奇异的绿呀。我想张开两臂抱住她；但这是怎样一个妄想呀。——站在水边，望到那面，居然觉着有些远呢！这平铺着，厚积着的绿，着实可爱。她松松的皱缬着，像少妇拖着的裙幅；她轻轻的摆弄着，像跳动的初恋的处女的心；她滑滑的明亮着，像涂了“明油”一般，有鸡蛋清那样软，那样嫩，令人想着所曾触过的最嫩的皮肤；她又不杂些儿法滓，宛然一块温润的碧玉，只清清的一色——但你却看不透她！我曾见过北京什刹海拂地的绿杨，脱不了鹅黄的底子，似乎太淡了。我又曾见过杭州虎跑寺旁高峻而深密的“绿壁”，重叠着无穷的碧草与绿叶的，那又似乎太浓了。其余呢，西湖的波太明了，秦淮河的水又太暗了。可爱的，我将什么来比拟你呢？我怎么比拟得出呢？大约潭是很深的、故能蕴蓄着这样奇异的绿；仿佛蔚蓝的天融了一块在里面似的，这才这般的鲜润呀。——那醉人的绿呀！我若能裁你以为带，我将赠给那轻盈的舞女；她必能临风飘举了。我若能挹你以为眼，我将赠给那善歌的盲妹；她必明眸善睐了。我舍不得你；我怎舍得你呢？我用手拍着你，抚摩着你，如同一个十二三岁的小姑娘。我又掬你入口，便是吻着她了。我送你一个名字，我从此叫你“女儿绿”，好么？

我第二次到仙岩的时候，我不禁惊诧于梅雨潭的绿了。

（四）寓言的朗读

寓言是一种以劝谕或讽刺性的故事为内容的文学样式，通常是假托一个故事来说明深刻的道理，具有讽刺和教育作用。

寓言的故事情节具有虚构性，主人公可以是人，也可以是物。常用比喻、夸张、象征、拟人等表现手法，把作者的思想寄寓在寓言故事中，让人从中领悟一定的道理。寓言的篇幅一般比较短小，语言精辟简练，结构简单却极富表现力。寓言多用借喻手法，使富有教训意义的主题或深刻的道理在简单的故事中体现，具有鲜明的讽刺性和教育性。主题思想大多借此喻彼、借古喻今、借小喻大等。

如何朗读寓言？

1. 确定寓意

寓言的特点之一是借事喻理，每一篇寓言的寓意都是不同的。有的反映人们对生活的看法，有的对某种社会现象加以批评，有的对某一事物加以讽刺，或进行某种劝诫，或提供某种生活的警示。总之应先弄清寓言的寓意，然后抓住关键所在，用最适当的语气语调来表现。

2. 抓住特点，适当夸张

每篇寓言所借喻的事物不尽相同，在朗读时应注意把握住它们的特点。可以在不同人物动作、语言、心理刻画时，恰如其分地采用夸张的手法进行表现，可以在技巧的运用中表现得稍稍“过火”，使人物性格中的可笑抑或愚蠢之处渲染得当，让听众在哑然失笑中捕捉到深刻的寓意。

如《乌鸦和狐狸》这则寓言告诉我们不要被奉承的话所愚弄。在朗读时，应着重读好狐狸的话，用曲折的语调，柔和的、细声细气的声音突出狐狸的“媚”和狡猾，这样更能衬托乌鸦的愚蠢。抓住特点、适当夸张，也就抓住了寓言朗读的重点所在。

3. 揣摩形象

对于寓言中出现的形象，作者一般都赋予了不同的感情色彩，褒贬、嘲笑、赞扬、讽刺、批评等，在朗读时，要对作品中的形象好好揣摩，然后决定用什么样的语气语调朗读，从而更好地揭示所读寓言的寓意、显示这些形象的个性。如《拔苗助长》，要显示出宋国农夫这一自以为是的形象时，其说话的语调要掷地有声，有得意之感洋溢其中。

4. 把握节奏

寓言中的故事叙述和描写部分可以处理得生动活泼一些；议论部分节奏沉稳，速度适中，含而不露，引而不发；语调平而不板，从容有力，给人留下思考哲理的空间。

练习

拔苗助长

古时候有个人，希望自己田里的禾苗长得快点，天天到田边去看。可是，一天、两天、三天，禾苗好像一点也没有长高。他就在田边焦急地转来转去，自言自语地说："我得想个办法帮他们长。"一天，他终于想到了办法，就急忙跑到田里，把禾苗一棵一棵往高里拔。从中午一直忙到太阳落山，弄得筋疲力尽。当他回到家里时，一边喘气一边对儿子说："今天可把我累坏了，力气没白费，禾苗都长了一大截。"他儿子不明白是怎么回事，跑到田里一看，发现禾苗都枯死了。

盲人摸象

从前，印度有一位国王，他养了许多大象。有一天，他正坐在大象身上游玩，忽然看见一群瞎子在路旁歇息，便命令他们走过来，问他们："你们知道大象是什么样子吗？"瞎子们同声否认道："陛下，我们不知道。"国王笑道："你们亲自用手摸一摸吧，然后向我报告。"

瞎子们赶紧围着大象摸起来。过了一会儿，他们开始向国王报告。

摸到象耳朵的瞎子说："大象同簸箕一样。"

摸到象腿的瞎子说："大象和柱子一样。"

摸到象背的瞎子说："大象好似一张床。"

摸到象尾的瞎子说："大象好似绳子。"

国王听了哈哈大笑起来。原来他们把自己摸到的某一个部分误认为是全体。

后来人们便用"盲人摸象"来形容那些观察事物片面，只见局部不见整体的人。

（五）童话的朗读

童话是一种通过丰富的想象、幻想和夸张来创造形象、反映生活、对儿童进行教育的文学体裁。它的语言浅显、生动而优美，它的情节饶有趣味，对孩子们有极强的吸引力。夸张、拟人、象征、反复等是童话经常运用的表现方法。

那么如何朗读童话呢？大概说来对于童话的朗读要做到以下几点。

1. 要有"童心"

就是说，朗读者应该从孩子的心理角度出发，相信童话里讲的一切都跟生活中所发生的一样，是真实可信的。童话又往往采用拟人的方法，花草树木、鸟兽虫鱼，甚至整个大自然抑或想象中的万千事物都可注入人的思想感情，赋予它们生命，使它们人格化。朗读者应与童话中的"人物"同欢乐、共患难，自然地进入"人物"角色，成功地将成百上千的童话"读活"，让听众们（孩子们）喜欢。

2. 自然生动与夸张相结合

朗读童话的语气很重要，朗读童话时，我们要从少年儿童的接受和理解心理出发，用少年儿童的眼光来看待童话中发生的一切，相信童话中发生的一切都是真实可信的，应尽可能接近口语，做到朗读自然、流畅。夸张的口吻，可以从节奏、速度、音量等方面进行技巧处理，以求取得较好的效果。

童话作品赞颂真、善、美，鞭挞假、丑、恶，它的情感倾向比较鲜明，而且表达也比较直露，因此，在朗读时，我们要表达鲜明的爱憎情感，并适度地把这种情感进行夸张，以刻画人物形象，表现故事情节。如在朗读《神笔马良》时，可以将马良画笔下的另一个世界适当夸张，既可以更加吸引小朋友们的注意力，又可以让小朋友们理解财主“要钱不要命”的合理性。

3. 灵活处理反复

反复是童话中常用的表现手法。在童话中，完全相同或基本相同的语句往往在一定位置反复多次出现，这种反复可以成为解构童话的线索，也可以刻画人物的性格，还可以推动故事情节循环往复地向前发展。但要注意，故事中反复的语句是在不同语境中出现，同样一句话，朗读时应将它们不同的语气和语调区别开来，而不能简单地重复。

练习

猴吃西瓜

猴吃西瓜
音频来源：网络资料

猴儿王找到个大西瓜。可是怎么吃呢？这个猴儿王啊是从来也没吃过西瓜。忽然他想出一条妙计，于是就把所有的猴儿都召集来了，对大家说：“今天我找到一个大西瓜，这个西瓜的吃法嘛，我是全知道的，不过我要考验一下你们的智慧，看你们谁能说出西瓜的吃法，要是说对了，我可以多赏他一份儿；要是说错了，我可要惩罚他！”小毛猴一听，搔了搔腮说：“我知道，吃西瓜是吃瓤儿！”猴王刚想同意，“不对，我不同意小毛猴的意见！”一个短尾巴猴儿说：“我清清楚楚地记得！我和我爸爸到我姑妈家去的时候，吃过甜瓜，吃甜瓜是吃皮，我想西瓜是瓜，甜瓜也是瓜，当然该吃皮啦！”大家一听，有道理，可到底谁对呢，于是都不由把眼光集中到一只老猴身上，老猴一看，觉得出头露面的机会来了，就清了一下嗓子说道：“吃西瓜嘛，当然……是吃皮啦，我从小就吃西瓜，而且一直是吃皮，我想我之所以老而不死，也正是由于吃了西瓜皮的缘故！”

有些猴儿早等急了，一听老猴儿也这么说，就跟着嚷起来，“对，吃西瓜吃皮！”“吃西瓜吃皮！”猴儿王一看，认为已经找到了正确的答案，就向前跨了一步，开言道：“对！大家说的都对，吃西瓜是吃皮！哼，就小毛猴崽子说吃西瓜是吃瓤儿，那就叫他一个人吃，咱们大家都吃西瓜皮！”于是西瓜一刀两断，小毛猴吃瓤儿，大家伙儿是共分西瓜皮。

有个猴儿吃了两口，就捅了捅旁边的说：“哎，我说这可不是滋味啊！”

“咳——老弟，我常吃西瓜，西瓜嘛，就这味……”

莴苣姑娘

从前有一个男人和一个女人，他俩一直想要个孩子，可总也得不到。最后，女人只好希望上帝能赐给她一个孩子。他们家的屋子后面有个小窗户，从那里可以看到一个美丽的花园，里面长满了奇花异草。可是，花园的周围有一道高墙，谁也不敢进去，因为那个花园属于一个女巫。这个女巫的法力非常大，世界上人人都怕她。一天，妻子站在窗口向花园望去，看到一块菜地上长着非常漂亮的莴苣。这些莴苣绿油油、水灵灵的，立刻就勾起了她的食欲，非常想吃它们。这种欲望与日俱增，而当知道自己无论如何也吃不到的时候，她变得非常憔悴，脸色苍白，痛苦不堪。她丈夫吓坏了，问她：“亲爱的，你哪里不舒服呀？”“啊，”她回答，“我要是吃不到我们家后面那个园子里的莴苣，我就会死掉的。”丈夫因为非常爱她，便想：“与其说让妻子去死，不如给她弄些莴苣来，管它会发生什么事情呢。”黄昏时分，他翻过围墙，溜进了女巫的花园，飞快地拔了一把莴苣，带回来给他妻子吃。妻子立刻把莴苣做成色拉，狼吞虎咽地吃了下去。这莴苣的味道真是太好了，第二天她想吃的莴苣居然比前一天多了两倍。为了满足妻子，丈夫只好决定再次翻进女巫的园子。于是，黄昏时分，他偷偷地溜进了园子，可他刚从墙上爬下来，就吓了一跳，因为他看到女巫就站在他的面前。“你好大的胆子，”她怒气冲冲地说，“竟敢溜进我的园子来，像个贼一样偷我的莴苣！”“唉，”他回答，“可怜可怜我，饶了我吧。我是没办法才这样做的。我妻子从窗口看到了你园子中的莴苣，想吃得要命，吃不到就会死掉的。”女巫听了之后气慢慢消了一些，对他说：“如果事情真像你说的这样，我可以让你随便采多少莴苣，但我有一个条件：你必须把你妻子将要生的孩子交给我。我会让她过得很好的，而且会像妈妈一样对待她。”丈夫由于害怕，只好答应女巫的一切条件。妻子刚刚生下孩子，女巫就来了，给孩子取了个名字叫“莴苣”，然后就把孩子带走了。

“莴苣”慢慢长成了天底下最漂亮的女孩。孩子十二岁那年，女巫把她关进了一座高塔。这座高塔在森林里,既没有楼梯也没有门,只是在塔顶上有一个小小的窗户。每当女巫想进去，她就站在塔下叫道：

“莴苣，莴苣，

把你的头发垂下来。”

莴苣姑娘长着一头金丝般浓密的长发。一听到女巫的叫声，她便松开她的发辫，把顶端绕在一个窗钩上，然后放下来二十公尺。女巫便顺着这长发爬上去。

一两年过去了。有一天，王子骑马路过森林，刚好经过这座塔。这时，他突然听到美妙的歌声，不由得停下来静静地听着。唱歌的正是莴苣姑娘，她在寂寞中只好靠唱歌来打发时光。王子想爬到塔顶上去见她，便四处找门，可怎么也没有找到。他回到了宫中，那歌声已经深深地打动了他，他每天都要骑马去森林里听。一天，他站在一棵树后，看到女巫来了，而且听到她冲着塔顶叫道：

“莴苣，莴苣，

把你的头发垂下来。”

莴苣姑娘立刻垂下她的发辫，女巫顺着它爬了上去。王子想：“如果那就是让人爬上去的梯子，我也可以试试我的运气。”第二天傍晚，他来到塔下叫道：

“莴苣，莴苣，

把你的头发垂下来。”

头发立刻垂了下来，王子便顺着爬了上去。

莴苣姑娘看到爬上来的是一个男人时，真的大吃一惊，因为她还从来没有看到过男人。但是王子和蔼地跟她说话，说他的心如何如何被她的歌声打动，一刻也得不到安宁，非要来见她。莴苣姑娘慢慢地不再感到害怕，而当他问她愿不愿意嫁给他时，她见王子又年轻又英俊，便想：“这个人肯定会比那教母更喜欢我。”她于是就答应了，并把手伸给王子。她说：“我非常愿意跟你一起走，可我不知道怎么下去。你每次来的时候都给我带一根丝线吧，我要用丝线编一个梯子。等到梯子编好了，我就爬下来，你就把我抱到你的马背上。”因为老女巫总是在白天来，所以他俩商定让王子每天傍晚时来。女巫什么也没有发现，直到有一天莴苣姑娘问她：“我问你，教母，我拉你的时候怎么总觉得你比那个年轻的王子重得多？他可是一下子就上来了。”“啊！你这坏孩子！”女巫嚷道：“你在说什么？我还以为你与世隔绝了呢，却不想你竟然骗了我！”她怒气冲冲地一把抓住莴苣姑娘漂亮的辫子，在左手上缠了两道，又用右手操起一把剪刀，咔嚓几下，美丽的辫子便落在了地上。然后，她又狠心地把莴苣姑娘送到一片荒野中，让她凄惨痛苦地生活在那里。

莴苣姑娘被送走的当天，女巫把剪下来的辫子绑在塔顶的窗钩上。王子走来喊道：

“莴苣，莴苣，

把你的头发垂下来。”

女巫放下头发，王子便顺着爬了上去。然而，他没有见到心爱的莴苣姑娘，却看到女巫正恶狠狠地瞪着他。“啊哈！”她嘲弄王子说：“你是来接你的心上人的吧？可美丽的鸟儿不会再在窝里唱歌了。她被猫抓走了，而且猫还要把你的眼睛挖出来。你的莴苣姑娘完蛋了，你别想再见到她。”王子痛苦极了，绝望地从塔上跳了下去。他掉进了刺丛里，虽然没有丧生，双眼却被刺扎瞎了。他漫无目的地在森林里走着，吃的只是草根和浆果，每天都为失去爱人而伤心地痛哭。他就这样痛苦地在森林里转了好几年，最后终于来到了莴苣姑娘受苦的荒野。莴苣姑娘已经生下了一对双胞胎，一个儿子，一个女儿。王子听到有说话的声音，而且觉得那声音很耳熟，便朝那里走去。当他走近时，莴苣姑娘立刻认出了他，搂着他的脖子哭了起来。她的两滴泪水润湿了他的眼睛，使它们重新恢复了光明。他又能像从前一样看东西了。他带着妻子儿女回到自己的王国，受到了人们热烈的欢迎。他们幸福美满地生活着，直到永远。

（六）议论文体的朗读

议论文又叫说理文，它是一种剖析事物、论述事理、发表意见、提出主张的文体。作者通过摆事实、讲道理、辨是非等方法，来确定其观点正误，树立或否定某种主张。议论文应该观点明确、论据充分、语言精练、论证合理、有严密的逻辑性。简言之，议论文是有感而发，对某一件事表示自己意见、观点、看法的说理文，议论文包括演讲稿、辩护词以及随笔等。（从广义上说，也有人把随笔归入散文，但随笔跟抒情散文是完全不同的文体，随笔是一种议论文。）

议论文有明确的观点，符合逻辑的论证过程，所以一篇好的议论文应该是脉络清楚、条理分明、重点突出的。因此，议论文的朗读应该注意以下几点：

（1）声音明亮清晰，在发音时，要使自己的发音器官肌肉紧绷，这样声音就不至于显得拖泥带水。

在文章中要明确地亮出作者的观点，而且是毫不犹豫，为了表现坚决，应该使用明亮的音色。

（2）语句重音作用明显。在议论文中有大量的议论，为了论证，一定会有所强调，所以要适时适当处理重音。

（3）层次分明，朗读时必须运用音量的大小、速度的快慢等因素逐步推进议论层次。在议论文中的思考和议论有一定的脉络和思路，由此朗读时必须层次分明。

我们以《理解万岁》为例，来说说议论文的朗诵方法。

理解万岁

记得《论语·学而》篇中有那么一句话："患不知人也。"意思是，可担忧的是不理解人吧！

的确，理解、相知是人类多么宝贵的一种境界。理解自然、理解社会、理解人生……人类不也就是在这种境界之升华中行运的吗？

乘着创世纪的诺亚方舟；理解是那只窥探到大自然，衔回了橄榄枝的鸽子；

——沿着千回百折的汨罗江，理解是屈原感叹社会而转唱于今的骚体长辞；

——拨着高山流水般的琴声，理解是蔡锷小凤仙人生难得一知己的知音一曲……

自然界在理解中求达平衡，社会在理解中求达和谐，而更重要的是人类在理解中求达进化。

人是需要理解的。每个人都渴望理解自己，也渴望理解他人，更渴望被他人理解。

不理解自己的人，难以把握自己的人生航向的；不理解他人的人，难以团结生活和事业的同盟军；不被他人理解的人，则难以挣脱孤独和苦闷的阴影。而只有理解自己，也理解他人，同时让他人理解的人，才能在求索的漫漫路途中不昏不聩，不傲不矜，不磷不缁。

有时候，理解是一股热源，它能给人以无穷无尽的力量。镇守在亚热带南中国边疆的战士们，被短短一曲《十五的月亮》吟出了泉水般的泪水，他们紧紧抱在一起，陶醉在被理解之中，久久也不松开。一旦他们重新卧在堑壕里，那颗心便会化成山一样的屏障。

有时候，理解是一架罗盘，它能改变人一生的走向。在工读学校里，一道理解的目光，竟能使那误入歧途的年轻人怦然心动，反省、疚悔，以致作为一个真正的人重新崛起。

有时候，理解是一道霓虹；它能给原本庄重的生活增添绮丽。读一读马克思给燕妮的书信吧，伟人对理解的渴求，以及被理解后的欢愉和情爱，难道不会给你给我们或新或深的启迪吗？

当然，要达到这个境界，并不是件轻而易举的事。恢宏的宇宙，繁复的社会、神秘的自然，以及大千世界、芸芸众生，要达到相互间那种完全彻底的默契，从现阶段人类的认识能力、幻想能力、道德能力、智商凝聚力及科学技术水平来看，还十分遥远。那么就从一点一滴开始吧，理解自己的同志和朋友、父母和妻儿，理解自己周围的每颗小草、每片树叶、每粒尘土和每缕风、每束光吧！

《理解万岁》这篇短文从《论语》中的一句话："患不知人也"说起，论述了"理解是人类一种宝贵的境界"这个道理。

在论述时，全文十个小节又从五个不同的层面加以阐述。这五个层面环环相扣，结构严密的。

（1）开题与立论：

第一小节：引用《论语》，提出话题。

第二小节：提出论点——理解是人类宝贵的境界。

（2）历史的回顾：

第三小节：人所共知的历史事实。

第四小节：自然、社会的发展规律。

（3）人们需要它：

第五小节：人渴望相互理解。

第六小节：理解与否，影响巨大。

（4）理解是什么：

第七小节：理解是热源，给人力量。

第八小节：理解是罗盘，改变方向。

第九小节：理解是霓虹，增添绮丽。

（5）怎样达到它：

第十小节：从一点一滴开始。

全文的重点在第四个层面。在这一层中作者用了三个小节来反复论证，同时也用了具体生动的事实来证明自己的论点。

由此可见，作者说到这儿，倾注了感情，眼前似乎出现了堑壕里的战士、误入歧途的青年、历史上的伟人：耳边似乎听见了《十五的月亮》的歌声……因此我们在朗诵时，也要把这一层次作为重点来处理。我们在朗诵这几个小节时，一定要倾注我们的热情。

例如，朗诵“紧紧地”“久久地”“山一样的”应该有重音，以体现理解给人的力量是如何巨大；朗诵“怦然心动”“反省”“疚悔”时，要一个比一个高而强，体现理解所带来的这些行动之间的关系就像一个又一个的台阶，把跌入深渊之人托上彼岸；在朗诵“霓虹”“绮丽”“书信”“渴求”时，要声音柔和，不用加强而用延长的方法来处理重音，使语句听起来充分表现出人们被理解之后的欢欣。

全文以第四层次为中心，前面的三个层次为第四层次做铺垫。

第一层次用平实的语调，体现庄重；

第二层次用较为缓慢低沉的语调，体现沧桑感；

第三层次开始，要逐步加快节奏和语速，从反面论述时可以稍稍放慢放低，以便和正面论述形成对比。

这样就可以和第四层次相衔接。而最后一个层次，应该是引起听众深思的一节。朗诵时要放慢语速、加重语气，给人“语重心长”的感觉。

总之，朗读议论文要把握文章内在的逻辑关系，理清作者的思路，要读得从容、肯定、自然、平实。语言主体风格一致，褒贬色彩清晰，语言坚实有力，表述简洁利落。让听者能感受字里行间的逻辑力量，以强化其雄辩及理性的感染力。要做到论点鲜明、论据有力；态度明朗、感情含蓄；语气肯定、重音坚实。

练习

说“勤”

林家箴

俗话说：“一勤天下无难事。”唐朝大文学家韩愈也曾经说过，“业精于勤”。这就是说，学业方面的精深造诣来源于勤奋好学。

勤，对好学上进的人来说，是一种美德。我们所说的勤，就是要人们善于珍惜时间，勤于学习，勤于思考，勤于探索，勤于实践，勤于总结。看古今中外，凡有建树者，在其历史的每一页上，无不都用辛勤的汗水写着一个闪光的大字——“勤”。

勤出成果。马克思写《资本论》，辛勤劳动、艰苦奋斗了四十年，阅读了数量惊人的书籍和刊物，其中做过笔记的就有一千五百种以上；我国历史巨著《史记》的作者司马迁，从二十岁起就开始漫游生活，足迹遍及黄河、长江流域，汇集了大量的社会素材和历史素材，为《史记》的创作奠定了基础。德国伟大诗人、小说家和戏剧家歌德，前后花了五十八年的时间，搜集了大量的材料，写出了对世界文学和思想界产生很大影响的诗剧《浮士德》。我国数学家陈景润，在攀登数学高峰的道路上，翻阅了国内外的上千本相关资料，通宵达旦地看书学习，取得了震惊世界的成就。上海女知识青年曹南薇，坚持自学十年如一日，终于考上了高能物理研究生。可见，任何一项成就的取得，都是与勤奋分不开的，古今中外，概莫能外。

勤出聪慧。传说古希腊有一个叫德摩斯梯尼的演说家，因小时口吃，登台演讲时，声音浑浊，发音不准，常常被雄辩的对手所压倒。但是，他气不馁，心不灰，为克服这个弱点，战胜雄辩的对手，便每天口含石子，面对大海朗诵，不管春夏秋冬，雨雪风霜，十年如一日，连爬山、跑步也边走边做演说，终于成为全希腊最有名气的演说家。我国宋代学者朱熹也讲过这样一个故事：福州有一个叫陈正元的人，一篇小文章也要读一二百遍才能读熟。可是他不懒不怠，勤学苦练，别人读一遍，他就读三遍、四遍，天长日久，知识与日俱增，后来终于"无书不读"，成了一个博学之士。这说明，即使有些天资比较差、反应比较迟钝的人，只要有勤奋好学的精神，同样也是可以弃拙为巧、变拙为灵的。

实践证明，勤奋是点燃智慧的火把。一个人的知识多寡，关键在于勤奋的程度如何。懒惰者，永远不会在事业上有所建树，永远不会使自己变得聪明起来。唯有勤奋者，才能在知识的海洋里猎取到真智实才，才能不断地开拓知识领域，获得知识的报酬，使自己变得聪明起来。高尔基说过："天才出于勤奋。"卡莱尔也说过："天才就是无止境刻苦勤奋的能力。"这就是说，只要我们不怠于勤，善求于勤，就一定能在艰苦的劳动中赢得事业上的巨大成就。我想每一个渴望能得到真知灼见的人，是一定能够体会到"勤"的深刻含意的。

谈骨气

吴晗

我们中国人是有骨气的。

战国时代的孟子，有几句很好的话："富贵不能淫，贫贱不能移，威武不能屈，此之谓大丈夫。"意思是说，高官厚禄收买不了，贫穷困苦折磨不了，强暴武力威胁不了，这就是所谓大丈夫。大丈夫的这种种行为，表现出了英雄气概，我们今天就叫做有骨气。

我国经过了奴隶社会、封建社会的漫长时期，每个时代都有很多这样有骨气的人，我们就是这些有骨气的人的子孙，我们是有着优良革命传统的民族。

当然，社会不同，阶级不同，骨气的具体含义也不同。这一点必须认识清楚。但是，就坚定不移地为当时的进步事业服务这一原则来说，我们祖先的许多有骨气的动人事迹，还有它积极的教育意义，是值得我们学习的。

南宋末年，首都临安被元军攻入，丞相文天祥组织武装力量坚决抵抗，失败被俘后，元朝劝他投降，他写了一首诗，其中有两句是："人生自古谁无死，留取丹心照汗青。"意思是人总是要死的，就看怎样死法，是屈辱而死呢，还是为民族利益而死？他选取了后者，要把这片忠心记录在历史上。文天祥被拘囚在北京一个阴湿的地牢里，受尽了折磨，元朝多次派人劝他，只要投降，便可以做大官，但他坚决拒绝，终于在公元 1283 年被杀害了。

孟子说的几句话，在文天祥身上都表现出来了。他写的有名的《正气歌》，歌颂了古代有骨气的人的英雄气概，并且以自己的生命来抗拒压迫，号召人民继续起来反抗。

另一个故事是古代有一个穷人，饿得快死了，有人丢给他一碗饭，说："嗟，来食！"（喂，来吃！）饿人拒绝了"嗟来"的施舍，不吃这碗饭，后来就饿死了。不食嗟来之食这个故事很有名，传说了千百年，也是有积极意义的。那人摆着一副慈善家的面孔，吆喝一声"喂，来吃！"这个味道是不好受的。吃了这碗饭，第二步怎样呢？显然，他不会白白施舍，吃他的饭就要替他办事。那位穷人是有骨气的：看你那副脸孔、那个神气，宁可饿死，也不吃你的饭。

不食嗟来之食，表现了中国人民的骨气。

还有个例子。民主战士闻一多是在 1946 年 7 月 15 日被国民党枪杀的。在这之前，朋友们得到要暗杀他的消息，劝告他暂时隐蔽，他毫不在乎，照常工作，而且更加努力。明知敌人要杀他，在被害前几分钟还大声疾呼，痛斥国民党特务，指出他们的日子不会很长久了，人民民主一定得到胜利。毛主席在《别了，司徒雷登》一文中指出："许多曾经是自由主义者或民主个人主义者的人们，在美国帝国主义者及其走狗国民党反动派面前站起来了。闻一多拍案而起，横眉怒对国民党的手枪，宁可倒下去，不愿屈服。"高度赞扬他表现了我们民族的英雄气概。

孟子的这些话，虽然是在两千多年以前说的，但直到现在，还有它积极的意义。当然我们无产阶级有自己的英雄气概，有自己的骨气，这就是绝不向任何困难低头，压不扁，折不弯，顶得住，吓不倒，为了社会主义、共产主义建设的胜利，我们一定能够克服任何困难，奋勇前进。

（七）说明文体的朗读

说明文是以说明为主要表达方式来解说事物、阐明事理而给人以知识的，它通过对实体事物的解说或对抽象道理的阐释，使人们对事物的形态、构造、性质、种类、成因、功能、关系或对事理的概念、特点、来源、演变、异同等有所认识，从而获得有关的知识。

以说明为主要的表达方式是说明文区别于其他文体的标志，说明性是它的最大特点；此外，说明文给人以知识，知识性就自然成为它的重要特点；还有，说明必须如实客观地反映事物的实际情况，所以说明文具有科学性的特点；最后，说明文还应具备通俗性，因为它是向人们传授科学知识的，为使人们易于接受，文章必须通俗易懂。

朗读说明性作品，要突出其说明性、知识性、科学性、准确性。对作品中关键性的词语、句子主要运用停连、重音加以突出强调。另外朗读说明文时还应注意以下几点。

1. 客观呈现被说明的事物

朗读者作为作者的代言人，朗读时须持严谨客观的态度，避免带有感情色彩，表达应朴实自然，不夸张、不渲染。运用声区自如，声音状态稳定，不大起大落。情绪平静，节奏舒缓从容，语速较慢，停顿恰当。语调平实，较少起伏变化。

2. 理清文章的条理和层次

朗读者在朗读时首先要弄清楚文章的脉络和层次，注意各个部分之间的过渡和照应。只有对文章的条理和层次了然于心，朗读时才能条理分明，重点突出，使听者对说明的对象有鲜明而深刻的印象。

3. 运用技巧突出表达的准确

要做到科学、严谨的说明，不仅要做到表达条理清晰，还要做到用词准确。说明要求把被说明的事物和事理如实地介绍给听者，朗读必须准确无误地把被说明事物的特点明确地表现出来。我们在朗读时要把握好重音、停连、节奏等表达技巧，将最能表现说明对象特征的词表语加以突出。例如《死海》。

那么，死海海水的浮力为什么这样大呢？因为海水的咸度很高。据统计，死海水里含有多种矿物质：有135.46亿吨氯化钠（食盐）；有63.7亿吨氯化钙；有20亿吨氯化钾。把各种盐类加在一起，占死海全部海水的23%~25%。这样，就使海水的密度大于人体的密度，无怪乎人一到海里就自然漂起来，沉不下去。

总之，朗读说明文要客观呈现被说明的事物、理清文章的条理和层次、运用技巧突出所要表达事物的准确特征。为了更好地把握说明文内在的逻辑结构，在朗读时要注意正确的停顿以及节奏的变化，从而更好地感受说明文的内在逻辑结构。

朗读是一种有声的语言艺术，它在幼儿园教学中有着不可忽视的作用。只有通过我们教师的精心指导，把握不同的文体，采用不同的朗读方法，以及学生们的刻苦练习，才能真正在幼儿园教学中展现朗读的艺术魅力。

思考与练习

1. 朗读有什么作用？朗读的技巧有哪些？试着结合具体的案例详细说明。
2. 朗读的节奏有哪些类型？请用具体事例解释说明。
3. 请以具体文章说明朗读散文时要把握哪些要领？
4. 朗读诗歌从应从那几个当面入手？请选择一首现代诗进行深入分析。

第二节 讲故事技能

训练目标

1. 了解儿童故事的含义、特征及分类等。
2. 了解讲故事的特征与分类。
3. 通过故事讲述训练，熟练地掌握讲故事的技巧。

理论基础

“讲故事”是幼儿教师的一项重要的教育活动，对幼儿成长具有重要意义。培养全面发展的幼儿，需要专业技能全面的幼儿教师。作为幼师生，讲故事是一项必备的、最基本的职业技能，而幼师生讲故事能力的提高离不开其在校期间的系统训练。本节旨在从幼儿师范学校的性质出发，着眼幼师生专业技能的提高，研究幼师生“讲故事”的训练技巧，使幼师生的幼儿教师专业素养得到提高，为其日后成功地从事幼教工作打下较为坚实的专业基础。

爱听故事是小朋友的天性，而幼儿期是人的语言、智力等各方面发展的关键期和最佳期，在幼儿园教学活动中，“讲故事”是幼儿教育的重要内容，是常见的也是最重要的教育活动形式之一。幼儿教师通过讲故事这一教育活动形式，对幼儿进行有计划、有目的的教育，在讲故事的过程中不断培养幼儿的语言技能、创造力和想象力等，从而引导幼儿健康成长与发展。因此，幼儿教师讲故事技能的高低直接关系幼儿身心的健康成长和发展，意义重大。

讲故事的能力是幼儿教师的一项重要的从教基本功，是幼儿教师专业技能培养的重要内容。作为未来幼儿教师的幼师生，培养与提高其讲故事的能力至关重要。国家教育委员会颁布的《幼儿园工作规程》明确指出了幼儿教师应具备讲故事的专业技能，“讲故事技能要求幼儿教师能够运用儿童化的语言和态势语言，充分突出故事中不同角色的性格特点，为幼儿讲演故事”。培养幼师生讲故事的能力是幼儿师范学校的一项重要任务。

一、儿童故事概述

故事是叙述性文学体裁的一种，它侧重于对事件过程的描述，强调情节的完整性、连贯性、生动性和趣味性，比较适合口头讲述。儿童故事则指内容单纯，篇幅短小，情节生动有趣、完整连贯，与儿童的接受和欣赏能力相适合，供儿童阅读或聆听的叙事性文学样式。就其内容而言，儿童故事或取材于古往今来的种种事件，或取材于儿童的学校生活、家庭生活及社会生活，或取材于自然界万物景象，特别是动物世界等。

（一）儿童故事的特征

儿童故事的基本特征包含故事的完整性、情节的生动性和内容的趣味性等。

1. 完整性

完整性是儿童故事在整体结构的特征。从文学本体来看，故事由各种生活事件组成，而生活事件的完整性是构成故事的基本前提。因此，儿童故事一般都要反映事件的起因、事件发展过程的曲折以及事件的结局等。换言之，即要反映出特定矛盾冲突的发生、发展和转化的全部过程。只有包括事件的开端、发展、高潮、结局，乃至尾声的故事，才是有序而完整的。从接受主体来看，故事的完整性能满足儿童的阅读需求。因为儿童在阅读或听故事时，总是希望能知道事件的整个过程，因而完整的故事符合儿童的阅读心理。《煎饼帽子》就是一篇能充分体现故事完整性特征的作品。作者在故事一开篇写道："迈克喜欢吃煎饼，"这是故事产生的原因；"妈妈摊煎饼的时候，他就站在一旁看，"此为故事的开端；随之，故事发展了，在这一过程中，作者先详尽地描述了迈克观看妈妈摊煎饼的全过程，继而写迈克产生了摊煎饼的欲望，于是，他也要来试一试，此时故事进入高潮：迈克用双手抓住锅把儿，也学妈妈的样子，用劲把煎饼抛向空中。怪了，怎么煎饼没有落下来？抬头一看，哟，煎饼贴在天花板上哩。正在这时候，煎饼又落了下来，"啪"的一声，扣到了他的头上。

"这下可好了，你有一顶煎饼帽子了。"妈妈说。随着高潮的出现，故事趋向尾声：不甘心失败的迈克，又试了一次：这次抛向空中的煎饼正好落进了锅里。他做成了第一张煎饼。

"你成功了。"妈妈高兴地说。这篇故事虽然篇幅短小，但事件完整而连贯，情节生动，充满儿童情趣，它能使儿童在阅读中获得一种完整有序的审美感受。

2. 生动性

生动性是儿童故事的情节特征。作品中一系列具有因果联系的生活事件环环相扣，循序发展，便形成了故事的情节。而情节的生动性则是指事件在其发展过程中，以新奇有趣、惊险曲折、温暖动情等特点营造出引人入胜、动人心魄的效果。它能使作品在小读者头脑中留下深刻的印象。儿童往往带着一种急迫的心情听讲或阅读故事，他们急于了解故事的结局，但又不愿马上知道结局。这种矛盾的心理使他们对充满悬念、一波三折的故事有极大的兴趣，且排斥平淡无奇的故事。因此，儿童故事要想吸引那些坐不住的孩子，使他们兴味盎然地听下去、读下去，必须具有生动的情节。

法国作家艾斯库迪叶的《天上掉下一只烤鸡来》，就是以其故事情节的生动性给儿童留下深刻的印象。这篇作品开篇用铺垫手法，向小读者展开叙述：

笔记

一个叫约翰的小孩，家住在一幢很高很高的楼上。一天他与爸爸一起买东西回家，爸爸在楼下大门口遇见了邻居老先生，两人就聊起天来。想早点回家的小约翰实在等得不耐烦了，便提着菜篮进了电梯。可是他个子实在太矮，无论怎样踮起脚跟，也按不到排在最高位置的到他家的电钮。于是他尽量按了他能按到的最高的电钮，想出了电梯再爬楼回家。可是他出了电梯，只见四周一片漆黑，于是他爬啊爬啊，竟然爬到了云彩围着的楼顶。他兴奋不已地在楼顶玩啊玩，当他玩累了想回家时，可大门已被关上，他被困在楼顶了。

此时，故事的情节出现惊险和曲折，悬念产生：约翰会出意外吗？于是，作家利用构成故事性的“道具”，推进情节的展开：

小约翰将篮子里的东西——香蕉、妈妈的新抹布、爸爸的围裙、姐姐的毛线团、晚餐吃的烤鸡，统统掏了出来，用姐姐的毛线把烤鸡绑住，然后往楼下吊。还在与爸爸聊天的老先生吃惊地发现，天上掉下了一只烤鸡。这一下子提醒了爸爸：天哪，小约翰！

到此，悬念解开，吓坏了的小约翰被爸爸抱回家，然后与家人一起享用烤鸡。

这个故事很短，但情节却跌宕起伏，且新奇有趣，使人读之入迷，读后难忘！这样的审美效果便得力于作品情节的生动性。

3. **趣味性**

趣味性是儿童故事吸引小读者的基础，它依托于作品的情节、人物的语言和行为，以及作品所采用的艺术表现手法，而其直接的效果则是给儿童读者带来笑声，引起他们阅读或听讲故事的兴趣。儿童接受教育一般是被动的，他们不可能主动地为了接受教育而去阅读或听讲故事，而更多地是为了在故事中寻求愉悦，这一点，学龄前期的儿童尤其如此。因此，儿童故事很强调趣味性，常以其“趣”来抓住儿童的注意，引领他们走进作品的世界并对之进行思想、精神方面的教育和熏陶。例如捷克作家艾·彼齐什卡的《六个娃娃七个坑》，写七个小男孩，在大热天来到河边沙滩上玩耍。他们筑道路、修碉堡、跳到河里戏水……领头的符兰齐克开始数他的伙伴，数来数去只有六个。着慌了的孩子们一个个也都数一数，都只数出六个。于是他们用树枝在河里捞，扎猛子到河里摸，结果捞到了一只破皮鞋。他们急得大哭……打鱼的老伯让他们上岸来，每人在沙滩上坐个坑，然后让他们数坑，结果数出七个坑来。原来孩子们数人数时都忘了数自己。这是一个情趣盎然的故事，作品从标题开始就设置悬念。而七个孩子每人只数出六个数却恰恰忘了数他们自己的情节，使故事波澜迭起。作家将七个孩子特有的行为、语言和心理活动通过富有喜剧性的情节艺术地反映出来，使短小的故事充满了幽默、风趣和滑稽。这样的故事，充满了童趣，人物的言语行为、心理活动都极为符合儿童的心理发展特点，因而很受小读者的欢迎。

（二）儿童故事的类型

儿童故事有不同的类型，可以从不同的角度进行划分。从创作者的角度分，可分为民间故事、改编故事和创作故事等；从内容分，可分为生活故事、神话故事、历史故事、成语故事、人物故事（主要是名人故事）、科学故事和动物故事等；而从体裁角度分，则可分为散文体故事、谜语故事、诗体故事等；从表现形式分，又可分为图画故事和文字故事等。但不论从哪个角度划分，各类作品都有着作为故事体裁的共同特征，同时也有着各自的特点。下面介绍几种常见的儿童故事类型。

1. 民间故事

儿童文学意义上的民间故事，是指除幻想故事（民间童话）和民间动物故事以外的、在民间口头流传、适合于对儿童讲述并为儿童所喜爱的故事。它是包含时间、地点、人物、情节等要素，具有一定传奇性和幻想成分，篇幅较短的口头文学。

民间故事的特征大致有三：其一是时间地点的交代具有模糊性，常以“古时候”“从前”“很早以前”等来交代时间，以“在一个美丽的地方”“在一座古老的城堡”等来直接介入情节；其二是人物的类型化，常以人物的身份来代替人物的名姓；其三是情节单纯而完整，常常围绕一个中心事件来展开情节，讲述有头有尾的故事。同时，很多民间故事中还明显地存在着情节重复的现象，因而也带来了其情节的类型化。

适合于儿童聆听和欣赏的民间故事，主要有民间生活故事、民间机智人物故事、民间笑话故事等。如《阿凡提的故事》《二锄麦子碾断棒》《周扒皮之半夜鸡叫》等，都是典型的民间故事，它们对儿童有着很强的吸引力。

2. 改编故事

改编故事是指以古今中外的文学名著为依据而改编的适合儿童阅读欣赏的故事，也称文学名著故事。由于孩子掌握的知识有限，生活阅历较浅，理解能力也较弱，他们对具有相当思想深度的文学名著还难以全面地接受和深入地理解。因此，将文学名著改编为便于孩子接受的故事就越来越受到人们的关注。于是，改编故事也随之而成为儿童故事中的一大类型。改编故事的主要特点是：保持原著的故事元、主题思想、主要人物和主干情节；变原著体裁为以叙述为主的故事体裁，突出故事性；强化情节，变书面语言为文学口语，同时兼顾原著的语言风格。

早在19世纪，英国作家兰姆姐弟两人就把莎士比亚的戏剧作品改写为适合儿童阅读的儿童故事《莎士比亚戏剧故事集》。此外，我国古典名著《水浒传》《西游记》《三国演义》等，《唐·吉诃德》、《大卫·科波菲尔》《格列佛游记》等世界文学名著等都被改编成适合小朋友们阅读和欣赏的儿童故事。

3. 生活故事

儿童生活故事是指取材于儿童的生活、反映发生在他们身边的生活事件的短小故事。一般又分为以写人为主的生活故事和以写事件为主的生活故事。但不论是写人还是写事，均通过对儿童生活的艺术概括，张扬美的精神，肯定美的行为，表现美的心灵。当然，在儿童生活故事中，作者也常常运用诙谐夸张等手法，对孩子们身上尚存的某些缺点或不良习惯做出批评。通过故事中的人物富有喜剧性的行动所造成的尴尬情态，谐趣而幽默地指出其缺点错误，使孩子们在笑声中得到启示，达到引导和教育儿童的目的。如苏联作家奥谢叶娃的《平常的老太太》、郑春华的《大头儿子小头爸爸》以及根据任文吉漫画改编的故事《两个和尚》都是儿童生活故事的典型代表。

4. 历史故事

历史故事是指以史实为依据编写而成的、适合儿童欣赏和聆听的故事，是历史和文学相结合的产物。历史故事主要分为历史事件故事和历史人物故事两类。

历史事件故事以反映历史上有重大影响的事件为主。这类故事简明、生动地讲述各种历史事件的起因、经过、结果，通过对历史事件的精彩展示，帮助儿童增加历史常识，学会正确地理解、分析历史现象。田之的《晋国故事》、林汉达的《西汉故事》、朱仲玉的《中国历史故事》等即属此类。

历史人物故事以历史上真实的人物为主体，以历史人物在历史舞台上的活动为主线，通过对人物在一定历史时期内的思想、行动及其历史功过的描绘和评价，帮助儿童了解历史人物的业绩和风貌，并进而体会故事主人公远大的理想、博大的胸怀和坚强的意志。如白晓朗和黄林妹的《李世民的故事》、曹济平的《陆游的故事》等。

5. 谜语故事

谜语故事也叫故事谜，是指以耐人寻味的故事作谜面，并于其中隐藏谜底的故事。谜语故事是谜语中结构较为复杂的形式，其谜面须交代清楚故事的情节和人物的活动，谜底则隐藏在故事里，需要读者去解悟。因此，谜语故事具有故事性强、谜底设置巧妙的特点，读者阅读故事后，可根据故事所提供的各种条件和线索进行推理，从而解出谜底。如《杜甫智斗刁县令》《特殊的礼物》《三人出字谜》《农夫考孙子》等都是典型的谜语故事。

6. 动物故事

动物故事是指取材于动物世界，以动物为主人公，描写它们的生态、习性，或借动物形象象征人类社会生活和社会关系的故事。动物故事一般结构单纯，篇幅短小，有一定的幻想性和趣味性。与一般介绍动物的科普作品不同，动物故事要有“人物”、有情节。有的动物故事由于作者在对动物的摹写中注入了人的情感和社会意识，借动物形象来象征人类的社会生活和社会关系，故而其动物已不是单纯的自然之物，而具有了某种象征性。

动物故事又分两种类型，其一为“解释型”，即通过对动物的描写，或主观或客观地解释动物的习性。例如朱新望的《小狐狸花背》，写一只名叫“花背”的小狐狸在其成长过程中的一系列经历。其二是“象征寓意型”，即借动物形象来象征人类社会生活和社会关系的故事。例如藏族动物故事《麻雀和老鼠打官司》，写麻雀与老鼠为小事争执起来，请了一只“猫判官”来评判是非，却都被“猫判官”吞进了肚子。这里，作者借对动物世界的描绘折射人类社会中的某些现象，作品有较深的寓意。同样，俄国屠格涅夫的《小鹌鹑》，西班牙动物故事《狼和奶酪》，越南动物故事《兔子和大象》等，也都是象征寓意型动物故事。

二、故事讲述技巧

爱听故事是小朋友的天性。讲故事是对幼儿教师职业能力的要求，那么如何做才能让孩子对你讲的故事感兴趣呢？这是我们这一节需要重点阐述的问题。在教学中把握好教学内容和形式与学生未来职业发展的密切关系，使幼师生掌握讲故事的技能，能够讲出一定数量的生动感人的幼儿故事。那么如何才能将一个故事讲好呢？

众所周知，讲故事涉及五个要素，即何时、何地、何人、何事、何故，通常每一个故事都应该包括这五项内容，才算表达清楚：何时的表述要开门见山，何地的表述要尽快进入场景，何人的表述要有名有姓，何事的表述应注意描述具体化、细节化的处理，何故的表述相对灵活，它是对听众一个心理释放的过程。

讲故事，最重要的是对何事的讲解，换句话说也就是重现场景。重现场景的一个重要方法就是表达具体化、细节化。除了要将表达具体化、细节化之外，讲好一个故事还应从哪些方面入手呢？通常要做到以下几点。

（一）语言表达要清晰

1. 讲故事要运用口语化的语言

对于幼儿教师而言，面对教育的对象是语言与认知都还处于发展阶段的 3~6 岁的幼儿，这就要求幼儿教师在施教过程中运用的口语，要合乎幼儿的生理、心理特征，使幼儿易于接受、理解。让幼师生说流利生动的口语，是幼儿师范学校《教师口语》的教学要求，更是幼师生素质培养的重要内容。使用明白、准确、生动的语言，用词造句必须符合不同年龄儿童的理解水平，讲演故事需要将书面语言转化成口头语言。故事的文字稿是用眼“看”的，讲故事是用“口”说的，而说出来的话是让幼儿用耳朵“听”的。所以幼师生在讲述文字故事时需要将书面语准确形象地转化成口头语言。

例如，在讲故事的时候，“螃蟹有八个钳子”，要改成“螃蟹有八条腿”；“真是无稽之谈”要说成“这是没影儿的事儿”；“萝卜、白菜、辣椒、茄子……”，在语气上中间有顿号的地方不能停顿，只能延长，说成“萝卜—白菜—辣椒—茄子……”；“天下雨了，带把雨伞吧”，可以说成“天哗哗地下着大雨，怎么办呢，嗯……带把雨伞吧”。只有符合孩子接受能力的口语化语言，才能适应幼儿的欣赏水平。长的句子要换成短的句子，难懂的词语要置换成容易理解的词语，书面语中常用的关联词语要少用或者尽量不用。

2. 讲故事要语音规范、准确

笔者在教学过程中，经常有学生在讲故事的时候引得台下学生满脸疑惑或哄堂大笑，原来他把小熊要喝“牛奶”，说成了“流奶”。有的方言区的人说普通话时会出现撮口呼与齐齿呼不分，唇齿音与舌根音不分，舌尖后音与边音不分，前鼻音与后鼻音不分，语流音变方面则没有儿化、轻声等问题。

幼师生讲故事训练的过程其实也是语音训练的过程。因为幼师生大部分普通话语音不是十分标准，培养准确规范的语音发音要成为幼师生日常口语训练的内容。要让学生们在教师的指导下，有效地去除方言音，念准每个声韵母，掌握语流音变规律等，从而提高其普通话阅读的准确性。因为幼儿故事和其他任何一种文体形式一样，以现代汉语的语言文字作为直接表达手段，幼师生讲述这些语言文字的过程就是练习普通话语音的过程。无形中，方言色彩渐渐退去，语音也就渐趋于准确规范了。准确清晰的语音技巧的掌握，是讲好故事的基础。

（二）内外部的技术运用

1. 内心视像

要使语言具有吸引力和感染力，说话就要生动。生动，才能更好地表达作品的思想感情，达到影响观众的目的。那么，怎样才能把话变得生动起来呢？最基本的一个手段，就是表演者在内心建立起“视像”。也就是说，当你用语言表达某些事物的时候，一定要“言之有物”，即一定要先在内心想到、看到这些事物，更具体点说就是这些事物要在表演者的内心视像中非常清楚、非常详细。讲故事者要将故事中的人和事物生动化、形象化，并尽最大可能通过讲述让小朋友们感觉到甚至看到老师想表达的一切。

2. 语气语调

在不同的环境里，不同的人物，因其年龄、性格、情绪等不同，说话的语气都会不一样。在讲述文学作品时选择什么样的口气才能完全表现出作品的韵味尤为重要。因此，讲故事时要运用恰当的语气语调。

在讲故事中，声音的快慢、高低、强弱、虚实的变化等能够形成不同的语气语调，表达不同的思想感情和语义，体现不同人物的性格特征。

例如，故事中不同年龄、不同性别、不同性格和不同身份的人，都有自己独特的声音。讲故事时要运用不同的声音活灵活现地表现故事中的人物：小型动物、年龄小、性格活泼开朗、女性等角色通常是通过声线细、音高、发音部位靠上的高音区来表现；中型动物、中年、性格温和善良的男女角色往往用明朗本色、声音靠前的中音区来表现；大型动物、年龄比较老、性格敦厚忠诚以及男性角色往往用粗厚、低沉、语速慢的低音区语气语调来表现。如儿童故事《三只熊的故事》中的三个动物（熊爸爸、熊妈妈还有熊宝宝）可以分别用低音区、中音区、高音区的语气语调来呈现他们那憨态可掬的形象。

练习

三只熊的故事

有一个小姑娘在树林里迷失方向了，找不到回家的路，她走啊走啊，就来到树林里一座小房子前面。

小房子的门开着。她往门里瞧瞧，屋里没人，她就进去了。这座小房子里啊住着三只熊。一只是熊爸爸，很大很大，毛蓬蓬的。一只是熊妈妈，比他小一点。还有一只呢，是小熊。三只熊都不在家。到树林里散步去了。

小房子里有两个房间，一个是吃饭用的，还有一个呢，是睡觉的。小姑娘走进了吃饭的房间，看见桌子上有三碗粥。一个碗很大，是熊爸爸的；一个碗呢，小一点，是熊妈妈的；还有一个碗呢，是最小的，是小熊的。每个碗的旁边还有一把勺子：一把很大，一把小一点的，一把很小。

小姑娘拿起最大的勺子，吃最大碗里的粥；又拿起了小一点的勺子，吃小一点碗里的粥；最后又拿起小勺子，吃蓝色小碗里的粥。她觉得小熊那碗粥是最好吃的。

小姑娘想坐下来，看见桌子旁边有三把椅子：一把很大，是熊爸爸的；一把小一点，是熊妈妈的；一把很小，还有个小坐垫，是小熊的。她要爬上大椅子，结果掉下来了；她爬上小一点的那把椅子，坐着又觉得不舒服；她就坐上小椅子上了，啊，真舒服！于是，她就捧着蓝色的小碗，吃起粥来。吃啊吃啊，她把粥吃了个精光，然后就在小椅子上，摇晃起来了，摇呀摇啊，哎呀，小椅子给摇破了，小姑娘“啪”的一下，就摔到地上了。她爬起来，就把小椅子扶起来，就到隔壁房间去了。这个房间里有三张床：一张很大，是熊爸爸的；一张小一点，是熊妈妈的；还有一张是最小，是小熊的。

小姑娘躺到大床上，哎呀，太空了；躺到小一点的床上，又太高了；她躺到小床上，嘿，正合适，她啊，就在小床上，睡着了。

这时侯，三只熊回家来了，他们肚子都饿了，想吃饭。熊爸爸拿起他那个碗一看，用可怕的声音，哇哇地叫起来：

“谁动过我的碗？”

熊妈妈看看她那个碗，不那么响地也叫起来：

“谁动过我的碗？”

小熊看看他那个空小碗，也尖声尖气起来：

“谁动过我的碗，把粥全给吃光了？”

熊爸爸看看他那把椅子，用可怕的声音哇哇地叫了起来：

“谁坐过我的椅子，把它动过了？”

熊妈妈看看她那把椅子，不那么响地也叫了一句：

“谁坐过我的椅子，把它动过了？”

小熊看看他那把破了的小椅子，尖声尖气地叫起来：

“谁坐过我的椅子，把椅子坐坏了？”

三只熊又来到隔壁的房间。

熊爸爸用可怕的声音哇哇地叫了起来

“谁睡过我的床，把我的被子都弄皱了？”

熊妈妈不那么响地叫了一句，

“谁睡过我的床，把我的被子都弄皱了？”

小熊在小床边放了一张小凳子，爬上了他那张小床，尖声尖气地叫了起来：

“谁睡过我的床？”可他突然看见了小姑娘，像给捅了一刀似的，叫了起来：“就是她！把她抓住！把她抓住，就是她！哎哟哟……把她抓住！把她抓住！”小熊想上去咬小姑娘，小姑娘一睁开眼睛，看见了三只熊，连忙向窗子扑过去。窗子本来是开着的，她一下子跳出窗外逃走了，三只熊啊，到底还是没能追上她。

3. 重音

在日常的语言交流中，为表情达意的需要，我们会自然地加重某些音节，这就是强调重音。讲故事，语气语调也要有轻有重，这样才显得生动活泼，并能突出故事的重点。反之，就不可能把故事内容表达清楚。重音的实质是增加音强和音长，不一定都要大声读，有时反而要轻读。如“暖和的春来了”中的“来”就要重音轻读，并适当延长读音，以表达人们对春天到来的欣喜之情。

4. 停顿

讲故事时，停连处理得好可以有效地控制语速，更明快地传达句子和段落的意义，可以使语气自然，便于情绪转换。另外，要理解为什么停连及停连的长短。无论哪种停连，都是决定于内容又服务于内容。如有标点的地方有时就可以不停，像《猴子捞月》中的“糟了，糟了，月亮掉到井里了”，情势紧迫，几乎没有停歇。

5. 高低起伏

（1）语言的起伏。人们在说话时，声带拉紧，声音则高；声带放松，声音则低。声音高时，显得响亮、清脆，在情绪上能给人以明亮、愉快、兴奋和振作的感觉；声音低时，显得幽暗、沉闷，在情绪上就会给人带来压抑、深沉、哀痛和负重的感觉。利用声音的这种特性，可以表达出故事中不同的思想感情。

（2）作品情节的起伏处理。在作品中声音的起伏更多决定于作品内容的起伏。

根据故事情节的发展，我们要确定哪里是高潮，哪里是低潮，哪里是平铺，何时急剧上升，何时下伏缓冲。首先确定起伏的快慢、升降的幅度，明确故事总的起伏发展线。然后逐段、逐句去确定作品的高低起伏，处理语句之中的细微变化。

6. 速度与节奏

对幼儿讲故事时的语速的指导，首先要确定好基本速度，太慢便很难讲出生动感人的效果。其次要注意根据情节变的化而变化，如讲到重要的地方时、老人讲话时、从远处喊人时、慢性子人说话时、弱者在强者面前说话时等，语速和节奏应稍慢，讲到高潮时、情态紧迫时语速和节奏应稍快。

7. 气息

在平常生活中，人的呼吸素来没人注意，而在讲故事时气息的运用却是一种重要的手段。它的技巧就包括二十多种，如倒吸气（表现尴尬）、急促的呼吸（表现生气）、均匀平缓的呼吸（表现淡定）等。气息较多地运用在刻画人物形象上，但它不可孤立运用。把气息同声音、语言、思想、感情紧密地结合在一起，才能真正发挥出作用。

8. 态势语的运用

体态、手势、表情、眼神等非语言因素也能传递信息，我们统称为态势语。幼师讲故事，为了增强艺术效果，沟通与观众的情感，可以运用必要的态势语，以辅助有声语言表情达意。设计态势语要做到以下几点：

（1）把握角色个性。认真分析故事中各角色的个性特征，并启发幼儿理解，不仅要模仿动作，而且要引导幼儿把动作与表情、语调融为一体，协调运用。如讲《两只笨狗熊》的故事时，当讲到“捡起来闻闻，嗯，喷喷香”时，应在讲“闻闻”后（不是边讲边做），双手作拿干面包状，同时头略低深吸气作“闻”状，然后眼睛看着观众，夸张地说“嗯，喷喷香”。

这里要注意出语宽松并适当拉长音节，讲好这句话、做好这个动作的基础就是要让幼儿明白大黑小黑的笨拙以及狐狸的贪婪。如果没有内在感情的驱使，是很难将语气、动作、表情完美地结合在一起的，所以教师要帮助幼儿理解和掌握角色的个性。

（2）区别于舞台表演。舞蹈主要是通过形体动作去表情达意，戏曲则讲究唱念做打且人物众多，而讲故事是一个人通过有声语言塑造形象，态势语只是辅助手段，所以动作幅度不宜太大，走动范围不宜过大，更不能在讲述中跑起来，不要完全蹲下，不要旋转等。

（3）动作要自然、大方、美观。态势语既不同于舞台表演，也不是日常生活中的原始动作，是对原始动作进行概括、美化而形成的。例如，讲到“白头翁看见喜鹊在大树上造房子”时，讲故事人便可拿眼朝右上方望一望；讲到“忽然听见外边黄莺唱得很动听”时，便做出侧耳倾听的样子，这样就把白头翁那种好奇心重、不专心学习的形象生动地表现出来了。又如，讲到猴王对众多猴子们说话时，可把双手背到后面，头稍昂，眼睛俯视中带点斜视；讲到小毛猴时可做搔腮的姿势；讲到老猴时可用手在下巴前做摸胡子的样子，这样，听众不仅可以从声音中听到绘声绘色的故事，而且还仿佛可以看到众多猴子们的形象。

总之，在讲故事时态势语的设计要遵循自然、得体、适度、和谐的原则，使其成为有声语言得力的辅助手段，使二者相得益彰。

三、故事讲述训练

讲故事，是用通俗易懂的口语将故事材料描述给别人听，它是口语的独白形式之一，是文化活动的一种常见形式，是语言训练的一种载体，也是教师口语必会的一种口语能力。

（一）讲故事的特征

1. 娱乐性与教育性的统一

讲故事既有娱乐性，又有教育性。通过绘声绘色的故事，小朋友们可以认识什么是真善美，什么是假恶丑。小朋友们从听故事中不仅能体会到成长的快乐，而且还能获得丰富的知识。

2. “表”“话”兼用，声情并茂

“表”是指故事讲述中的叙述语言。“表”的语言主要交代故事发生的时间、地点、人物、事件等，讲述时交代清楚即可，语气语调要客观。

“话”是有声语言的表达，也就是故事讲述中的人物对话。故事中的人物对话主要用来刻画人物的性格特征，表达人物在特定环境中所表现出来的思想感情。讲述时要充分把握人物的性格特点，根据不同人物的不同性格和思想感情，通过运用不同的音色、语调、语气等塑造出栩栩如生的人物形象。

“表”与“话”要协调配合，讲述时要声情并茂，生动活泼，趣味性强。这样才能同时吸引小朋友们的听觉与视觉，使其受到感染。

3. 叙述、描述为主，议论、解说为辅

一般情况下，讲故事主要运用叙述和描述的表达方式，把故事的情节发展完整地讲述出来。环境、情节、人物等通过叙述交代清楚；正确情感倾向的表达依赖于描述。有时，为了揭示故事的意义和表达讲述者的思想观点，提高小朋友们分辨善恶、是非的能力，讲故事时也可间以议论和解说。

（二）如何讲故事

讲故事通常是指凭通俗生动的语言、丰富的表情、形象的动作，绘声绘色地描

述、展现故事情节和人物性格。讲故事有平铺直叙和绘声绘色之分。

1. 平铺直叙

平铺直叙的讲法，一般表达含蓄，动作幅度小，语调适中，情感传递丝丝入扣。这种讲法感染力不是很强，适用于讲日常生活故事、民间爱情故事、神话故事等，适用对象为高年级学生。

2. 绘声绘色

绘声绘色地讲故事时，表情、动作都需要适度夸张，语气、语调变化较大，并需要配合鲜明的拟声、造型等。这种讲法适用于动物故事、图画故事、历史故事等，适用对象为低年级和幼儿园的小朋友。

讲故事要达到生动活泼、绘声绘色不是一件容易的事情，需把握如下技巧。

（1）准备过程的技巧。做好准备工作是讲好故事的先决条件。即便是口语基本功好的人，如果在正式讲故事之前没有做好充分准备，也不可能把故事讲得很好。通常有的人讲故事生硬、不合听众的口味；在讲故事中出现结巴，因顾着说情节而表情呆滞或者前言不搭后语，缺乏必要的手势动作，模仿不自然，甚至中途停顿讲不下去等。这些都是讲故事前准备不充分的表现。

如何做好讲前准备呢？

第一，要选好故事。要讲好故事，首先要选好故事材料。选择故事通常需要考虑这几个因素：在什么语境讲，跟谁讲，为什么讲，可以用多少时间讲，等等。这些要素会帮助我们确定故事选择的方向或者创作的路径。具体来说，选材时要注意以下三点。

为什么讲——看目的。讲故事必须配合教育目的。如要宣传好人好事，就选日常生活中的故事；进行思想品德教育，就选英雄模范故事；要传授科学知识，就选择科学故事；等等。

什么语境讲——看场合。如课后组织班团活动，可根据活动主题讲述情节生动、曲折的“长篇故事”；而课前调动课堂气氛，则只应讲“微型故事”。

跟谁讲——看听众。选材要看听众的审美口味和接受能力。给低年级的小朋友讲故事，要选情节简单、人物单一的短故事，如《胆小和胆大》，《小熊拔牙》之类的故事；给高年级的小朋友讲故事，则可选人物较多、篇幅较长、情节比较复杂的故事，如《刻舟求剑》《守株待兔》等。

第二，要做到适当改编。故事选好后，就要熟悉故事的情节、人物。要弄清贯穿情节的线索，分析事件的来龙去脉，把握事情的发生、发展，找出故事的高潮和结局，捋清人物关系，认清他们的相互关系、把握他们的性格特点等。在此基础上，再根据故事本身的特点，此次故事讲述目的、听的对象，对故事进行加工改造。要使故事情节波澜起伏、内容生动有趣，这样就能深受小朋友的欢迎。改编故事包括增、删、改故事主体，设计故事开头和结尾等方面。

添枝加叶。有的故事因为创作者的疏漏，有的地方的生动性和趣味性不够。为此，我们可以添枝加叶，增加一些情节或细节，使故事内容生动具体，情节跌宕起伏，尤其是篇幅短的故事更应做添枝加叶的处理。如《猪八戒换脑袋》原文中有一段“孙悟空急忙扶住他说：‘唉，你一早上哪儿去了？’猪八戒皱着眉头说：‘都怪我嘴馋贪吃，吃坏了肚子，拉屎去了……哎哟，哎哟……喔哟哟……’沙和尚慌忙对孙悟空说：‘师兄，快把八戒送医院。’”为了突出猪八戒借用计谋的憨憨模样，可在“沙和尚慌忙对孙悟空说”的前面增加这样的情节“猪八戒索性在地上打起滚来，装得可像啦！”

修枝剪叶。故事中有些细节或过程与主要情节无关可删去，把讲的重点放在故事的主干上，使故事紧凑些，尤其是篇幅长的故事要修枝剪叶。有些不利于小朋友成长的内容也要删去，以免产生不好的影响。

适当整改。在大的篇章结构上增删之后，还要有个别段落或词句上的整改。例如，把不出声的地方改用象声词，做到朗朗有声、活灵活现；把刻板的叙述改为生动的对话，从而突出情节和人物性格；改书面语为口语、改长句为短句等，让故事明白如话，通俗易懂。如《小猪变干净了》原文是这样的：“小猪走着走着，看见前面有一只长耳朵、短尾巴、红眼睛的小白兔，就高兴地喊道。”我们就可以改成这样：“小猪走着走着，忽然看见前面有一只小白兔，长长的耳朵，短短的尾巴，红红的眼睛，可漂亮啦，他就高兴地喊起来。”这样的处理让故事通俗易懂，且显得生动活泼。

第三，要熟记故事，并试讲。这是很有必要而且很重要的一环。一方面，它便于我们记住整个故事的细枝末节；另一方面，它便于我们发现一些初讲时难以避免的问题，使我们做到防患于未然。熟记故事：一是熟悉故事中的人物性格。在这一过程中，要清楚故事中的人物，人物性格特征、人物关系，记住人物出场方式，故事结局等。二是记清故事情节，把握故事发生的时间、地点、原因、经过等。例如《猪八戒换脑袋》这个故事，时间：有一天半夜；地点：人间医院；原因：猪八戒脑子笨，又听说人的本领大到可以给人换心、换肺、换脑袋；经过：想换个脑袋—看病—白胡子医生出主意—八戒装病—悟空上当来医院—医生手术—互不相认—手术换回—八戒不高兴—装电子计算机；结局：八戒变成新八戒。像这样层层记来便很好记了。

试讲时，要反复琢磨故事中人物特点、体会其思想感情，使自己真正进入角色，这样讲起来，会从容不迫，且又能以情感人。正如话剧演员上台表演之前需要排练动作一样，讲故事中的表情动作也需要先排练一下，临场发挥时才有可能自然贴切。

（2）开讲与收尾技巧。

第一，开讲。大家都希望听众从一开始就喜欢听自己的故事。如果我们为故事设计一个好的开头，就能吸引小朋友，引起他们听故事的欲望和兴趣。但如果开头平淡，就会吸引不到小朋友们的注意。所以，给故事设计一个好的开头，是讲好故事的重要技巧之一。设计开头应根据讲故事的内容来进行，以下我们介绍几种常见的设计方式。

介绍式。此方法适合于节选故事，或根据某一故事续编的故事，即先把故事的起因介绍一下，然后把前后连贯起来，使小朋友们有一个完整的印象。例如，要讲《金钱和智慧》的故事时，设计这样一个开头："社会上有不少人认为金钱万能，甚至有的家长为了赚钱而让年幼的孩子辍学去做生意。其实，在世间最有价值的要算智慧和知识，一个人有了这两样东西不愁赚不到钱，而金钱却无法买来知识和智慧。不信，请小朋友们听我讲一个《金钱和智慧》的故事吧。"

提问式。先提一个使听众感兴趣的问题，引起听众的思考。提问时，语调要上扬，停顿时间要稍长。例如，要讲《上当受骗的小白兔》时，可设计这样一个开头："小朋友，你们爱吃零食吗？你们吃过陌生人给的零食吗？今天啊，老师就给你们讲一个小兔子吃陌生人东西的故事。故事的名字叫《上当受骗的小白兔》，小朋友们可要认真听哦。"

议论式。针对教育目的，简单地阐述一个道理。这样既引起听众兴趣，又便于更好地发挥讲故事的教育作用。例如，要讲《猴子吃西瓜的故事》时，可以设计这样一个开头："小朋友们都知道西瓜是吃瓤而不是吃皮儿的。可是猴子们知道不知道吃西瓜是吃瓤的呢？下面啊，我就给你们讲一个《猴子吃西瓜的故事》。"

第二，收尾。每个故事都有结尾，讲故事时有时可以使用原故事的结尾收尾，有时则必须加工处理，以便取得更好的效果。

故事收尾的方法，可视故事长短而定，长故事一次讲不完，可用突然刹车的方式在关键的地方停下来，留下悬念。常用的突然收尾话语是"要知后事如何，且听下回分解"。

短故事收尾，主要有以下几种方式：高潮处收尾，言尽而意不止，给小朋友们留下猜测的空间。比如《猴子吃西瓜》以猴子们一句人云亦云的话收尾："西瓜嘛，就这味！"让人感到这群猴子愚蠢到了极点，既好笑又耐人寻味。

提问式收尾，启发小朋友们思考故事中的思想意义。如：

"小朋友，你们说，啦啦的做法对吗？"——《独角兽和啦啦的故事》

"小朋友，小猫头鹰的妈妈说得对吗？"——《小猫头鹰的烦恼》

总结性收尾，直接告诉小朋友们故事的教育作用，例如，《上当受骗的小白兔》可以这样结尾："不要吃陌生人给的东西，里面有可能有毒药，陌生人也有可能是大灰狼变的。如果宝宝想吃什么东西了就告诉爸爸妈妈，他们会给宝宝买的！"这样尾声式的收尾，扩展了原故事的情节和结局，教育小朋友们不要乱吃陌生人给的东西。又如，《独角兽和啦啦的故事》可以这样结尾："朋友间最珍贵的就是尊重，如果他有他的隐私，并且有不想被你碰触的弱点，请不要用这个来开玩笑，如果因为你的好奇而伤害到他，失去的东西会很多！"

（3）"话"与"表"的技巧。"话"和"表"是讲故事的主要手段。

①掌握“话”的技巧。

口语化。讲故事主要是要在熟练的基础上做到口语化。我们跟同学、熟人特别是小孩子讲话时，通常语词通俗，语气诚恳，且显得亲切。故事开头，就应该使用亲切的口语。为了达到好的效果，可以先跟故事的听众交谈几句，套套近乎，如:“小朋友们，你们曾经跟爸爸妈妈去钓过鱼吗？”“有 / 没有。”“我今天就给大家讲个有关钓鱼的故事吧，故事的名字就叫《小猫钓鱼》。”

语气语调富于变化。要“话”好故事情节，首先必须做到口语化，以便使听的人感到亲切自然。为了把故事情节“话”得生动有趣，我们还要注意语气语调的变化。有的人在练习讲故事的时候，总是感到使不上劲，这是没有处理好叙述时的语气语调的缘故。

如何才算处理好了语气语调呢？简单说就是要做到富于变化。有的人平时讲故事之所以让人感到学生气很浓，就因为语气语调缺少变化。举个例子说，像“猴儿王找到个大西瓜”这个句子，有的同学就会讲得平平板板，语速平均，轻重一样，句调也是平平的没有升降变化，连那个作为儿化韵标志的“儿”字，也唯恐念得不够清晰响亮似的。正确的念法应该是:“王”字后面稍作停顿,“王”“西”两字调稍高,“到个”“瓜”都是轻声念法，“王”“大”“西”三字念得较重；语速上，“找到个大西瓜”这一截较“猴儿王”稍快。这样,念出来的句子就显得起伏有致,自然也就生动活泼了。

句子本身尚且如此，句与句之间语气语调就更应该有变化了。具体表现为：叙述时要根据句意及上下联系处理好语气的轻重、稳重、快慢、升降。一般说来，需要强调的读重一些;语气连贯的即使中间有不少标点符号也可不停或少停;表现悲哀、疑问、思考则可慢一些；表现紧张惊险的场面、兴奋热烈的情绪，速度可快一些；表现转折、惊疑的语气或反问句句调要高一点，紧接着高调后面往往都要把句调降低一些。

②掌握“表”的技巧。

设计“音腔”，形象展现人物语言的个性化。大凡优秀的故事，人物性格总是很鲜明。鲜明的性格往往通过人物的语言、表情及动作表达出来。讲故事的人要力图根据人物的年龄、性别、性格、职业等要素，为人物设计一种最适合他（她、它）的固有的发音腔调，观（听）众能够借助这种特有的“音腔”将该人物与故事中的其他人区别开来。只有这样，听众才会感到故事中的人物栩栩如生、活灵活现。例如《猴子吃西瓜》中，猴王、小毛猴、短尾巴猴、老猴，甚至最后讲的那只“旁边的”猴，个性都是各不相同的：猴王外表威严，内里空虚；小毛猴大胆机灵；短尾巴猴纯朴天真；老猴倚老卖老；“旁边的”猴傻乎乎的却还要不懂装懂。根据这些性格特征，我们可对各个人物说话的声音做如下处理：猴王，声音中、平、偏慢，着重表现其含而不露、故作威严的性格；小毛猴，声音尖、细、较快，着重表现其初生牛犊不畏虎的特征；短尾巴猴，声音高、平、稍尖，着重表现其办事认真、爱推理的性格；

老猴，声音低、慢、稍粗，表现其倚老卖老的特点；“旁边的”猴，声音粗重，着重表现其满不在乎、大大咧咧的性格。

学用口技，真实模仿动物叫声或自然声响。对自然声响的模仿，虽不必像真正的口技那样惟妙惟肖，但还是可以将环境特点鲜明地表现出来，如风雨声、流水声、脚步声、撞击声、敲门声、射击声、风吹树叶的沙沙声等。对自然环境的适当模仿，有助于我们渲染气氛，烘托环境。

模仿动物所发出的声音。这样做有逼真的效果，给人以如见其人、如闻其声、如临其境的感觉。要模仿好各种动物的叫声，首先要消除羞怯怕丑的心理，只有当我们的声带和发音器官彻底放松了，才有可能伸展自如，发出大小高低、尖细粗哑各不相同的声音来。其次，要注意观察体会，细心琢磨动物的叫声和自然的声响。如，公鸡打鸣高亢嘹亮且往往由小到大；母鸡的一声“咕嗒”，“咕”音是反复出现的，“嗒”的音拖泥带水，有点像“咕咕咕嗒——”；牛叫声低沉浑厚而且悠长；羊叫声极为尖细且有些发颤；狗叫声精而且锐，有股狠劲。诸如此类，只要我们细心体会，认真练习，就可以将各种声响模仿得形象生动。这样的“表”，就可增加讲故事的真实性和感染力。

借助态势语，生动表现人物的形象性格。要把故事讲好，特别是要表现出人物性格，常常还要借助一些态势语。用态势语来“表”，主要是用动作和眼神表示符合故事内容要求的各种姿势，这样，既可以吸引听众的眼球，又可以帮助听众形象地理解故事内容。使用态势语要注意手、眼跟讲话配合，讲到哪儿，指到哪儿，眼神跟到哪儿，还要注意得体，切忌故作姿态。讲故事中运用态势语，通常有运用面部表情来模仿人物的表情；运用手及身体其他部位的动作来模仿人物的动作形态或其他事物的形态；等等。

思考与练习

1. 常见的儿童故事有哪些类型？
2. 儿童故事有什么特点？
3. 简述如何讲述儿童故事？
4. 设计开头结尾、运用“话”和“表”的技巧，将一部自己熟知的文学作品改编成一个儿童故事。
5. 讲故事训练：将下面的故事，设计好开头和结尾，运用好“话”“表”，好好练习讲故事。

阿布的树叶明信片（睡前故事）

小松鼠阿布喜欢收集树叶。他收集了很多树叶，有枫叶、银杏叶、梧桐叶……形态各异，应有尽有。

阿布非常珍视这些树叶，他用笔在每片树叶上细心地写上树叶飘落下来的日子，然后用珍珠线将它们穿起来，挂在窗口。风一吹，树叶就会沙沙沙地唱起歌来，像一串串美丽的风铃。

有一天，阿布看着这一串串树叶风铃，突然觉得，这些树叶多像明信片啊，为什么我不把它们寄出去呢?

说干就干,阿布取下一片殷红的枫叶。可是,阿布提起笔,却犯难了:该写给谁呢?

阿布挠挠头,忽然想起前不久,一群小朋友来树林里玩,其中一个女孩非常可爱,她扎着两条长长的辫子，辫子上还别着两个漂亮的蝴蝶结。从小朋友的嘴里，阿布得知女孩叫玲玲。

阿布立即提笔在树叶上写上自己的祝福：

祝玲玲身体健康，开开心心！

小松鼠阿布

写好后，阿布又犯难了，因为他不知道玲玲家的地址。

阿布思索了半天，最后就写上了“玲玲收”。他决定碰碰运气，或许玲玲真能收到他的树叶明信片呢。

写好后，阿布把树叶明信片交给风婆婆，嘱咐道:“风婆婆，麻烦您帮我把树叶明信片送给玲玲。”

风婆婆高兴地说:“好的,没问题。”说完,她鼓起腮帮子,使劲一吹,就掀起一股风,裹着阿布的树叶明信片飞远了。阿布看着风婆婆的背影，心里充满了期待。

风婆婆果然神通广大，虽然树叶明信片上面没写玲玲的家庭地址，但是她很快就找到了玲玲的家。

可是，玲玲并不在家，她生病了，正在医院呢。风婆婆立刻来到医院，把树叶明信片贴在了病房的窗玻璃上。

玲玲一直在发高烧，她已经住了好几天院了，却一直没有好转。玲玲的爸爸妈妈都急坏了,玲玲也很着急,她多希望自己快点儿好起来，好早点跟小朋友们去玩啊。

这天，当玲玲睁开眼睛的时候，忽然发现窗玻璃上有一张树叶明信片，她赶紧叫妈妈打开窗户把树叶明信片拿进来。虽然她并不认识小松鼠阿布，但看到这份真挚的祝福，她十分惊喜，病很快就好了。

出院后，玲玲亲手做了一张明信片，写上：

祝小松鼠阿布幸福快乐！

玲玲

玲玲将明信片放在窗台上，风婆婆看到了，很快把明信片卷起来，送到阿布家。阿布收到玲玲的明信片之后，兴奋得手舞足蹈，捧着明信片亲了又亲。

这次意外的成功，给了阿布很大的勇气，他决定再给树林里另外一位叫韦德的小朋友寄树叶明信片。于是，阿布又取下一片杏黄的银杏叶，在上面认真地写道：

祝韦德开心快乐，心想事成！

小松鼠阿布

写好后，阿布还在旁边画上两只可爱的小鸟，然后托风婆婆将树叶明信片送给韦德。

这时，韦德正坐在家里的阳台上伤心呢。原来，韦德的爸爸和妈妈吵架了，妈妈气得离家出走了，韦德苦恼得不知道该怎么办。忽然，一张树叶明信片从天空飘了下来，正好落在韦德的怀里。韦德拿起来一看，心中的阴霾立即一扫而空。他激动地跑回屋里，做了一张彩色明信片，又拿起画笔，在上面画上爸爸、妈妈和自己，然后在上面写道：

谢谢小松鼠阿布的树叶明信片。祝阿布幸福快乐！

韦德

收到韦德的明信片后，阿布更加开心了，他源源不断地将树叶明信片寄给小朋友：琪琪、杰杰、佳佳……阿布的树叶明信片是那么神奇，总是能让正在难过的小朋友很快从忧伤中解脱出来，让胆小的小朋友充满勇气，让自卑的小朋友找回信心……总之，阿布的树叶明信片帮助了很多很多小朋友。阿布给小朋友们带来了快乐，自己也在帮助他人的过程中获得了莫大的快乐。

不久，阿布出了意外。那天，他在树枝上练习跳跃，不小心从树枝上摔了下来，把腿摔伤了。现在，阿布腿上打着厚厚的石膏，连下地都成了问题。

阿布躺在床上，呆呆地望着窗外。窗外起风了，树叶纷纷飘落下来。不知不觉，秋天又到了，这个季节，原本是阿布最爱的时节，因为他又能收集很多很多树叶。可是现在，阿布只能躺在床上，眼睁睁地看着树叶一片片飘落。

唉，现在我什么也做不了了，好无聊啊，我好像被大家遗忘了。阿布失落地想着，好几次，他难过得掉下了眼泪。

风婆婆来安慰他："阿布，别伤心了，好好养病。等病好了，你又可以给大家寄树叶明信片了哦。"

可阿布还是很失落。

忽然有一天，风婆婆在门口喊："阿布，有你的信！很多很多明信片哦！"

阿布十分惊讶："真的吗？"

风婆婆果然送来了一大捆明信片。阿布迫不及待地拆开来看，有玲玲寄来的，有韦德寄来的，还有琪琪的、杰杰的、佳佳的……

阿布太高兴了，他放下这张又拿起那张，然后捧着每一张明信片都亲了一口。

他觉得，自己幸福得快晕过去啦！

大胆与胆大（童话故事）

大胆与胆大在小区里散步。

有一只猫从大胆身边跑过。

大胆说：“我最勇敢，不怕猫。”

胆大说：“我更勇敢。有一次，一只狗朝我冲过来，我也不怕。”

大胆说：“那算什么！我见过一个怪兽，它眼睛里喷火，我还和它握手呢。”

“不算什么！不算什么！”胆大迫不及待地说：“上次有个鬼，鼻子对我喷水……”

当！当！两声响从旁边传来。

“见鬼！”有人大叫。

大胆和胆大赶紧拥抱在一起。

一个小黑影从大胆和胆大腿边溜过。

大胆和胆大四条腿儿碰到一起抖起来。

这时刚才那只猫冲了过来，大胆和胆大定了定神，原来是猫在捉老鼠，打翻了花瓶。

大胆和胆大互相看着都笑了，说：“原来我们都会害怕。”

刺猬老师的妙招（动物故事）

最近，森林小学的刺猬老师很苦恼，因为班里同学们谁也不喜欢跟别人玩，背后还总相互说对方的坏话，关系很紧张。

青蛙对小鸡说：“你看，小鸭走起路来摇摇摆摆的，真是难看死了。”

小鸡对乌龟说：“小鱼、小虾最讨厌了，他们经常在水里闹，还把水溅到我身上，弄得我一身湿。”

而乌龟则会当面指责伙伴们：“青蛙你天天鼓噪，小鸡、小鸭爱制造噪声，我不喜欢你们……”

刺猬老师烦恼极了：“现在的孩子们怎么了？眼里怎么都是别人的缺点？为什么看不到别人的优点呢？”

终于，一夜未眠的刺猬老师，想出了一个好主意。

刺猬老师在班会上，对同学们说：“我给大家布置一项必须做的家庭作业，那就是同学们相互之间要找优点，每人每周都要从同学身上发现一个闪光点，要说说自己欣赏对方的原因，并写一篇作文上交。”

同学们听了，有的摇头，有的叹息，有的不屑一顾，还有的叽叽喳喳地说：“什么是优点啊？再说好像大家身上也没有优点啊！”

“就是，就是啊！谁有优点啊！找缺点还差不多！”

“老师，老师，还是找缺点吧！”

……

刺猬老师好不容易才把课堂纪律维持了下来。他以不容置疑的声音说:"就这样吧,下周一,大家按照我的要求交作业。"

一周后,很多同学们勉强完成作业,虽然是三言两句,但还是按照老师的去做了。比如:

青蛙在作文中写道:"小鸭爱笑了。"

小鱼在作文中写道:"乌龟爱说话了。"

小鸡在作文中写道:"小虾帮我过河了。"

三周过去了,同学们不但作业越写越好,找到同学身上的优点越来越多,大家相互之间的关系也更加融洽了。

刺猬老师看看同学们的作业,想想自己的妙招,会心地笑了。

后羿射日(神话故事)

世界年轻时,天空曾一齐出现十个太阳。他们的母亲是东方天帝的妻子。她常把十个孩子放在世界最东边的东海洗澡。洗完澡后,他们像小鸟那样栖息在一棵大树上,因为每个太阳的中心是只鸟。九个太阳栖息在长得较矮的树枝上,另一个太阳则栖息在树梢上,每夜一换。

当黎明预示晨光来临时,栖息在树梢的太阳便坐着两轮车穿越天空。十个太阳每天一换,轮流穿越天空,给大地万物带去光明和热量。

那时候,人们在大地上生活得非常幸福和睦。人和动物像邻居和朋友那样生活在一起。动物将它们的后代放在窝里,不必担心人会伤害它们。农民把谷物堆在田野里,不必担心动物会把它们劫走。人们按时作息,日出而耕,日落而息,生活美满。人和动物彼此以诚相见,互相尊重对方。那时候,人们感恩于太阳给他们带来了时辰、光明和欢乐。

可是,有一天,这十个太阳想到要是他们一起周游天空,肯定很有趣。于是,当黎明来临时,十个太阳一起爬上车,踏上了穿越天空的征程。这一下,大地上的人们和万物就遭殃了。十个太阳像十个火团,他们一起放出的热量烤焦了大地。

森林着火啦,烧成了灰烬,烧死了许多动物。那些在大火中没有烧死的动物流窜于人群之中,发疯似的寻找食物。河流干枯了,大海也干涸了。所有的鱼都死了,水中的怪物便爬上岸偷窃食物。许多人和动物渴死了。农作物和果园枯萎了,供给人和家畜的食物也断绝了。一些人出门觅食,被太阳的高温活活烧死,另外一些人成了野兽的食物。人们在火海里挣扎着生存。

这时,有个年轻英俊的英雄叫作后羿,他是个神箭手,箭法超群,百发百中。他看到人们生活在苦难中,便决心帮助人们脱离苦海,射掉那多余的九个太阳。

于是,后羿爬过了九十九座高山,迈过了九十九条大河,穿过了九十九座峡谷,来到了东海边。他登上了一座大山,山脚下就是茫茫的大海。后羿拉开了万斤力弓弩，搭上千斤重利箭，瞄准天上火辣辣的太阳，嗖地一箭射去，第一太阳被射落了。后羿又拉开弓弩，搭上利箭，嗡的一声射去，同时射落了两个太阳。这下，天上还有七个太阳瞪着红彤彤的眼睛。后羿感到这些太阳仍很焦热，又狠狠地射出了第三支箭。这一箭射得很有力，一箭射落了四个太阳。其他的太阳吓得全身打战，团团旋转。就这样，后羿一支接一支地把箭射向太阳，无一虚发，射掉了九个太阳。中了箭的九个太阳无法生存下去，一个接一个地死去。他们的羽毛纷纷落在地上，他们的光和热一个接一个地消失了。大地越来越暗，直到最后只剩下一个太阳的光。

可是，这个剩下的太阳害怕极了，在天上摇摇晃晃，慌慌张张，很快就躲进大海里去了。

天上没有了太阳，立刻变成了一片黑暗。万物得不到阳光的哺育，毒蛇猛兽到处横行，人们无法生活下去了。他们便请求天帝，唤第十个太阳出来，让人类万物繁衍下去。

一天早上，东边的海面上，透射出五彩缤纷的朝霞，接着一轮金灿灿的太阳露出海面来了！

人们看到了太阳的光辉，高兴得手舞足蹈，齐声欢呼。

从此，这个太阳每天从东方的海边升起，挂在天上，温暖着人间，禾苗得生长，万物得生存。

后羿因为射杀太阳，拯救了万物，功劳盖世，被天帝赐封为天将。后与仙女嫦娥结为夫妻，生活得美满幸福。

季节的四胞胎兄弟（民间故事）

春夏秋冬是天下创造的四胞胎兄弟，他们有着各自的性格和特点，让我们一起来了解了解吧。

春天是老大，他独来独往的特点是司马昭之心——路人皆知。他那融化的绝招也不知是跟谁学的，能让万物复苏，冰雪都融化。不知道他是怎样与流感这个病菌勾搭上了，走到哪都把流感带在身边，让流感散发出病毒，每当春天来临，人们都戴上口罩与“春天”隔离。

夏天是老二，当老大拂袖而去时，老二就现身了。老二是小女孩的幸运星，每当夏天来临时，小女孩们都穿着色彩斑斓的裙子随风舞蹈。夏天也讨农民伯伯的喜欢，他给庄稼喝水……夏天还可以让小女孩捕捉颜色艳丽的蝴蝶；看雨后彩虹的绚丽多彩；品尝冰激凌的美味……

秋天是老三，是一股强大的气流，连落叶妹妹都抵不过他，也落在了地上，秋天。也是清洁工讨厌的季节，因为落叶纷纷，使清洁工比平常累好几倍。

冬天，是老四，是老大的开心果，可他一笑，嘴里的冰就吐了出来，让世界变得雪白，也让老大收拾残局。

这四个兄弟虽然都是惹祸的料，但如果没有了他们，我们也将毫无生气，也将生活得毫无色彩！

第三节 态势语技能

训练目标

1. 了解和掌握态势语的基本信息。
2. 了解态势语在课堂教学中的作用。
3. 掌握态势语应用的基本要领。
4. 通过态势语训练熟练地掌握并运用态势语。

理论基础

我们在表情达意的时候，除了语言信息，一些非语言信息的作用也不容小视，如目光、表情、手势等，都对语言交际造成一定的影响。本节将详细讲解态势语。

一、态势语的含义

语言除了有声语言表达外，还有辅助语言，就是态势语。态势语言一般指体态语言，体态语言，亦称人体示意语言、身体言语表现、态势语、动作语言等，是通过人体器官的动作，或者某一个部分形态的变化来进行思想和情感交流的一种传情达意的方式。在日常人际交往中，体态语言是有一定规律可循的。凡是通过手势、身姿、眼色和面部表情来进行信息传递、思想沟通、感情交流的活动方式，统统称为体态表达或态势表达。

教师的态势语，是指教师在课堂教学过程中辅助有声语言传递信息、表达感情、表示态度的面部表情、眼神、手势、身姿、服饰等各种非言语的交际手段。

美国心理学家艾伯特 1968 年通过实验得出这样一个公式：

信息资料效果 =55% 的态势语 +38% 的声音 +7% 的语气词。

也就是说，在人际交往过程中，信息沟通只有 38% 是凭借有声语言进行的，而大量的信息则是通过表情等态势语表达出来的。熟练掌握态势语，不仅有助于理解别人的意图，而且能够使自己的表达方式更加丰富，表达效果更加直接，进而使人与人之间更和谐。

以传道、授业、解惑为己任的教师，他们的身姿体态、举手投足、神情容貌、服装饰品等，都有极强示范作用，都会对学生产生潜移默化的影响。恰当、必要的态势语的运用，可以使思想感情的表达更直观、更充分、更形象、更具体，也可以

使教师们在传道授业的同时开启心智、陶冶情操。教师的举手投足、神态容貌、身姿服饰等，都有极强的示范作用，都会对学生产生潜移默化的影响。因此，教师不仅要具有良好的口语表达能力，而且要掌握态势语的技巧。从听觉和视觉两方面来引导和感染学生，在实践中逐步完善和形成自己的态势语风格，以提高教学质量和水平。

二、态势语在课堂教学中的作用

（一）提高教学效率——强化作用

课堂上，学生对教学信息的接受主要通过两种渠道，一是语言听觉器官，二是视觉器官，只有两条渠道都畅通才能取得良好的教学效果。在特定的教学情境中，态势语能把学生的视与听有机地结合起来。强化口语的力度和语气，能使口语更加明确有力，从而扩大教学信息的发射量，起到无声胜有声的作用。心理学研究表明：人的感觉印象的 70% 来自眼睛，14% 来自耳朵，视觉印象在头脑中保持的时间超过其他感官，这点同样说明单纯应用作用于听觉器官的有声语言是远远不够的。只有把态势语和有声语言协调统一起来，共同作用于视觉和听觉器官，让学生通过视像的帮助来感知有声语言的思想内涵，补充和强化有声语言的信息，才能引起学生的强烈共鸣，使有声语言的鼓动性和感染力得到进一步增强。

（二）增强讲授内容的生动性——描摹作用

教学态势语能够以其模糊性、形象性较好地表现难以表述的动作和感情，是艺术化地表达言外之意的手段，它可以具体形象地描情状物，让学生如见其人、如临其境、如闻其声、如经其事，把抽象的事物具体化、深奥的事理形象化，特别是对于某些可意会不可言传的内容，态势语更有完美补充或表达未尽之意的优势，从而加深学生对学习内容的认识和印象，形成对人物、事件的较为完整、具体的印象。

（三）拓宽师生情感交流的渠道——沟通作用

教学过程是师生双边活动的过程，它既是知识的传授和迁移过程，也是思想感情的交流过程。教学态势语能为学生学习创设宽松和谐的环境，刺激学生大脑的兴奋中心，唤起和鼓舞学生的热情，使学生在轻松愉快的情境中，心情舒畅、情绪饱满地进行学习。态势语还可以有效地沟通师生之间的情感，增强相互的吸引力，缩短彼此的心理距离，有利于激发学生学习的积极性和主动性。

三、教学态势语应用的原则和技巧

态势语在课堂教学上的重要性，教师们在教学实践中都深有感触。但在实际教学工作中，很多教师对态势语的运用似乎只是出于一种惯性和随意，并没有引起足够的认知和重视，还处于一种无意识、无控制的自然随性的状态。尤其是在电脑课件被广泛应用的今天，一些教师甚至认为，课堂上教师只需坐而论道，点点鼠标、敲敲键盘就行了。其实，教学态势语应是整个教学环节不可或缺的重要一环，运用过程中有其内在规律、原则和技巧。

（一）眼神要亲切

和动态的动作一样，人体处于静态的姿势也能传播多种多样的信息。眼神就是最能发挥交流力量的一环。有经验的教师总是善于用目光语组织教学，从学生不同的眼神中捕捉到丰富的信息并及时反馈，以亲切的眼神、柔和的表情完成与学生的情感碰撞和交流，促使学生以最佳的心境投入学习当中。

教师的眼神可以用来表扬、赞同，也可用来批评、限制，还可以用来暗示。亲切的眼神可使学生体会到教师传递过来的温暖。当教师走进教室，用炯炯有神的目光环视全班学生时，喧闹的教室便立刻安静下来。这目光胜过冗长累赘的说教，使几十双眼睛能反馈出充满信任的光芒。相反，有的教师两眼不看学生，只管按照自己设计的程序讲课，这种“自我陶醉”的讲课方式往往使学生有被“冷落”的感觉，因而学生容易失去兴趣而导致注意力分散或进入瞌睡状态。因此，在教学过程中教师应和学生的眼神保持密切的接触，让学生时时感到教师的信任与鼓励，其产生的效用胜过千百次喋喋不休的唠叨。

教师在教学中的目光语要自然、亲切，讲究美感和方法。视幅应控制在 120 度的范围内，正视：庄重、诚恳；环视：探求、寻找；点视：关注、示意；俯视：关切；虚视：回味。教师课堂教学中运用较多的是点视与环视。所谓点视，就是有重点地注视，对不注意听讲的学生，有意识地多看他几眼。所谓环视，就是把视线从教室的左边看到右边，再从右边看到左边；从前排扫到后排，再从后排扫到前排。

眼睛有其特殊的表现力和感染力，据统计，表达者的目光与听话人的目光接触达到交流时间的 70% 以上时，其表达便获得对方的信任、喜欢或激发其兴致。教师要学会用眼睛说话：一是要把视线洒满整个教室，与所有的学生保持眼睛接触，增强相互间的感情联系，不让任何一个学生有受冷落的感觉；二是要把自己真实的感情流露在眼睛里，用亲切、和蔼的目光与学生交流。这样能够缩短教师与学生的心理距离，让学生感觉到教师对自己的肯定，从而更加集中注意力，与教师密切配合，有利于教学效果的增强。有些初登讲台的教师，由于羞涩、胆怯等原因，不好意思直视学生，低着头，像一个犯了错误的孩子，一副作检讨的样子；还有的教师两眼望着天花板或者窗外，与其说是教学，还不如说是背书，让学生产生反感。如果是这样，无论有多么好的内容，多么富有表现力的声音，都是不能收到预期效果的。运用眼神要注意：不要只盯着一部分学生，丢掉大多数，否则会分散学生的注意力。无论在什么情况下，教师都不能有鄙视、冷漠和不屑一顾的眼神；不能有反感、讥笑的目光；不能斜视、怒视学生等，否则会招致学生们的反感。

眼神能交换上千种信息，表现一个人丰富多彩的内心世界，教师要多用积极、正面的视线注视学生，不躲闪、不游移，避免呆滞、暗淡。这样有利于他们集中注意力并体会到教师的关心，从而让学生“亲其师，信其道”，师生之间的信息传递直截了当且能互相反馈，教师通过学生的眼神来了解学生是否听懂了，学生也会因为教师看到自己而兴趣倍增，并随时将信息反馈给教师。

（二）手势要协调

手势是指能够传情达意的手指、手掌和手臂动作，是体态语的重要组成部分。手势是一种国际语言，其使用范围十分广泛。《毛诗序》有言：“言之不足，故嗟叹之；嗟叹之不足，故咏歌之，咏歌之不足，不知手之舞之足之蹈之也。”这里说的是舞蹈的起源，实际上也是手势语的起源。恰当地运用手势，可以使说话内容表达得更加直观、具体、生动、形象，从而加强有声语言的活泼性和感召力，给学生留下深刻持久的视觉印象。

日常交际中运用的手势多种多样，课堂教学中用的手势主要有两种：形象性手势和指示性手势。形象性手势也称图式手势，主要用于摹形状物，也就是配合有声语言，用手势比画事物的形状、长短、大小，等等。比如双手合围比西瓜的大小、比树的粗细，抬起右手比人的个子的高低等都属于形象性手势。指示性手势主要用于指示具体事物或数量，它的特点是动作简单，表达专一，可以增强内容的明确性和真切性。比如用手臂、手指指示方位这里、那里、前边、后边，指点人物你们、我们、他们，指示数量二、三、六等都属于这种手势。

运用手势，可以配合有声语言将信息传递得更准确、更形象、更鲜明，加深学生对教学内容的理解和认识。运用手势语要注意以下几点：第一，含义明确。无论使用哪种手势，都要与教学内容协调一致，能准确地说明问题。第二，精炼自然。所谓精炼，就是要以少胜多，不可以过多过滥，否则会让学生感到张牙舞爪、眼花缭乱。所谓自然，就是指手势运用要切合表达内容的需要，简单、自然、优雅，恰如其分，不生硬造作。第三，教师要注意手势动作方面的忌讳：抓耳挠腮，指手画脚，会让学生感到轻佻、浮躁、傲气。还要注意克服一些下意识的动作，如挖耳孔、抠鼻孔等。要做到举止文雅，落落大方。

手势语形式千变万化，没有固定的模式，是否需要手势，如何动作，应由话语内容决定。动作幅度的大小、力量的轻重、速度的快慢，单手还是双手，都要以话语的内容、感情的强弱、场面的大小、听众的多少来确定。手势要目的鲜明，克服随意性；要得体大方，克服盲目性；既不能夸张，也不能拘谨刻板。原则上要适度、准确、自然、美观；出势要快，做到手随音行、话到手到；停势要稳，舒展大方，协调美观；收势要慢，弱收到位。对于教学来说，无论何种手势都必须注意紧密结合讲述内容，做到协调一致，准确恰当，自然得体。若过于拘谨，则显得死板、僵硬、毫无生气；若过于夸张，则显得不真实，滑稽可笑。手势语也不宜过多过乱，否则会喧宾夺主，分散学生的注意力，削弱有声语言的表现力，破坏态势语的美感。

（三）表情要自然

表情，是指面部的颜色、光泽、肌肉的收缩舒展，以及纹路的变化等。表情也是一种重要的态势语，它如同一面心灵的镜子，以最灵敏的特点，把人的复杂的内心世界都充分地展示出来。表情语是指在内心情感的驱使下，面部五官所做出的喜、怒、哀、乐、悲、恐、惊等丰富的情态变化，如果说在人体动作里最富表现力的是眼睛及眼神的话，那么在人体姿势中最有感染力的就是面部表情。教育家马卡连柯说："做教师的不能没有表情，不善于表情的人不能做教师。"亲切的微笑就是教师最好的"入场券"，它是联系师生情感的纽带，是师生心灵沟通的桥梁，更是创设融洽教学氛围的重要手段。课堂上教师会意的微笑、丰富的表情都能给学生以信心和力量，使学生受到鼓舞，积极主动地投入学习。丰富的表情能极大地吸引学生的注意力，善于微笑，表情自然、轻松的教师受欢迎程度相对要高得多，同时他们的讲课效果也更好。

日本一个教育调查机构经过广泛的调查发现，中小学生认为"最温暖的是教师的微笑"。微笑体现教师的自信和可信赖度，绝大多数优秀教师都会用微笑着说话的艺术来吸引学生，在这些优秀教师的课堂上学生们会感到"如沐春风"般的愉悦。它不仅有利于建立教师与学生的心灵默契，使学生进入丰富的情感世界，创造和谐课堂气氛，而且可以弥补难于用语言来表达的微妙的思想感情，开启学生的心扉，沟通师生的心灵，让学生在美的熏陶中接受知识和情感信息。

杨炳乾先生也曾说："人身表情之最敏速，而又最精密者，莫如面容。面容之变化，其细微有非言语笔墨所能形容者。"现代教育和教学都呼唤人性化的教师。调查显示：学生喜欢亲近柔和、表情丰富的老师，不喜欢装腔作势、一脸严肃的老师。

每一位教师在教学过程中都要努力做到面部表情自然，自然的面部表情受两种因素的制约：一是对学生的态度。人的面部表情如何，首先取决于说话人对听话人持什么态度。在课堂上，教师面对学生，态度应该是亲切的、友好的，因此，教师面部表情的基调应该是微笑。微笑可以增强师生之间的亲和力，使学生对教师产生亲近感和信任感，有利于教学的成功。二是教学内容。教学内容是丰富多彩的，教师的面部表情也应该丰富多彩：喜则神采飞扬，怒则怒目相视，哀则眉头紧，乐则笑逐颜开……随着教学内容的变化，教师要把喜怒哀乐写在脸上，使说话和笑容、表意和传情融为一体，通过表情变化影响学生、感染学生、打动学生，让学生与自己产生共鸣。

教师的面部表情要把握好三个方面：一是不能太呆板，如果始终是一副单调、刻板的表情，就会让学生感到平淡、乏味，失去听课的兴趣。二是不能太夸张，否则会显得矫揉造作。教师的微笑应该是发自内心的，是诚心诚意的笑。三是不能错位，当喜则喜，当悲则悲，如果对悲伤的内容做出欢快的表情，或者对喜庆的事情做出严肃的表情，就会让学生感到滑稽可笑。

（四）身姿要端庄

身姿语即在进行口语交流时身体的姿势和动作的变化。它是指人的身体（包括躯干、臂、腕、臀部、腿、颈部等）发出某种信息的姿态，这是教学中常用的一种态势语。幼师职业的示范性要求他们站有站相、坐有坐相，给人一种端庄美。这种美在教学中能起到激励学生自觉学习的作用。

教师的身姿语是给学生的第一印象。人要表现出稳定、优美的姿态，首先要解决如何站的问题，站姿（站着给学生上课）比坐姿更富有表现力。站，是教师的基本功，只要身体条件允许，那么最好站着讲课。“站如松，坐如钟”，教师在讲台上的站姿应该是腰板挺直，挺胸收腹，精神振作，双脚自然分开，像松树一样洒脱、挺拔，展现出教师精神饱满、潇洒自信的形象。稳重的举止、端庄的仪态、大方的身姿是一种无声的美的传播渠道。教师的站姿要注意以下几个方面：第一，不能驼背缩肩、搔头弄耳、东倒西歪。第二，不能无精打采。有的教师趴在讲桌上，用手支着头，一副有气无力的样子，影响学生的听课情绪。第三，要站稳。有些教师一边讲课一边不停地抖动腿，会让学生感到心烦意乱。

头部的倾斜摆动、肢体的前倾后仰、双脚前后左右的移动，都是表达思想感情的重要方式。挺胸收腹，可以让一个人气质上得到提升，增加自信，甚至提升魅力。在课堂教学中，幼师们一定要注意自己的身姿，活跃静态的教学环境，好好地释放自己作为一名教师应有的示范作用。让小朋友们跟着老师们健康快乐地成长，上好他们人生的启蒙课。

（五）服饰要得体

服饰，是人类文明的标志，又是人类生活的要素。它除了满足人们物质生活需要外，还代表着一定时期的文化。现代服饰搭配已经不再仅仅是两件配饰而已，而是整体的一种美观。

服饰具有区别身份的功能，服饰跟行为举止一样，有着极强的信息传递功能，关系到对方对你的第一印象。从我国古代开始，政府对人们的服装就有明确的规定，穿什么样的衣服因身份地位不同而不同。时代虽不断变迁，对于穿衣打扮也没有了特别明确的规定和要求，但传承下来的文化精神会自然而然地指引我们的日常穿着，服饰依然有着很强的信息传递功能，穿着得体异常重要，奇装异服固然会吸引人的眼球，但更多的时候会成为人们眼中的笑柄。

教师要特别注意自己的服装打扮，不修边幅的教师是不受欢迎的。教师的服饰应该得体、优雅、大方，这样既可以产生良好的自我感觉，提高个人自信心，又能够显示出教师的性情气质和文化修养。有利于教学的成功。爱美是人的天性，教师可以佩戴装饰品，比如可以根据衣服的风格佩戴胸花，可以根据年龄的特点佩戴发卡，还可以根据气质的需要佩戴项链，等等。但佩戴装饰品一定要把握好一个“度”，要根据年龄、身份、职业、场合等特点，做到庄重、自然、和谐、得体。当然，教师讲究服饰，并不是越华贵越时髦越好。要注意：第一，服装色彩不宜过于鲜艳，要柔和、协调；款式不宜过于时髦，应该简洁大方。第二，不宜戴耳环和戒指。因为奇装异服、珠光宝气会转移学生听课的注意力，会使教师在学生心目中失去庄重感，从而削弱对学生的号召力和教育效果。作为教师要注意自己的服饰，要做到美而不俏、雅而不俗，另外还有很多搭配事项需要注意，例如，在配色时，必须注意衣服色彩的整体平衡以及色调的和谐。通常浅色衣服不会发生平衡问题，下身着暗色也没有多大问题，如果是上身暗色，下身浅色，鞋子就扮演了平衡的重要角色，鞋子则应该是暗色比较恰当。

总之，老师们在穿衣打扮时要得体、优雅，提现出自己积极向上的精神风貌，从而更好地引导小朋友们健康快乐地成长。

四、态势语训练

态势语的表达能力是教师教育才能的重要组成部分。善于根据不同的语言环境和教学内容灵活运用态势语不是一朝一夕就可以练就的。要做到运用态势语自然、简洁明了、适度适宜并富有变化，必须要加强态势语运用的训练。

（一）态势语面部表情训练

（1）对镜自视，观察自己在不同的心理状态下面部表情的变化，如大笑、苦笑、忧愁、惊讶、悲伤、平静、兴奋、愤怒等。

（2）观察日常生活中与你交流的人的面部表情。

（3）朗读下列句子，根据括号中的提示语，用态势语形象地表现出来。

我，常常望着天真的儿童。（微笑）

素不相识，我也抚抚他红润的小脸。（亲切）

悲痛、苦恼要从胸中漫溢出来了，我慢慢地往家走着，真想找个没人的地方，痛痛快快地哭一场。（悲伤）

他们就这样走了，越走越远了……　（失望）

像一只蚂蚁打量着一头大象。（惊奇）

（二）态势语手势语训练

给下面的句子设计相应的手势，然后表演出来

（1）看！红彤彤的太阳升起来了，它光芒万丈，普照人间。

（2）什么是爱？爱不是索取，而是奉献！

（3）同学们，你们真是好样的！

（4）中国人民是无所畏惧的，就是天塌下来，我们也不怕。

（5）同志们，千万注意，这次任务是非常重要的。

（6）这种损人利己的行为，我们坚决反对。

（7）嫖娼、吸毒，这些旧社会遗留下来的腐败事物，必须彻底清除！

（8）我轻轻地躺在草地上，仰望蓝蓝的天空。

（9）高大的建筑物突然陷入地下。

（10）同学们，请伸出我们的双手，拿出我们的智慧，献出我们青春的热血，我们是中华儿女，我们要做中华的脊梁！

（三）态势语身姿动作训练

（1）每天有意识地做几次"坐如钟"（正襟危坐）、"立如松"（挺身直立）、行如风（步履稳健）的训练，与人交际要逐步养成良好的身姿，纠正不良的身姿动作。

（2）自我训练：四人一组，相互观察坐姿、站姿、行姿，指出不良的姿势，在同学的监督下自我纠正。

（3）情境训练。与邻座的同学轮流扮演年长、年轻或同龄的不同身份的人，找一个话题进行交谈，注意对方的坐姿、站姿是否得体，对不良习惯要互相指出并予以纠正。

（四）态势语综合训练

设计好手势语，朗诵以下诗歌

出塞曲

席慕蓉

请为我唱一首出塞曲
用那遗忘了的古老言语
请用美丽的颤音轻轻呼唤
我心中的大好河山

那只有长城外才有的清香
谁说出塞曲的调子太悲凉
如果你不爱听
那是因为
歌中没有你的渴望

而我们还是要一唱再唱
想着草原千里闪着金光
想着风沙呼啸过大漠
想着黄河岸 阴山旁
英雄骑马壮
骑马荣归故乡

再别康桥

徐志摩

轻轻的我走了，
正如我轻轻的来；
我轻轻的招手，
作别西天的云彩。

那河畔的金柳，
是夕阳中的新娘；
波光里的艳影，
在我的心头荡漾。

软泥上的青荇，
油油的在水底招摇；
在康河的柔波里，
我甘心做一条水草！

那榆荫下的一潭，
不是清泉，是天上虹；
揉碎在浮藻间，
沉淀着彩虹似的梦。

寻梦？撑一支长篙，
向青草更青处漫溯；
满载一船星辉，
在星辉斑斓里放歌。

但我不能放歌，
悄悄是别离的笙箫；
夏虫也为我沉默，
沉默是今晚的康桥！

悄悄的我走了，
正如我悄悄的来；
我挥一挥衣袖，
不带走一片云彩。

诗两首朗诵
音频来源：网络资料

笔记

（五）态势语实地练习

让学生们构思生活中的某个情节片段（讽刺某种现象、赞美某种行为），以哑剧的形式（动作、手势、表情、眼神等）表现出来。师生认真观察，在对应的学生表演完后评述并提出改进建议，从而巩固学生们对态势语掌握。

思考与练习

1. 什么是态势语？态势语在课堂教学中的作用是什么？
2. 请对课堂教学中态势语应用的原则和技巧进行简要概述。
3. 态势语训练可以从哪些方面入手？

第三章　语用技能

学习提示

幼儿教师语用技能是教师在幼儿教学教育工作中必须具备的一种能力。幼儿教师应该针对教育对象的特殊性，了解语用技能的特点、含义，掌握相应的语用技能，根据幼儿的年龄、心理特点和认知水平，设计恰当的、符合不同语境的语言和幼儿进行交流与沟通，提高教育教学的实效性和幼儿学习的兴趣。

第一节 语用技能概述

训练目标

1. 了解语用技能的定义、内涵。
2. 会得体地运用语言，从而成功地完成交际。

理论基础

语用技能是教师能力素质中的重要内容和组成部分，是教师从事教育、教学工作，向幼儿传授知识，进行一系列教育活动的先决条件和必备条件，因而教师语用技能的优劣、强弱，直接影响着幼儿对知识的吸收以及对学习活动的兴趣和积极性，也关系到教师教育、教学活动的效果。

一、语用技能的定义

所谓语用技能，是指具备一定的语言知识，并能注意使用语言的得体性，才能完成一次成功的交际。这种运用语言进行得体交际的能力，被语言学家们称为“语用技能”。

学前儿童的语用技能是在言语交际过程中表现出来的，为了能够与同伴和成人进行顺利的交际，学前儿童需要掌握一定的语用知识和技能。根据周兢、余珍有等国内专家的研究，把握学前儿童语用技能的发展，可以从语言操作能力、对外部环境的感知能力和心理预备能力三个方面进行考察。

1. 语言操作能力

如果把言语交际过程看作一个信息传递过程的话，那么，其中信息传递的媒介物就是语言及其辅助系统。语言系统由语音、词汇和语法等要素构成，它是言语交际的主要手段，但不是唯一手段。一些非语言手段也能协助语言或独立地完成信息传递的任务，这些非语言手段主要指伴随语言同时出现的有声符号（如声调、语调、音质、音速等）和无声符号（如面部表情、手势、身体姿态、眼神和举动等）。有研究表明，人们在谈话时所传达的信息，7% 是通过语言实现的，38% 是通过语调实现的，55% 是通过面部表情和身体动作实现的。非语言手段构成了语言的辅助系统。

语言操作能力指的是交际双方根据交际的需要，灵活而有效地调出已有的语言以及与其有关的非语言知识，并恰当地用于交际过程的能力。语言操作能力包括说话人的语言表达能力和听话人的语言理解能力：语言表达能力包括根据交流的需要对语言各要素进行适当组合的能力、通过发音器官发出一系列有意义的声音的能力，以及将语言符号和非语言符号恰当结合的能力；语言理解能力包括辨别有意义声音和无意义声音的能力、通过耳朵和眼睛的协同作用感受语言及非语言的能力，以及理解听到和看到的语言和非语言的意义的能力。

学前儿童的语言操作能力是前面说到的儿童语音、语义、语法的发展特点在交际过程中的具体表现。由于生理和心理发展水平的限制，学前儿童在交际过程中对语言的操作表现出明显的不成熟。主要表现在：①语言简略，丢音、换音较多，音调较高，很多话语不符合语法规则。②具体、形象的词汇较多，抽象词汇少，词不达意的现象也时有发生。③语言重复较多，使用的句型以疑问句、祈使句为主 。④为了弥补言语表达的不足，他们常在交际过程中不断使用手势和身体动作等非语言手段，以保证信息的准确呈现。有时甚至完全用动作代替语言来表达，特别当说话人发现对方未能理解自己的意思时，他们常常一边说着“这样……这样……”一边不停地用手或身体表现自己想表达的内容。年龄越小的儿童，该特征越明显。⑤幼儿常用改变音调和音高等方式表达自己的交流意图。他们倾向于用同样的声音、同样的语调模式表达同一意思。学前儿童的这些不成熟因素一方面在一定程度上影响了他们与他人言语交往的效果，如他们说出的很多话不易被人理解；另一方面也表明了他们的交往行为有别于成人的一些特点。

2. 对外部环境的感知能力

在实际的言语交际过程中，对语言的操作固然重要，但仅靠对语言的操作，甚至最简单的思想交流亦难以完成。言语交际的外部环境也是影响通过言语交际行为实现信息交流全过程的另一重要因素。言语交际的外部环境作为另一个客观因素在一定程度上对言语的理解和表达产生影响。言语交际的外部环境之所以影响信息的交流，是因为它可以使同一语言形式在不同的情景中产生多种歧义、预设和蕴涵等。感知言语交际的外部环境的能力，就是对言语交际情景的诸多要素的敏感性和根据需要实现其语言转换的能力。对言语交际的外部环境的准确感知可使交际双方对某一语言形式的表达和理解趋于统一，使该语言形式在语义上具有客观确定性，增加传递过程中的“确定性”。

感知言语交际的外在环境的能力包括对交际对象本身特征的敏感性、对实际交际情景变化的敏感性和对交际对象反馈的敏感性等。

对交际对象本身特征的敏感性，是指说话人能够对不同的交际对象采用特定的、易在交际双方之间产生共鸣的语言形式。例如，对交际对象本身特征敏感的人能够对老师、对同伴分别采用不同的语气、使用不同的句型等。张璟光研究发现，4 岁儿童就能适应听话人的能力而调节其说话内容，其在向 2 岁儿童介绍一种新玩具时，话语简短，多用“看着”“注意”等词引起和保持对方的注意，说话时表现出自信、大胆、直率等特征；对成人说话时则话语长、结构复杂，也较礼貌和谨慎。

对实际交际情景变化的敏感性，是指当交际情景发生变化（如交际的时间、地点及内容发生变化或增加了新的交际伙伴等）时，说话人能够根据需要调整语言的表达方式，或者听话人根据情景的变化理解变化了的语言形式的能力。华红琴的一项研究发现，同一块黄色圆积木，55% 的 6 岁儿童能根据在它旁边有什么样的其他积木而改变表述方式，而 7 岁儿童中已有 90% 能进行调节。

对交际对象反馈的敏感性，是指说话人可根据交际对象发出的是否已经接收到信息的反馈情况，及时调整说话的内容和方式，也指听话人对说话人所说的话的理解情况的自我感知能力和及时反馈的能力。“有话会说”是这类能力的一个最明显标志。国外的一项研究发现，学前儿童在交谈中，听其说话的人发出不理解信息时，不能对当初的讲话加以修正，多半是沉默或多次重复原话，交际失败时总是责怪听话的人。

3. 心理预备能力

如果交际双方没有交往动机、愿望，不具备被交流信息的必要知识储备，就难以产生交际行为或者已产生的交际行为也难以维持。所以，言语交际行为的顺利完成还有赖于交际的双方对言语交际的心理预备能力的提高。这类心理预备能力包括交际双方调节自己的情感、兴趣、动机并使之指向言语交际行为的能力，对同一话题的保持能力和对有关交际内容知识的组织能力等。

幼儿的自我中心语言相对较多，社会性语言有待发展，其社会性语言的产生和理解情景性较强，他们会随外部客观情景的改变而极易转变谈话的主题。例如，当他们听到或看到他们感兴趣的内容时，他们可能会马上将自己的注意力转移，而不顾该注意对象或言语指向的内容是否与正在交谈的主题有关。

造成学前儿童社会性语言较少的一个重要原因是他们对自己的情感、兴趣和动机等心理因素的调节能力差，以及他们的知识、经验储备不够丰富，且尚未系统化，所以，许多信息他们无法用言语进行表达。我国张仁俊等研究发现，2 岁儿童尚不具备保持同一话题的能力，而 3 岁儿童在这方面进步很大。

二、语用技能的形成

（一）有一定的语用背景知识

从语用学角度看，交际能力实际上就是语用能力。因为语用过程便是信息交流过程，是人们利用语言手段互相交际的过程，这里所说的“交际能力”这一概念，更多地着眼于语言的生成，亦即说话人的表达。如果着眼于语言的理解，人们的交际能力（语用能力）的作用是:能判别话语语法的正确与否，判别话语意义的不同层次，并对它们加以领会。也就是说，依据语用能力不仅能知道话语是否合乎语法，能理解按正确语法规则组合而成的话语的表层意义，而且还能领会该话语在具体语境中的确切含义，或说话人的真实意图，甚至能理解不合语法的话语特定的含义。这种能力，显然要远远大于“语言能力”。要真正听懂话语的真实含义，必须具备语言知识以外的知识，这种语言知识以外的有关语言和世界的知识我们称之为“语用背景知识”。

语用背景知识是大脑机制不断习得、及时储存的结果，譬如汉语中的“吃了吗？”“去哪儿？”所含有的招呼、问候的语用意义，是人们在日常生活中不断使用、强化，乃至逐渐记忆、储存，称为语用背景知识。这样，以后再听到这种话语，背景知识便能提醒人们透过其表层意义去理解它的语用意义。

（二）学会联想

联想是实现语用能力的途径。联想是以大脑的功能和活动为物质基础的，是一种复杂的心理、思维过程。根据认知心理学的研究，它是信息解码活动中提取原有储存知识（包括语言知识和非语言知识）的一种行为。具体地说，外来信息源引起大脑皮层的活动，“激活”了原有知识图式中的相关信息，使新信息和旧知识联系起来的心理过程，便可称之为“语用联想”。

语用联想的方式有:（1）词语的联想，即由甲词联想到乙词，如由“小朋友”联想到“天真、活泼”，由“红”联想到“花、鲜血”等;（2）结构的联想，指人们根据词语的某些搭配而产生的语用联想，使之启动原有的背景知识，进而理解其语用意义。如“蜜蜂都唱起春词来了”，蜜蜂实际上无法“唱”歌，但句中却用“唱”与蜜蜂及春词联系起来,使得“唱”成为“嗡嗡叫”的替换词。因而“唱”这个谓词，又使得主语“蜜蜂”添加了人性特征，因而可以理解这句话的语用意义是：蜜蜂在春天里十分欢乐——即使在现实的世界中不可能，在虚拟的、想象的世界中，这种现象却是能够理解的。

（三）区分语言环境

语言环境（简称语境）是语用学中的一个重要因素。它贯穿语用活动的全过程，是语用得以顺利进行的重要条件。然而语境又是一个比较复杂的问题，语用学、社会语言学、心理语言学等都从不同的角度关注它、研究它。迄今为止，还很难有一个较为统一的、大家公认的“语境因素详表”。也就是说，各家对语境都有自己的看法。首先涉及的问题是,语境到底包括哪些构成要素,其次是语境可以分为哪些类型,再次是语境的功能和作用问题。在语境的功能和作用方面，目前人们讨论较多的是语境的解释和过滤功能。解释功能指语境在听话人理解话语时，帮助听话人理解话语的信息内容。比如从笼统的意义推断出具体信息；推断出话语的言外之意；推断出与句子意思相反的信息;辨析歧义，从“不正常”的句子中推断出正常的信息;等等。语境的过滤功能则是指语境对说话人表达时的作用，说话人必须遵循语境范畴允许的一系列要求进行话语表达，也就是对说话者表达的制约。

（四）熟悉言语行为理论

言语行为理论的出发点是:言语的使用总是同说话人的具体目的、意图相联系的。

这种意图体现在话语层面，就使之不仅表达一定的意思，而且完成了说话人的一种行为，话语也就带上了种种不同的职能。也就是说，交际的基本单位不是句子，而是一定的言语行为，如“我一定去”这句话，除了确定的意义外，还表现出说话人的一种承诺，是可以付诸行动、可以实现的。这种承诺便是一种言语行为。奥斯汀在《论言语行为》一书中，提出了三种言语行为：

（1）言内行为，指通过话语字面意义来达到某种思想的发话行为，主要作用是描写某种事情、过程或状态，提供各种信息等。这种行为的语句可称为述事话语。

（2）言外行为，除字面意义外，还伴随着说话人强烈的心理意向，如承诺、请求、指令、宣告、威胁等。这些主观意图可以由行事动词在话语表层显露。如：我命令你马上出发 / 请你帮帮我的忙 / 我答应你的请求。因而这类话语又称为行事话语。

（3）言后行为，指说话人想通过话语取得某种效果。与前两种行为不同，言后行为与听话人密切相关。所谓的效果是由听话人理解说话人的话语含义之后，做出自己的判断及反应而达到的。如说话人说：“请打开窗！”这是一个表示请求或指令的言外行为。听话人照指示去做，把窗打开了，这时就达到了言后行为。

（五）掌握语用原则

关于语用原则曾经引起过争论，目前讨论的较多的语用规则包括如下两个。

1. 合作原则

合作原则是美国哲学家、语用学家格赖斯 1967 年提出来的。他指出，人们的互相交际总是遵循一定的目的，能互相默契，这之间存在着双方都共同遵守的原则，这样的原则有四条：①质的原则，要求说话人的话是真实的，至少他本人认为是真实的、有根据的，不能自相矛盾或虚假；②量的原则，要求说话人提供给听者的信息量既足够又不超出；③关系原则，要求说的话紧扣话题，同交际意图密切关联；④方式原则，要求话语清楚明白、简洁，井井有条。这四条原则不仅仅是说话人需要遵循的，听话人同样潜在地遵守着，这就是所谓的“合作”。它对任何语用活动都起作用，这已为人们无数次交际实践所证明。

2. 礼貌原则

礼貌原则是同合作原则互相补充的另一个原则，由英国语言学家利奇 1983 年提出。利奇认为礼貌原则包括下面六项：①得体的；②宽容的；③表扬的；④谦逊的；⑤同意的；⑥同情的。这些原则对人们的语言运用同样很重要，人们在交际时总是自觉不自觉地受礼貌规则制约和影响。

思考与练习

1. 什么是语用技能？

2. 学前儿童语用技能发展的特点有哪些？

3. 如何提高语用技能？

4. 什么是语用联想？举例说明语用联想的方式。

第二节 语用技能训练

训练目标

1. 了解幼儿教师教育、教学、交际口语的特点。

2. 了解幼儿教师所必须具备的完成教育、教学、交际的语用技能。

3. 通过教师语用技能的学习与训练，努力提高自己的语言表达能力，使自己成为一名真正合格的幼儿教师。

理论基础

一、幼儿教师教学语言环境下的语用技能训练

幼儿教师的教学语言是经过转化的书面语和经过优化的口头语的结合，同时也是规范化和儿童化相结合的一种比较独特的教学用语。

（一）幼儿教师教学用语的特点

在日常的幼儿教学活动中，幼儿是否能主动、愉快地参与到活动中来，并且注意力高度集中地将活动进行到底，在很大程度上取决于教师的教学口语。对于一位优秀的幼儿教师来说，教学语言必须具备以下特点。

1. 趣味直观，生动形象

人的语言发展与思维有着密切的关系。幼儿思维主要是凭借事物的具体形象或表象进行的，因此具有形象性的特点。幼儿常用自己体验的直接经验来理解语言的含义，教师要运用有形、有声、有色、有动感、有情感的语言才能唤起幼儿对具体事物的真切感知。因此，幼儿教师的语言必须生动有趣、直观形象，使语言具有高度的具象性，应当多使用叠音词、摹色词、感叹词、语气词和比喻、拟人、对比、夸张等修辞方法，使语言具体形象、生动活泼。

案例

“小朋友们，你们知道今天是什么日子吗？今天是阴历腊月初八，食堂里的叔叔阿姨们，给你们做了一锅香喷喷、热腾腾的腊八粥，好吃极了！粥里有红红的枣、黄黄的豆，还有……你们看看还有什么？”

这段话运用了“香喷喷”“热腾腾”等叠音词和“红红的枣”“黄黄的豆”等摹色词，使语言声音和谐悦耳、色彩鲜明。

案例

“小朋友闭上眼睛，听听窗外的雨声像什么呀？哗哗——像小河在流，滴答滴答——像钟表响。睁开眼睛看看雨像什么呀？像梳子一样密，像针一样细，一串一串多像穿起来的珍珠！往远处看，还像一道门帘子。”

这段话运用了“小河在流”“钟表在响”来比喻下雨的声音，用“针一样细”“穿起来的珍珠”“门帘子”来形容雨的形状，具体而又形象。

案例

“孙悟空用金箍棒对着水晶宫大殿里的柱子，用力一扫，只听‘喊哧咔嚓，稀里哗啦’，怎么回事啊？大殿的柱子都折了，水晶宫眼看要塌了。孙悟空‘噌’地一下跳出水晶宫，翻了个跟头，不见啦！”

这段话运用了“喊哧咔嚓，稀里哗啦”“噌”等几个象声词，描摹水晶宫即将倒塌的情景和孙悟空腾空而起的动作，富有动感和画面感。

2. 通俗明了，浅显易懂

从幼儿口语发展的特点看，幼儿是先听懂成人的语言，而后学会运用语言进行交际的。因此，幼儿能听懂的话比能说出的话多，幼儿掌握的“消极语汇”比“积极语汇”多。一般来说，幼儿所掌握的语汇中，实词多，虚词少；口语化的词汇多于书面化的词汇；表现具体概念的词多于表现抽象概念的词；运用的语言句型结构简单，单句多于复句，语句中附着成分较少。所以，幼儿教师的语言必须通俗明了、浅显易懂，首先要让幼儿听懂，然后在不断丰富幼儿语汇的同时，创造条件让幼儿学会运用这些语言。在对幼儿的教学活动中，通俗明了、浅显易懂可以从以下两方面来体现。

（1）以浅代深或省略艰深的词。在教师的教材中，包含了许多成人的语言，教师在运用教材时应考虑教学对象的特殊性，将成人语言改为儿童语言，使之尽量口语化，以便幼儿理解接受。

案例

故事《陶罐和铁罐》片段

……

“我就知道你不敢，懦弱的东西！”铁罐摆出一副轻蔑的神气。

……

“住嘴！”铁罐愤怒地喝道：“你怎敢和我相提并论！你等着吧，要不了几天，你就会破成碎片儿，完蛋了！我却永远在这里，什么也不害怕。”

“何必这样说呢，”陶罐说：“我们还是和睦相处好，吵什么呢！”

……

如果按照故事的文本给幼儿讲述故事，其中的“懦弱”“轻蔑”“相提并论”“和睦相处”等词语就过于书面化，不适合讲述。同时艰深的词语也会使幼儿难以理解，如果将它们改为“胆小”“瞧不起”“相比”“好好相处”等，就显得比较通俗浅显并且更口语化，幼儿理解接受起来就容易多了。

（2）将长句分割为短句，保留原意。对幼儿说话应多用单句，句式短小，句型简单，一句话大约五六个音节，最多不超过 10 个音节。如果句式冗长或修饰成分过多，幼儿不仅听起来吃力，甚至还会听了后半句而忘了前半句。因此，教师在教学中应尽可能将长句分割为短句，使句子的原意清晰明了。

案例

“下面十六个方格内画着四个月亮和四颗星星，怎样将十六个方格分成面积和形状完全相同的四块，而每块中必须要有星星和月亮的图案各一个？”

“下面十六个方格内，四格画着月亮，四格画着星星。把十六个方格画成四块，每块大小样子都一样，又都有月亮和星星，怎样划分？”

上面两段话，用不同的句式表达同样的语意，前者用的是长句，每句分别是 19 个音节、22 个音节、19 个音节，后一句改为短句，每个句子的音节不超过 10 个。修改后语意清晰明了，符合幼儿的听力要求，幼儿接受起来就更容易。

3. 得体规范，富于启发

幼儿教师的教学口语要求得体规范，包括教学语言的规范和教学内容的规范。

教学语言的规范首先是指语音的规范。教师必须使用普通话进行教学，发音准确，避免受方言的影响。比如有些南方方言区的幼儿教师分不清前后鼻韵母，“盼盼”和“胖胖”混淆，“上船”和“上床”不分；有些幼儿教师或受方言影响，或受港台影视文化的影响，把轻声词重读，如“明白”“清楚”“麻烦”“漂亮”“妈妈”等，还有一些幼儿教师盲目模仿港台腔、明星腔，说话嗲声嗲气，语调过轻过柔，形成一种固定腔，如“你好好漂亮呀！”“我好好感动哦！”“丁丁的画画得很不错的耶！”。这些都是违反语音规范的表现，在教学中应该杜绝这种现象。

其次是词汇的规范。幼儿教师在遣词造句时要注意选用规范的普通话词汇，不能使用方言、生造词、网络词以及娃娃词等，比如把“汽车”说成“车车”，把“饭”说成“饭饭”；或者使用一些时髦的网络词语，如“帅呆了”“酷毙了”“酱子（这样子）”“你造吗（你知道吗）”，以及像“哇噻”“耶”之类的感叹词的使用。这些不规范的词汇如果用到课堂教学中，显然是不合适的，一方面，不规范词语的使用对幼儿的影响极坏，将直接影响到他们将来的学习；另一方面，使用不规范的语言，也将影响教师自身的身份。

最后是语法的规范。幼儿教师的教学语言要合乎语法规范，给幼儿正确、规范的示范，使幼儿养成良好的说话习惯和学会正确的遣词造句。有的教师在教学中有时会用一些方言的语法来表述，比如，有的老师说“你有去过公园吗？”“你有吃饭吗？”“外婆有来过我们家吗？”等等，这些说法都是不规范的。

教学内容的规范是指幼儿教师所传授的知识必须符合科学的规范。教师必须遵循科学规律，用准确严密的语言表达客观事物，使幼儿获得对客观事物的准确认识。

除此之外，教师的语言还必须具有启发性。教师富于启发性的语言是开启幼儿智力，调动幼儿学习主动性、积极性的有效手段，有助于幼儿获取新知识并令他们充满成就感和满足感。

幼儿时期是学习语言的关键时期，教师的教学语言除了给孩子起到示范作用外，还有先入为主、潜移默化的作用。教师教学语言的优劣，直接影响到幼儿语言的学习，甚至会影响到他们今后的语言的发展。因此，幼儿教师要特别重视教学口语的运用，为幼儿提供模仿的优秀范例。

（二）幼儿教师教学语用技能训练

1. 导入语训练

导入语是教师根据活动内容和组织形式的需要而精心设计的一段开端语。一段好的开端语能够吸引幼儿的注意力，激发幼儿的学习兴趣，使教育、教学活动顺利开展，并给幼儿留下深刻印象。开端语的形式要生动、活泼、有趣，语言要简洁明快，具有趣味性、艺术性、感染力。具体要求如下：

首先，要新颖有趣。新颖有趣的导入语能激发幼儿的求知欲和学习兴趣，如“今天，我们班来了一位小客人”。新颖有趣的导入语能使教学气氛活跃，师生情感默契。

其次，要针对主题活动。好的导入语既能吸引幼儿的注意力，又能马上切入主题。这需要老师在设计时一方面要考虑幼儿的年龄特点、心理状态等因素，另一方面能根据教学内容的需要，妥善处理好教学对象和教学内容之间的关系。导入语不能游离于教学内容之外，否则，一开始就把孩子弄得云里雾里、不知所措，必将影响教学的效果和教学任务的完成。

最后，要短小精悍，富有艺术性。幼儿教师的导入语常常因形式的需要而使用一些情景性的语言，这是一种艺术语言，要把握好分寸，以形象感人。同时必须明确，导入语是为集中幼儿注意力、引出活动内容而设计的，虽很重要，但不能太长。因为幼儿注意力集中的时间本来就短，如果活动的开头占用较长的时间，待进入主要内容的学习时，孩子注意力已开始分散，这将影响学习活动的深入进行。

常见的导入语有以下几种形式：

（1）教具导入。教具导入是幼儿教学活动中使用频率最高的一种。因为它最符合导入语新颖、短小、有艺术性、直入主题的特点。可以作为教具的有玩具、图片、实物等。

案例

师：小朋友，我这儿有一顶非常奇怪的帽子，你们看（出示一顶警察帽），这是一个妈妈因为哥哥一连考了很多5分才送给他的奖品。可是不知道为什么这帽檐儿老是掉下来，妈妈把它缝了又缝，它老是坏。你们想知道这其中的秘密吗？那现在我们来欣赏一首诗歌《帽子的秘密》，看谁听一遍就能把秘密告诉大家。

这段导入语直入主题，目的性很明确。教师利用教具，向幼儿呈现真实的物品，立刻抓住了孩子们的注意力，增强了孩子们急于了解诗歌内容的兴趣，激发了幼儿的求知欲望。

（2）谈话导入。谈话导入是通过教师和孩子之间的问与答来实现的，其特点是直接、明了，通过师生间的互动来活跃课堂的气氛。

案例

手工《服装设计师》（大班）

师：昨天，我们小朋友欣赏了模特走秀，看到了很多漂亮的衣服。你们知道这些漂亮的衣服是谁设计的吗？

幼：服装设计师。

师：今天我们也来做一回服装设计师，为模特儿设计服装。你们想设计什么样的服装呢？

幼：我想设计一条连衣裙。

幼：我想设计一件短袖。

幼：我想设计一件长袖。

师：（出示服装模板，有长袖、短袖、连衣裙等）我们今天要用不同的材料来设计和装饰这些服装。

教师采用和幼儿对话的形式导入活动主题，目的明确，使孩子了解自己要做什么，从而把他们内在的积极性充分调动起来。

（3）木偶表演导入。木偶表演导入是借助木偶为表演媒介的一种方法，其特点是将声音、形象、动作结合在一起，使导入直观有趣。

案例

添画《可爱的小羊》（小班）

师：（演示木偶）大家好！我是羊妈妈，今天早上我带着我的孩子们去找青草，可是找了老半天也没找到一块草地。瞧，（出示范例用图）我们的小羊都饿坏了！这可怎么办呢？

师：（以小朋友的口吻）别担心，羊妈妈！让我们画许多许多嫩嫩的青草给您的孩子们吃吧！

教师用木偶表演的形式直接导入教学活动，以角色表演的口吻和幼儿进行对话，语言生动、有趣，特别适合小班的孩子。

（4）故事导入。故事导入法即以孩子们感兴趣的故事导入新课的学习。

案例

数学活动《排序》（大班）

师：喜羊羊有一片很大的果园，秋天到了，果园里的苹果丰收了。喜羊羊邀请它的伙伴们帮助它一起采摘苹果。正当大家快乐地劳动着的时候，细心的慢羊羊发现不远的地方，灰太狼正躲在一棵大树背后偷看羊儿们的一举一动。原来懒惰的灰太狼不爱劳动，却很想尝尝苹果的滋味。

为了防止灰太狼趁机偷走它们的劳动果实，羊儿们决定连夜把苹果装上火车，运到一个安全的地方。

现在，它们分别把苹果装上了 3 列火车，我们一起去看一看吧。

案例中，教师为了使幼儿对数学感兴趣，精心设计了一个故事，使孩子们的思维在不知不觉中进入数学活动的状态。

（5）游戏导入。游戏导入是在教学中从简单的游戏入手，其特点是生动活泼，突出了幼儿的直接感受，幼儿在兴奋的情绪中，主体性得到最大限度的发挥，思维也就进入积极主动的状态。

案例

数学活动《杂货店》（大班）

师：我是魔法师，把坐在这边的小朋友变成了钱，男孩是 1 元钱，女孩是 2 元钱。这边的小朋友是杂货店的商品。你是 3 块钱的一包糖果，（给孩子一张数字 3 的卡片，后面类推）你是 5 块钱的一本书，你是 7 块钱的一顶帽子，你是 10 块钱的一双拖鞋。再请一位小朋友做钱的主人，你要用这些钱去杂货店买东西。现在，先请你们用 3 块钱去买一包糖果，你们该怎么买呢？

幼：三个男孩在一起就是 3 块钱，可以买一包糖果。

幼：一个男孩和一个女孩在一起也是 3 块钱，可以买一包糖果。

师：对了，杂货店里还有很多商品，有 5 块钱一本的书，有 7 块钱一顶的帽子，有 10 块钱一双的拖鞋。现在，主人带上钱去杂货店买东西吧。

这个案例中，教师将幼儿带入了一个有趣的童话世界，孩子们一个个都成了童话世界里的人和物，人人都积极主动地参与到活动中去，思维活跃。游戏导入的形式比较受幼儿的欢迎，寓教于乐，幼儿在游戏中自然进入学习情景。但是教师在运用游戏导入法时要注意语言准确、简洁、条理清晰，要讲清游戏规则，以便幼儿有序地进行游戏。

（6）猜谜导入。猜谜导入就是教师根据活动内容的性质和需要选择谜语，通过猜谜、揭晓谜底，激发幼儿对活动内容的好奇心。

案例

猜谜语《影子》（大班）

师：今天，先请小朋友猜一个谜语，请仔细听，谜语是怎么说的，知道答案的小朋友请你到老师身边来轻轻告诉我。“一只大黑猴，斜靠在墙头，千人拉不起，一人牵着走。”请大家猜一猜，这大黑猴是什么？

幼儿对猜谜语很感兴趣，所以猜谜导入很容易把他们的积极性调动起来。教师运用这一方法时要注意两点，第一是要等大多数幼儿加入了猜谜活动、思维活跃起来之后再揭晓谜底；第二是谜面的语言最好精炼而富于形象，可以是诗歌，也可以是通俗易懂的故事。如谜语《影子》可以这样说：“我有一个好朋友，经常和我在一起，有时它在我左边，有时它在我右边，有时它在我前面，有时它在我后面，有时它和我捉迷藏，找来找去找不着。请小朋友们猜一猜，我的这个好朋友是谁呢？”

总之，导入语有很多的形式，运用哪一种，怎样运用，需要根据教学内容、教学对象和一定的教学场景来决定，需要教师进行科学设计和灵活处理。

2. 提问语训练

提问语是教师为了激发幼儿的学习兴趣，引发他们的思考，也为了了解幼儿对事物的认识能力及思维过程而设计的一种教学用语。它在整个活动过程中起着举足轻重的作用，是老师和幼儿之间和谐交流的关键。教师要想达到沟通和交流的理想效果，就必须了解提问对象的年龄特点、知识面、兴趣点、接受能力等；同时还要认真钻研教材，分析教学内容跟教学对象之间的关系，弄清哪些是幼儿学习的重点和难点，合理设计提问语。

（1）开放性的提问语。所谓开放性的提问语，即可以引发幼儿广泛讨论的问题。这些提问语主要是引导幼儿根据自己的理解来发表自己的观点，展开热烈的讨论，使幼儿在综合比较中认识事物。

案例

欣赏诗《帽子的秘密》（大班）

师：你们还有什么地方没听懂？听了这首诗，你有什么想法？

幼：什么是抛锚？

幼：船坏了。（很多幼儿都会认为是这一观点，理由是汽车坏了就叫“抛锚”。）

师：在这首诗歌里“抛锚”是船坏了的意思吗？

老师请小朋友们再听一遍跟“抛锚”有关的诗句。

师：你们知道“锚”是什么吗？现在知道“抛锚”的意思了吗？

幼：把“锚”抛到水中，船就停下了。

这些提问能促使各方面能力处在不同发展水平的幼儿的积极思考，并且让他们有问题可提，有话可说。

案例

欣赏散文《太阳》（中班）

师：你们有什么问题想跟大家一起讨论的吗？

幼：太阳怎么能给小花猫送一个暖烘烘的梦呢？

师：是啊。那么，你们知道是怎么回事吗？

幼：这句话不对，等太阳下山天黑时才睡觉，才会做梦。

师：小花猫晚上捉老鼠，白天才睡觉。

通过提问讨论，幼儿对这一问题有了深刻的印象，他们明白了考虑问题应该根据事物的特征入手，应该有针对性地看问题，不能只从表面去判断。

应该注意的是，使用开放性的提问语，应尽可能让幼儿成为主角，先让幼儿互相解答，然后再作补充或纠正。幼儿间的适度的解答既可以满足幼儿求真、求知的心理，又能丰富幼儿的词汇，此外，通过鼓励他们互相学习，还能促进幼儿语言及逻辑思维能力的发展。

（2）激发想象的提问语。这种提问常常利用文学作品中有利于幼儿想象的因素而提出。幼儿听了这种问语，一般需要摆脱文学作品原有情节的束缚，积极思考，按照自己的生活经验进行合理想象，最后多角度地回答问题。

案例

欣赏散文《落叶》（中班）

师：这些树叶还会落在哪里？谁会看见？会把它当作什么？

幼：树叶落在屋顶上，麻雀妈妈看见了说“给我的小宝宝当被子”。

幼：树叶落在河里，河马看见了，把它当作口罩。

幼：树叶落在地上，大象用鼻子把它卷起来当口琴吹。

幼：树叶落在森林里，大狮子走过来，把它当作飞盘玩。

这种提问语能使每个幼儿发挥自己的想象，大胆说出自己的想法，从而获得成功、愉悦的体验。

（3）便于换位思考的提问语。这种提问语一般是为了帮助幼儿正确理解作品中真、善、美或假、恶、丑的形象，将幼儿假想成作品中的人物，用换位思考的方式去体验角色的行为及其心理过程。

案例

欣赏童话《狐狸和兔子》（大班）

师：假如你是兔子，碰到这样的事怎么办？

幼：等狐狸睡着时，我悄悄从烟囱里爬进去，用粗木棍把它打死。

幼：我请来好朋友一起拿着武器去对付狐狸

幼：我把门反锁，让狐狸出不来，在里面饿死。

由于这种提问语把幼儿假想成作品中的某一人物，幼儿沉浸在角色之中，富有想象和创造性的回答便会接连不断。这种提问语能使幼儿较为准确地理解作品内容，体味作品中角色的情感，还能锻炼语言表达能力。

（4）填空式提问语。这种提问语是指教师把问语设计成像试题中的填空题，教师发问，请幼儿填空。

案例

欣赏诗歌《蛤蟆大姐穿新衣》（大班）

师：谁见了把头摇？

幼：小兔见了把头摇。

师：谁的肚子鼓啊鼓？

幼：青蛙肚子鼓啊鼓。

师：谁的眼睛斜一斜？

幼：小狗眼睛斜一斜。

这类问题难度较低，便于幼儿迅速记住诗歌的原文，在诗歌教学中经常使用。

（5）环环相扣的提问语。这种提问语是教师根据教学内容的内在联系，为达到教学目的而精心设计的。其特点是由浅入深，引导幼儿一步步解决问题，便于幼儿在加深思考的基础上深入理解教学内容。

案例

5以内的减法（大班数学活动）

师：（出示猫和鱼的图片）小猫原来有几条鱼？吃了几条？还剩几条？算式怎么列？算式中的每个数字表示什么？

教学中的不少难点，需要分步骤才能解答清楚，运用环环相扣的提问语由浅入深，逐步引导，在问和答的间隙中为幼儿留下更多的思考余地，便于幼儿逐步理解和掌握所学的内容。

（6）两物相比的提问语。这类提问语是在对两种事物进行比较时使用的，用于分析、比较两个事物之间的相同点和不同点。这类提问语在科学常识教学活动中经常使用。

案例

梅花鹿和长颈鹿、家畜和野兽（大班科学活动）

师：梅花鹿和长颈鹿有哪些地方相同？哪些地方不同？

幼：梅花鹿和长颈鹿，它们都有四条腿，有蹄，跑得快，性情温顺。但它们的外形不同，皮毛也不同。

师：家畜和野兽有什么相同的地方？有什么不同的地方？

幼：家畜和野兽，它们身上都有皮毛，有四条腿，一条尾巴，都能直接生出小宝宝，生下来的小动物都要吃奶。但它们住的地方不同，野兽住在森林里，家畜住在人搭的棚子里。

这种提问语可以训练幼儿的分析、归纳能力，锻炼幼儿的求同思维和求异思维。

3. 讲授语训练

讲授语一般是在活动进行到幼儿操作前或教师介绍游戏方法时讲的话。讲授语要求条理清晰、语言简洁，切忌繁杂、冗长。讲授语要突出重点，让幼儿能听懂教师说话的中心意思。根据幼儿的身心特点，很多情况下教师应该边示范边讲解，这样可以获得较理想的教学效果。

案例

实验“什么东西能吸水”（大班）

师：老师在每一组的桌上放了木塞、锡箔纸、泡沫、木头、萝卜、棉花、海绵、方糖（边讲边出示实物），还有一盆水，每人选择两件物品放入水中。把观察到的结果记录在表格上（出示记录表），放入水中的是什么东西就把它的名称写在“物品名称”一栏，不会写字的用图画记录（示范）；“收集人”一栏写上自己的名字（示范）；“能否吸水”一栏根据你看到的结果，“能”用√表示，“不能”用X表示，“不确定”用？表示（示范）。

实验是幼儿科学活动的主要内容之一。该教师进行实验指导的讲授语简洁、明确，要点突出，条理清楚，按照实验和记录的操作步骤一边示范一边讲解，语言自然连贯、通俗易懂，使幼儿一听就明白自己应该怎么做。

案例

数字比大小（中班游戏）

师：它是数哥哥，要找比它小1的数弟弟，请小朋友看看自己是不是它要找的弟弟，是的话，把自己的数娃娃赶快贴到黑板上。

这位教师的讲授语采用拟人化的手法，把枯燥的数字教学转化成由幼儿参与的快乐的游戏。语言简洁、生动活泼。该教师把原本指令性的语言以游戏的方式说出来，

使幼儿在愉快的情绪中比较了数字，分清了数字的大小，教学活动充满了童趣。

案例

学习5的组成（大班游戏）

师：我们来做“猴子揪尾巴”的游戏，每人身后挂一条尾巴，上面有1–4的数字（出示手中的尾巴），请小朋友先看清自己尾巴上的数字是几，然后去揪和自己数字合起来是5的尾巴。比如，自己尾巴上的数字是2（出示数字是2的尾巴），就去揪数字是3的尾巴（出示数字是3的尾巴）。看谁既揪到别人的尾巴，又不让自己的尾巴被揪。

在幼儿园中，经常会利用游戏的方式进行教育、教学，教师往往先把整个游戏过程讲解一遍，然后再让幼儿开展游戏。这个教师在数学活动中设计了需要全体幼儿参与的活动性游戏，讲授语重点突出、要求明确。重点是“几和几合起来是5”，要求是“既揪到别人的尾巴，又不让自己的尾巴被揪”。讲解时条理清晰、言简意赅，教具演示得当。

案例

吹出来的画（中班美术活动）

师：先把吸管的一头放入墨水瓶中（示范），用食指封住管口取水。用力吹，颜色水流得快而远，好像一朵菊花；轻轻吹，颜色水就流得慢而近，好像一朵小花。换一种颜色吹，用力大一些，两种水色碰在一起，呀！真奇怪！变出了另一种颜色。

这个教师在美术活动中的讲授语仅短短几句话，但把作画的程序、关键之处点拨得非常明确，语言简练、形象。用比喻来描述画面上的图案，显得生动、活泼、富有情趣，能吸引幼儿的注意力。“呀！真奇怪！”这个感叹句的使用，能激发幼儿表现美、创造美的强烈愿望。

4. 过渡语训练

过渡语是教学过程中从一个环节到另一个环节的连接用语。它往往和评价语连在一起使用，在教学过程中起着承上启下的作用。过渡语短小精悍，有时是一句要求，有时甚至只是一个感叹词。巧妙的过渡语能唤起幼儿的学习热情，使教学活动从一个环节顺利转向下一个环节。

案例

几何形娃娃过生日（中班数学活动）

师：小朋友们真能干，躲起来的几何图形都让你们找出来了。现在正方形娃娃要表演一个节目，请小朋友们来变魔术。给你们一张正方形纸，想办法变出许多图形朋友来。

这段过渡语承上启下，既肯定了幼儿上一环节的学习，又巧妙地用“变魔术”

引出下一个学习内容。同时，教师提出了新内容的学习要求："给你们一张正方形纸，想办法变出许多图形朋友来。"语言自然、前后贯通，既有整体感，又有层次感。

案例

找蛋（中班音乐活动）

师：母鸡下了那么多的蛋，我们把鸡蛋送到娃娃家给小娃娃吃。

这是一个教师在组织一次音乐活动中的过渡语。前一个环节教师教幼儿学习了"找蛋"的音乐游戏，后一个环节是复习歌曲《办家家》。教师只用了一句话，就巧妙机敏地把两个内容串联成一个游戏情节，使教学活动从轻松愉快的游戏环节过渡到了练习唱歌的环节，让幼儿的情绪情感始终处在愉悦的游戏的情景之中。

案例

风爷爷（中班音乐活动）

师：风爷爷的好朋友来了，他是谁呢？你们听老师唱一首歌就知道了。

这是一个音乐教师在课堂上的一段过渡语。此前，幼儿在音乐的伴奏下，有的扮演风爷爷，有的和风爷爷玩耍，一遍遍轮换着角色愉快地玩着音乐游戏。教师突然说了以上的过渡语后，幼儿很想知道谁将加入到他们的游戏行列之中。教师正是抓住了幼儿的这种好奇心，精心设计了以上过渡语。当幼儿期待这个风爷爷的好朋友出现的时候，教师唱起了歌曲《小雪花》，使活动顺利地进入欣赏歌曲的环节。

5. 结束语训练

结束语是指在活动结束前教师所讲的话。结束语可以是教师在活动前设计好的，也可以是教师现场组织的。结束语可以是对活动内容的归纳总结，对幼儿参与本次活动的评价；也可以是为拓展幼儿的思路，将活动内容向课外延伸而向幼儿布置的回家后要完成的任务等。结束语要做到重点突出，切中要害 。

案例

小小演奏家（中班音乐活动）

师：今天我们用纸盒、橡皮筋、铁罐、豆子、筷子、瓶子做成打击乐器，还演奏了乐曲《小星星》，回家后再想想，还有哪些材料也可以做成打击乐器，动手试一试，再邀请爸爸、妈妈一起演奏乐曲。

幼儿对这次探索活动似乎意犹未尽，该教师用上述结束语既归纳了本次活动的主要内容，又把活动内容因势利导地延伸到了家庭，把家、园紧紧地联系在了一起。回家以后的再实践，不但能扩大幼儿的知识面，培养他们的思维能力和动手能力，而且能激发他们的创造力。

案例

圆圆商店（中班游戏）

师:（放录音）圆圆商店现在要关门了，明天请小朋友再来我们商店买东西。小朋友再见!

这是教师在活动前精心设计的结束语。活动结束前的环节是比较松散、自由的购物活动，而教师自己的角色是营业员，通过事先录制好的结束语用放录音的形式结束活动，可以使幼儿自始至终沉浸在快乐的游戏里。对教师来说，可以借机结束自己在游戏中的角色，抽身继续组织接下来的活动。这样的结束形式充分体现了幼儿教师的教学艺术和智慧。

案例

兔奶奶的摇椅（大班语言活动）

师:白兔奶奶的摇椅做好了，小黑兔多高兴啊！它想:这下白兔奶奶坐着可舒服了,她不会再东倒西歪了。白兔奶奶坐在摇椅上很舒服也很高兴,它想:小黑兔真懂事,真是个关心老人的好孩子。

这是一个教师在语言活动“看图讲述”结束时设计的结束语。她总结了幼儿在讲述过程中用到的主要词句，起到了复习巩固的作用。同时，该教师深谙幼儿爱模仿的心理，不是直白地要求幼儿向小黑兔学习，做个关心老人的好孩子，而是巧妙地借白兔奶奶之口,以白兔奶奶对小黑兔赞扬的方式激励幼儿,对幼儿进行道德教育,这样的说理充满了艺术性。

二、幼儿教师教育环境下的语用技能训练

语言是交流思想的工具，是知识信息的载体，是打开知识宝库的钥匙。语言在儿童心理发展中起着重要的作用。幼儿教师的教育口语，是教师在对幼儿进行日常行为规范教育、引导幼儿树立正确是非观的过程中所使用的具有说服力、感染力的工作用语。著名的教育学家苏霍姆林斯基说:“在你拟定教育性谈话内容的时候，你时刻也不能忘记，你施加影响的主要手段是语言，是通过语言去打动学生的理智与心灵的。”可见在教育过程中，掌握教育口语是每个老师完成教育任务，达到所期望目标不可或缺的一项基本功。

作为一个幼儿教师，其所教育的对象是幼儿。在日常的教育、教学中，引导幼儿观察周围世界、探究周围物体，引导幼儿进行分析比较，使其养成良好的行为习惯的同时，总是伴随着幼儿园教师的教育口语。但由于幼儿年龄小，认知水平低，决定了教育口语必须遵循幼儿的身心发展特点,符合幼儿的年龄特点,注重个体差异,因材施教，还要善于发现幼儿点滴情感、情绪的变化，适时地进行教育。

《幼儿园教育指导纲要（试行）》指出：幼儿园“社会领域的教育具有潜移默化的特点。社会态度和社会情感的培养尤应渗透在多种活动和一日活动的各个环节之中”。因此，幼儿德育教育应以情感教育和培育良好的行为习惯为主，并贯穿幼儿的生活及各项活动之中，要注重对孩子潜移默化的影响。

教师在对幼儿进行教育的同时，要注意不能简单地说教，要把对幼儿的教育渗透在幼儿的日常生活、与同伴及成人的交往中，善于在不同的教育情境中，运用恰当的语言进行引导和沟通，从而使教师的教育达到事半功倍的效果。

（一）幼儿教师教育情境下语言运用的原则

幼儿教师的教育口语必须遵循以下几个原则。

1. 民主性原则

《幼儿园教育指导纲要（试行）》中明确指出：“创造一个自由、宽松的语言交往环境、支持，鼓励、吸引幼儿与教师、同伴或其他人交谈，体验语言交流的乐趣，学习使用适当的、礼貌的语言交往。”因此，在教师进行教育的过程中，要努力营造一个平等、的民主的教育氛围，能够使幼儿大胆地表达，以便教师了解幼儿的情绪、情感状态并有的放矢地进行教育。

2. 情感肯定性原则

幼儿虽然年龄小，但也是一个独立的个体，有自己的思想。在教育过程中，我们倡导幼儿教师要蹲下来倾听孩子的心声。这个“蹲”字，不仅仅指的是肢体方面：教师要照顾到幼儿的年龄特点，在进行教育的时候蹲下来跟孩子的眼神平视，能够缩短幼儿与教师之间的心理距离。更重要的是指教师要善于换位思考，站在孩子的角度去理解和看待问题，尊重、肯定孩子。这样能使幼儿产生一种被接纳的情绪体验，激发幼儿形成积极的自我意识，促进自我完善，并使幼儿形成一种驱动力，学会正确地评价自己、了解自己，从而增强自信心。

3. 浅显易懂性原则

由于我们教育对象的特殊性，教育过程中的教育语言要符合儿童认知发展的水平和特点。幼儿的年龄小，思维是以具体形象性占优势，各种心理过程的有意性，如有意注意、有意记忆等还没有充分发展起来，对行为的自我调节、自我控制能力比较差。所以在教育过程中，内容浅显的、直观的、生动的、具体的事物更能为幼儿所感知和理解。幼儿教师要善于运用口语手段，创造直观的形象，用幼儿易懂的语言来帮助幼儿理解抽象的道理。

4. 针对性原则

在教育过程中，只有当教师的教育语言具有针对性时，才能引起受教育者的关注而产生效果。幼儿教师要根据幼儿的性格、兴趣、爱好等，用多种方式对他们进行教育。针对不同的教育环境，不同气质秉性、不同年龄特点的幼儿，应采取不同的教育语言。特别是在日常生活中，教师要善于发现幼儿存在的问题，要针对性地启发幼儿并鼓励幼儿自我探索出解决问题的方案，体验成功的快乐。

以上的基本原则并不是孤立存在的，而是互相渗透、相互关联的。幼儿教师只有真诚地感受孩子的童心，才能走进孩子的世界，触摸到他们纯洁的心灵。

（二）幼儿教师教育语用技能训练

1. 沟通语

沟通是指在体察对方特定处境的前提下，迅速选择恰当的表达内容和方式，以争取对方认同或配合的言语策略和技巧。人与人之间需要沟通和交流，更何况在幼儿园。良好的沟通是开启幼儿心灵的一把钥匙，只有不断地与幼儿进行良好的沟通，才能了解孩子的兴趣、爱好、情感特征及心智发展水平，洞察到孩子心理想要做的，了解他们真正的需要，从而及时地调整教育方法和教育策略。积极的沟通可以使孩子感受到老师的关爱，可以拉近师生之间的距离。通过良好的沟通，幼儿才能接纳老师，老师的教育策略才能够真正地予以实施。

沟通包括非语言沟通和语言沟通两只方式，非语言沟通是教师运用表情、动作、体态等传递对幼儿尊重与关爱的信息；语言沟通就是教师运用语言与幼儿进行沟通和交流。随着孩子的日渐长大，对语言的理解能力增强，教师必须掌握一定的语言沟通技巧了解孩子，帮助他们解决生活、学习中遇到的问题。这两种沟通方式相辅相成，但非语言沟通毕竟是辅助性的手段，所以在教育过程中，语言沟通就显得特别重要。

案例1

开学第一天，明明在爸爸妈妈的带领下来到了幼儿园。明明牵着妈妈的手来到了活动室，对一切都显得那么好奇。明明睁大了眼睛东瞧瞧西望望，一会儿摸摸门口的小熊玩具，一会儿看看自然角的小鱼。老师看见了，连忙走过来说："明明，欢迎来到小一班。"听到老师的呼唤，明明的眼里马上流露出了一种不信任的表情，拉着妈妈的手，用力往外拖，一边拉一边说："不要，不要。"

"明明，那儿有一只很可爱的小白兔，我们去看看好吗？"老师说。这时明明明显地被老师的话吸引了，不再牵着妈妈的手往外拉，但是眼里的戒备和不信任依然存在。这时老师没有去拉明明的手，而是转身对妈妈说："明明妈妈，你也想看看这只可爱的小白兔吗？"妈妈连忙点点头说："好啊。"这时老师才对明明说："明明，妈妈也想和我们一起去看小白兔，你带妈妈去好吗？"一听妈妈说也要去，明明于是兴高采烈地一手拉着老师，一手拉着妈妈去看小白兔了。第一次见面就在这样轻松的氛围下结束了。

案例2

新学期开学了，大二班要插进一位新生，这个小朋友是从全托幼儿园转过来的。瞧！他个子高高的，在爸爸的带领下，雄赳赳气昂昂地走入了活动室。老师看到了，连忙说:“小朋友们，这是我们班新来的小朋友，叫小语。”刚才还高高仰着头的孩子，一下就愣了几秒钟，他在想:这位老师真厉害，怎么我不介绍，他就能够知道名字?不过就这么几秒钟时间，老师马上抓住了教育契机。“小语从全托班转过来，生活自理能力很强，每天早晨自己刷牙洗脸，被子都是自己叠的呢。”听到表扬，小语高傲的小脑袋低了下来，抿着嘴不好意思地笑了。“来，小语，请你说说你们全托班孩子的生活吧。”这时小语紧握住老师伸过来的手，走到了活动室中间，开始讲述起来。不一样的幼儿园全托生活，吸引了很多孩子的注意，教师里一下就很安静了。随后，老师用眼神示意小语和爸爸再见，小语朝爸爸招招手就在老师的指导下坐到了小朋友的身边。

从以上两个案例中，我们可以看出老师的沟通语是多么重要。在案例中，两个孩子都面临着尽快适应新环境的问题。幼儿与成人不同，面对新的环境，他们不会主动进行自我调整，这就需要教师及时运用恰当的沟通语，尽快让幼儿消除陌生感，接受教师并克服焦虑情绪，做到高高兴兴上幼儿园。

让孩子克服入园焦虑,对于不同年龄的孩子,教师所使用的沟通语应该有所区别，小小班的孩子，从来没有离开过父母，上幼儿园过集体生活对他来说是人生中跨出的一大步，孩子哭闹或抗拒都是正常的，他们需要有一个适应的过程，而适应的关键在于如何使幼儿与教师、同伴、幼儿园之间建立感情。如果孩子感觉老师就像妈妈一样,幼儿园就不会是想象中那么可怕了。所以在幼儿适应幼儿园新环境的过程中，教师如何恰当地语用沟通语显得尤为重要。在“案例 1”中，教师在运用沟通语的时候，站在孩子朋友的角度，注意仔细观察孩子的喜好，抓住幼儿的兴趣点，寻找共同的话题，吸引他的注意力，使幼儿能够在短时间里尽快对老师产生好感。同时，教师在运用沟通语的过程中，可以寻求家长的协助，运用“顾左右而言他”策略，表面上看是和家长沟通，实际是利用此幼儿独立性增强、愿意帮助成人完成任务的特性，为下一步的活动做良好的铺垫。在“案例 2”中，这个大班的幼儿从气质类型上来说是一个胆汁质的孩子，适应环境的能力较强，但是对新环境有陌生感和抗拒感。老师在新生入园之前，了解了孩子的喜好、性格脾气等特点，沟通语简洁明了，直奔主题，通过寻找孩子身上的闪光点，使孩子在新的集体面前找到自信和认同感。

针对不同的情境、不同的年龄阶段、不同的气质类型的孩子，教师要不断地调整沟通语，这样有的放矢进行交流，就能取得良好的效果。良好的沟通语能够拉近教师与幼儿的距离，增进师生之间的感情。

案例3

莉莉向老师告状，说星星拿走了她的玩具，请老师帮忙解决。老师把星星叫了过来，星星一脸不服气地说："你干吗叫我过来？"老师问："你觉得是为什么呢？你有没有做了什么不太好的事情？"星星歪着头说："我不知道，我没有呀……"

老师又说："那你想想。知道了告诉我你再去玩。"星星马上说："我知道了，我是想帮她拼……""那你有没有把你的想法告诉她？征得别人的同意？""我忘了。""下次要记着好吗？否则别人会生气的。""嗯。"星星点了点头。

幼儿之间容易发生冲突、争执，很多时候都是因为语言和沟通问题。虽然老师也教给孩子自己解决的方法，但是很多时候还是需要老师来帮忙。案例中，星星是个爱面子的孩子，有了错误不太愿意承认，究其原因是怕承认了错误会受到批评和惩罚。针对这样的心理，老师采取的方法是问一些开放性的问题，引导他自己说，让他自己意识到自己的错误行为，并在沟通的过程中让幼儿明白一个道理：勇敢地承认错误并不是一件难为情的事。开放性的问题包括："发生了什么事？""你怎么做了？""后来怎么样的？"等等，这样的互动式交流有利于孩子的表达更加具体全面，也有利于老师了解客观事实，做出正确的判断，帮助幼儿建立正确的是非观。

案例4

点点在幼儿园里总是安安静静地待在一边，老师每次希望了解她心里的所思所想时，孩子总是笑眯眯地点点头或简单地说几个词。但是听点点妈妈说，点点在家里很活泼，愿意和妈妈分享幼儿园的点点滴滴，尤其是把老师的教态模仿得惟妙惟肖，她告诉妈妈自己长大后的理想就是要做一个老师。为了更多地了解点点，老师利用周一的上午和点点进行沟通。老师看到点点到幼儿园了，就一边带着她上楼一边和她聊天："点点，星期六的亲子活动妈妈给你买什么啦？""陶泥。"点点轻轻地说了。老师又问："是买了大块的呢还是小块的？"点点回答："大的。"老师再问："有些什么颜色的？"点点迟疑了一下，说："有黑的，红的，白的，蓝的……"老师继续问："那你回家又做了些什么啊？"点点终于打开话匣子说了起来……

针对不同性格、不同气质类型的幼儿，教师跟他们交流的方式也是不一样的。案例中的点点是典型的黏液质的孩子，该气质类型的幼儿一般比较内向，在情绪方面表现为沉着、平静、迟缓、心境平稳、不易激动、很少发脾气或情感外露。在平时的交往中，表现为沉默寡言，面部表情单一，跟人交流总是点头、摇头或两三个字的简单回答，总是不愿意多说些什么。这样的孩子容易形成勤勉、实事求是的品质，具有坚韧性等特征，但也可能会形成如萎靡、迟钝、消极、怠惰等不良品质。案例中的老师看到了这样的问题，因此鼓励孩子多开口。老师在沟通中，先是提起她感兴趣的事，接着用多个开放性的问题来引导她多说话，并激发更多的话题让孩子能主动地表达。

2. 劝慰语

幼儿在日常生活中遇到各种各样的问题，会因为各种生活细节问题而情绪低落，如小便解出、遇到不爱吃的菜、同伴之间的冲突、意愿不能完成等。这些在成人眼里看似不起眼的小事，往往会影响孩子的情绪，不良的情绪会导致各种消极的行为。因此，教师在不同的情境下运用恰当的劝慰语，就显得尤为重要。真诚、恰当、及时的劝慰语能够安抚幼儿的不良情绪，化解幼儿心中的消极情感，达到鼓励幼儿以积极的状态投入活动中去的目的。

案例1

起床了，老师招呼小朋友穿好衣服到盥洗室里解小便。小朋友三三两两地走到了盥洗室。

“老师，玲玲不起床。”一个小朋友大声地叫着。玲玲涨红着脸，紧紧地捂住被子，眼泪在眼眶里打转。保育员李阿姨看见了，急忙催促他：“你快点起床呀，怎么还坐着？”玲玲低头不说话。李阿姨又叫着：“快点起来有没有听见？怎么还坐着！”玲玲抿了抿嘴巴，把被子裹得更紧了。小朋友们也都围了过来叫着：“起床了，起床了，你干吗还坐着啊？”玲玲低着头，眼泪再也控制不住了，“哇——”的一声哭了出来。

李阿姨听到哭声走了过来，她把小朋友都赶开了：“你们别凑在一起了，快点到外面去吧。”又冲着大哭的玲玲说：“说你动作慢，你还哭什么呀，快点啊！”边说边拉玲玲的被子。被子被李阿姨一下给拉开了：“啊，你小便解出来啦！”李阿姨的大叫让玲玲哭得更凶了，她的泪水铺满了脸颊，还伴着汗水湿了一片。

案例中的玲玲遇到的事，是很多小朋友在幼儿园会面临的问题。导致小便解出的原因很多：午睡之前没有解小便，或做噩梦，或对新环境不熟悉，或生理机能没有发育完善等。在事情发生之后，不同的孩子反应是不一样的，有的哇哇大哭，有的赖在床上不起床，有的会把被子偷偷折起来，等等。玲玲很显然是属于第二种类型，内心的焦虑比较明显。李阿姨不仅没有观察到孩子的特别行为，还对她大声的斥责，这让玲玲更加紧张不已。如果此时李阿姨多观察孩子，及时发现她的异常状况，并且从孩子的角度去考虑处理方式，或许结果会不一样。教师首先要做到多观察孩子，敏锐地发现每个孩子的异常行为，然后低调地帮他们解决。这样的方式方法会让孩子内心的紧张感消除不少。

在“案例1”中，幼儿园出现小便解出的情况，在幼儿园比较常见，老师处理这样的问题时可以不点破，给孩子一个台阶下，说一些相关的劝慰语，比如：“今天天很热，出了很多汗，如果下次出汗的时候一定要告诉老师，不然冷风一吹会感冒的。”这样即保留了孩子的面子，同时又传递了这样一个信息：下次遇到这样的情况要告诉老师，不要害怕，捂着会感冒的。这样就可以缓解孩子的焦虑情绪。反之则会形成恶性循环，导致孩子天天解出小便来。

案例2

午餐时间，小班的浩浩刚吃饭没有多久，就转身和小朋友说话，一不小心把饭碗打翻了。碗掉到了地上，饭也洒了一地。浩浩一下子紧张起来，老师看到了马上起身去看浩浩有没有被烫着，阿姨也马上站了起来说："浩浩别踩着，我来扫掉。"可浩浩红着眼睛，站在那里不知所措。老师就带浩浩暂时离开了位置，同时轻声对浩浩说："浩浩，吃饭时跟小朋友说话，不小心（老师故意在这几个字上加重语气）打翻了饭菜是不太好，但是下次注意就行了，你不要难过。以后吃饭要交谈的话要先扶住自己的碗，知道吗？"浩浩点了点头，脸上的表情也松弛了下来。

年龄小的孩子小肌肉动作还未发育完善，很多时候会因为不小心而犯错误。此时的孩子不知所措，内心充满紧张和恐惧，生怕会遭到批评。案例中的浩浩因为吃饭时和小朋友交谈，不小心打翻了饭碗，事件本身是一件小事，但是其结果使浩浩产生了自责的心理。浩浩这样的孩子平时比较自律，一旦出现了过失，很容易产生消极的情绪状态。在进行沟通的时候，老师要从宽慰他的心理出发，认可这件事不是故意的行为。教师在"不小心"这几个字上加重语气，让孩子从心理上接纳老师的劝慰，能心平气和地接受所发生的事件。接着老师又说了原谅他的话，让孩子宽心不少，孩子紧张焦虑的心情得到了释放。最后老师对孩子提出了非常实质性的要求：吃饭的时候要扶住自己的碗。这个要求对于小班幼儿来说非常的明确。对于年龄小的幼儿，教师的语言更需要简单明确，及时对孩子的行为做出客观的评价，并且让孩子易于接受。当孩子可以接受老师的要求时，老师的教育目的也就达到了。

3. 说服语

说服是教师通过摆事实、讲道理，借助言语、事实和示范，把外在的社会角度规范内化为说服、改变对象的道德认知，从而引导其态度或是其行为趋于预期目标行为的活动。说服语就是指教师在教育活动中，讲述生动的事例，阐明正确的道理，影响、改变学生原来的观念和态度，引导其行为趋向预期目标的语言。一方面，在幼儿教育教学中，教师是绝对的权威，经常有家长对固执而又任性的孩子束手无策而向老师求助。另一方面，幼儿也会在与同伴的交往或在自己成长过程中遇到形形色色的困惑，他们喜欢用自己的方式来看待问题，这就需要老师进行说服教育。在使用说服语的时候，必须注意以下几个问题：

第一，教师要明确自己的说服目的，了解并理解幼儿。

第二，对不同性格、不同气质类型的幼儿要采用不同的教育方法。

第三，要充分发挥教师的榜样作用，教师的言行要一致。

案例1

大班学期结束时，班上有小朋友开始陆续换牙了。一天中午，老师和成成聊天时，突然想起成成的牙齿好像还没有掉，于是就问："成成。你还没有感觉到哪颗牙齿在动了吗？"成成说："哦，有一颗有点动了，不知道它什么时候会掉。"老师就让成成张嘴，仔细一看，似乎成成说的有点动的牙齿里面已经有了一点点白色的东西，连忙说："成成，你的这颗牙齿可能要早点去拔掉了，好像里面已经有了新牙要长出来了。"听老师这么一说。成成急忙问："啊，要去医院拔吗？那痛不痛的？要不要打麻药？……"看来成成有点紧张了。老师笑着安慰道："没事，医生拔牙可快了，一下子就拔掉了，不会觉得疼的。"成成似乎还是有点担心。老师又说："别的小朋友也有去医院拔的，你问问他们吧！"成成果然去问了别的小朋友，还特地去漱口，然后再让老师看："您再帮我看看，我真的长新牙了吗？真的要拔牙吗？"

以上案例中，成成因为怕拔牙会疼而紧张，此时老师的表情和说服语言就非常重要。孩子已经表现得有点紧张了，老师就"笑着安慰"，把一件在孩子心理上特别抗拒的事情化解成了简单的事情，在很大程度上缓解了孩子内心紧张的情绪。老师说话的口气也显得十分随意，这也帮助孩子克服了内心的恐惧。在进行说服幼儿拔牙的过程中，教师着重描述事实的真相，把医生拔牙的过程讲得十分简洁明了，减少了孩子对恐惧的想象空间。当孩子对老师的语言还是不太信任时，老师就建议他去问问同伴，这说明老师掌握了孩子的心理。成成是个抑郁质的孩子，这类孩子在情绪方面表现为情感脆弱，易神经过敏，所以老师在说服的过程中，利用同伴影响的作用来进行劝说工作。通过老师的引导，孩子从成人、从同伴那里获得了安全的信息，消除了对拔牙的恐惧心理。

案例2

楠楠的阿姨来接楠楠去学钢琴，可是在幼儿园门口等了半天都没有等到出租车，楠楠的阿姨没有办法只好回到班级里。楠楠看到甜甜的妈妈来了，就请甜甜妈妈顺路送送她。甜甜妈妈很爽快地答应了，可是甜甜还想在幼儿园里玩，怎么说都不肯走，还只管自己跑到草地上去玩了。甜甜妈妈实在没有办法，就请老师帮忙。老师走到了甜甜玩荡秋千的地方，甜甜正在开心地玩着秋千。

"甜甜，你妈妈来接了吗？"

"嗯，我妈妈来接我了。"

"那你怎么还没回去啊？"

"因为我还想玩一会儿，今天的秋千我还没有荡过呢。"

"甜甜，老师有一个忙很想找人帮一帮，你愿意吗？"

"嗯，愿意啊。"

"我的好朋友要急着出去有点事，但是又打不到车，想请你帮忙送一下可以吗？"

甜甜迟疑了一下，"可是我还想玩秋千呢"。

"嗯，你喜欢玩秋千我知道，因为你是我的朋友，你明天早点来幼儿园，我带你来草地上玩也可以的。"

"嗯，好吧，我明天早点来。"

"是啊，因为你是我的朋友，我帮助你，我让你早点来幼儿园，我们多玩一会儿

笔记

秋千，好吗？朋友之间就是互相帮助的呀。”

“嗯。”

“那我的好朋友楠楠野需要帮忙了，你也是她的朋友，你愿意帮助她吗？”

“那好吧！”

甜甜离开了秋千，开心地跑到妈妈身边去了。

案例中的甜甜为了自己玩秋千而拒绝帮助楠楠，老师的说服语更多的是自然状态下的聊天语气，而这种态度的聊天方式，能够让甜甜消除戒备心理，慢慢地意识到帮助别人是一种美德。教师在说服的过程中，谈话层层递进，先从帮助自己的朋友角度出发，被甜甜拒绝，于是就换一个角度，让甜甜得到朋友的帮助，使她感受到被帮助的快乐，从而转换思维去帮助别人。对于甜甜这样一个性格比较自我、比较倔的孩子来说，从另一个角度切入话题劝说她，比直接跟她谈这个话题更有效果。所以教师在和幼儿进行交谈时要注意观察和分析，根据幼儿的性格特点和思维方式来调整自己的交谈内容，这样才会更加具有说服力。

案例3

饭后，孩子们都在走廊上自由分享着自己带来的玩具，突然有人跑到老师面前告状：“老师，冬冬和可可吵架了，你快去看看啊。”老师寻声看去，冬冬和可可涨红了脸，怒目相对，一副谁也不让谁的样子，看状况一定是发生了激烈的争吵。老师走到冬冬和可可面前，还没有说话，小朋友们就七嘴八舌地说开了：“是可可不好，抢冬冬的玩具。”“是冬冬太小气，没有和好朋友一起玩。”“玩具不是冬冬的，他们都抢着玩。”他们这样七嘴八舌以至于老师都搞不清楚了。

于是老师把两位小朋友带离集体，一一发问：“可可，你先说，刚才发生什么事了？”“刚才我问冬冬拿玩具玩，可是冬冬不给，他就想要自己玩，也不分给我玩一下。”

“然后呢？”

“然后，我就去拿了，可冬冬还推我了。”可可边说边用手揉着自己的胸膛。

“冬冬，是这样的吗？”老师转身问冬冬。

“我，我，他没有经过我同意就拿玩具，我还没有同意呢。”冬冬低着头，仍然涨红了脸。

“可是，我已经跟你说了啊，你干吗不同意，又不是你的玩具！”可可不让步。

“嗯，冬冬，玩具是谁的？”老师问冬冬。

“玩具是多多的，我说了好听的话，他才借给我的玩的。”冬冬回答道。

“嗯，多多是个大方的孩子，愿意把玩具和你一起分享，可是可可问你借玩具时，你怎么做了？”老师问。

“我，我没有给他玩。”冬冬又低了头。

“还有其他不太好的动作吗？”

“我还推他了。”冬冬的声音很轻。

“那这样好吗？你该怎样做好呢？”

“我也要把玩具给可可玩。”

“可可，你要向别人借玩具玩该做什么正确的事呢？”老师又转身问可可。

“我应该说好听的话。”可可看着冬冬的玩具，轻轻地说。

“嗯，做一个有礼貌的孩子，你会得到更多的朋友。”老师说：“下次再有这样的事，你们知道该怎么做了吗？”

“知道了。”可可和冬冬连连点头。

幼儿在自主玩耍中，冲突问题明显增多，中班年龄段是同伴交往的关键期，但也是同伴冲突最多的时期。这个年龄阶段的幼儿，活动量增大，但自控能力很弱，交往的技能还不强，所以在与同伴交往的时候往往会产生矛盾。在以上案例中，中班孩子在描述事件本身时，由于每个幼儿的表达能力强弱不一，教师很难从孩子的七嘴八舌中正确了解到事情真相，因而不能做出正确的判断。教师在运用说服语的时候，要明确自己的目的，知道到底要解决什么问题。在案例中，教师通过提问来了解事情发生的原委。问题非常开放：“发生什么事了？”“然后你怎么做了？”“你该怎样做好？”“该做什么正确的事呢？”这一系列的问题，让幼儿既能具体描述当前的事情，也能顺着教师的提问继续话题，给老师更多的关于这事件的信息。如果此时老师的问题不仅限于“是不是？”“对不对？”“好不好？”那就很难了解到事实的全过程，从而无法帮助幼儿真正地解决问题。因此，在幼儿交流过程中，教师要多用开放性的问题去了解事实，帮助幼儿解决问题。

4. 激励语

陈鹤琴先生认为：“积极的鼓励胜于消极的制裁。”在活动中，给予幼儿激励能激发幼儿内在的驱动力。激励语就是教师在孩子遇到挫折、有畏难情绪、自信心不足的时候，帮助他们树立自信心，推动他们向前进的教育语言；也是孩子获得成功体验的时候，鼓励他们向更高目标迈进的教育语言。对于不同的孩子，在不同的情境下，恰当地使用激励语、掌握好激励语的火候是取得良好沟通效果的保证。

案例1

镜头一：小朋友一起在玩抢椅子的游戏，第一轮游戏结束时，男孩子们输了，女孩子们迎来了一阵热烈的欢呼声。比赛的气氛越来越激烈了。奕奕偷偷地跑到阿姨身边，抱住阿姨。由于她的退出大家暂停了比赛，老师问：“怎么了？”话音未落，就有小朋友争着回答：“老师，奕奕怕输，她不想玩了。”奕奕低下了头。老师说：“奕奕，你刚才抢椅子的时候眼睛不断地向后看椅子，抢的时候也非常的迅速，很好啊。”奕奕看了老师一眼，又看了看围成圈的椅子，不作声。老师继续说：“你别担心，抢的时候只要看准目标快速抢占坐上去就可以了。再说如果真的不小心输了，也不要紧啊。”奕奕似乎有些心动了。“来吧。加入到游戏中来，和女孩子们一起努力争取再获胜利，好吗？”奕奕轻轻地点点头，又回到了游戏队伍中。

镜头二：户外体育活动，今天比赛的项目是“障碍接力赛”。奕奕又有点担心了，她稍稍地朝队伍后面走了走。练习的项目中有一个障碍是翻跟头，练习的时候，老师发现很多女孩子都翻不过去，奕奕却轻而易举翻了过去。老师就马上请奕奕给大家做示范：“小朋友，奕奕翻跟头的时候特别的轻快，我们请奕奕来示范一下好吗？”奕奕非常神气地走到了海绵垫边上，以轻快的动作翻了个漂亮的跟头。小朋友们都为奕奕鼓掌。有了信心后，再比赛时奕奕就忘记了“怕输”这回事，非常投入地进行比赛。比赛结束后，她还经常问老师：“什么时候我们进行抢椅子比赛啊？”

激励语较多地是针对那些自信心不足的幼儿而言，因为这些孩子对自己没有信心，不敢面对现实，表现出了怯懦的行为和情绪。针对这类幼儿，教师需要说一些激励他们的话，并运用肯定他们的语气，使他们也能肯定自己的行为，建立自信。更直接的方式莫过于在集体面前表扬幼儿、鼓励幼儿，这会给幼儿带来莫大的鼓舞和动力。适当地运用激励语可以改善幼儿不自信的心理和行为，帮助他们正确地认识自我、树立自信心。

案例2

手工活动结束了，军军拿着自己做的小手工，非常开心地在老师面前走来走去：“老师，你看，我做的手工，怎么样啊？”“嗯，真不错。看得出你是很认真完成的。”老师，我剪这个长条的时候，差点剪破了呢。”“是吗，还好你剪得很仔细、很认真，稍微有点破，也没关系。如果你愿意再试一次的话，就会做得更好的。”“好的，我还要做一张，做得更好。”

孩子在进行活动的时候，很希望得到成人的肯定，以获得一种内心的安慰，但泛泛而谈的激励会产生相反效果，因此，教师在对幼儿进行评价的时候要具体针对幼儿的某个行为。例如，“你刚才剪的时候特别认真。”“你这天线画得很直，看起来很平整。”“你帮妹妹拿了小椅子，是个好哥哥。”等等。同时要给孩子提出努力的方向：“如果仔细一点的话就能做得更好。”这样的评价不仅可以让幼儿非常明确地知道自己好在哪里，而且还能知道自己的不足之处，教育效果因此得以凸显。

5. 表扬语

表扬语是一种对孩子思想和行为给予肯定的评价语言，它可以使孩子们的优点不断得到巩固和发展。恰当地使用表扬语，能够提高幼儿辨别是非的能力，能够满足幼儿被尊重、被肯定、被赞扬的心理需要，带给幼儿积极愉悦的情绪体验，增强他们的自信心和自尊心，激发他们发展自己、完善自我的要求，从而形成积极向上、赞扬他人的健康心态，为其长大成人后形成完善的人格打下良好的基础。表扬语与激励语是一对孪生姐妹，都是对幼儿的行为表现予以肯定的教育方式，目的都是调动孩子自身的积极性。但两者又有所不同，前者是对幼儿行为结果的肯定，而后者在肯定幼儿行为结果的基础上还提出了更高的要求。

在使用表扬语的过程中要注意几个问题：

第一，表扬要恰如其分。

第二，表扬幼儿行为过程而非表扬单纯的结果。

第三，表扬的语气要真诚热情。

第四，表扬的形式不能单一，要有趣，符合幼儿的年龄特点。

第五，表扬不同性格特点的幼儿要使用不同的表扬语。

案例1

豆豆是小小班的小朋友，他进幼儿园有近两周时间了。豆豆平时在家吃饭是要爸爸妈妈喂的，可是幼儿园里有这么多的小朋友，阿姨来不及喂豆豆吃饭。豆豆安静地坐在椅子上，看看忙碌的阿姨，又看看自己的碗，他拿起来自己的小勺子，从碗里挑起了一些饭，慢慢地把嘴凑了上去，吃了一口饭。老师看到了，走到了豆豆面前说："哎呀，豆豆真能干，会自己吃饭了。"豆豆听了更加大口地吃着饭。老师又继续说："要是豆豆能吃一口饭吃一口菜，那就更棒了！"只见豆豆马上把勺子放进了菜碗，捞了一些菜放进嘴里。

案例2

强强是中班的小朋友，由于自控能力较差，经常需要老师提醒，对自己的物品经常无心看管，几乎每天都要满教室找东西。班级选管理水彩笔的管理员，强强举手了："老师，我来做水彩笔管理员。""哦？行吗？每天要整理水彩笔的噢？"

"老师我会的，我一定会的！"看着强强很自信的样子，老师答应了。

强强做了水彩笔管理员。第一天他就主动去翻看水彩笔，不仅把水彩笔排整齐，还把相同的一边全都对齐了。老师看到了，走到强强整理的地方，先看一看排着队的水彩笔，然后对着强强笑眯眯地点了点头，竖起了大拇指。强强有些害羞地低下了头。在集体活动中，老师当着所有小朋友的面对强强说："今天，强强帮我们整理了水彩笔，整理得非常整齐，我们一起为他拍拍手！希望他以后每天都能帮我们把水彩笔整理好！"看着小伙伴们为自己拍手，强强笑了。

以上两个案例中，老师用了两种不同的表扬方式，一是直接对孩子的行为进行表扬，二是运用肢体语言进行表扬。"案例 1"中豆豆是小小班的孩子，他改变了自己的进餐方式，愿意自己尝试着吃饭，老师马上对他的行为进行鼓励，使孩子对自己进餐这件事感到无比的自豪。当幼儿接受了老师的表扬并做出了积极的反应后，老师再对他提出更进一步的要求，孩子就能很自然地接受了。"案例 2"中老师对强强主动承担做管理员的行为非常支持，这也帮助了孩子建立自信心。教师肢体语言的运用更加适合年龄较大的孩子，因为此时孩子们的理解能力加强了，他们会非常关注老师的言行，并对老师的言行做出判断。老师单独面对强强时，对他进行了表扬，也是给强强的劳动成果做出鼓励的评价，让孩子体验到一种成就感。

6. 批评语

批评语是对幼儿不良行为作否定的评价性语言，它的目的是引起幼儿的警觉，自觉纠正缺点或错误，规范行为。有时候，批评得当还能反过来激发幼儿积极向上的动力。批评不是为了宣泄教育者的情绪，不是为了单纯地惩罚孩子，也不是为了教育者的自我满足。教师运用批评语是对孩子错误行为的告诫，是对孩子正确行为的塑造。教师在使用批评语的时候要注意把握分寸，运用恰当的方式方法，实事求是地、平等地对待每一个孩子。每个孩子总是在犯错误中成长，教师要把握好批评的度。幼儿对于是非的辨别能力较低，特别是年龄小的孩子往往以自我为中心，如今的家庭又多是独生子女，往往过分溺爱，形成孩子霸道、自私、不宽容的性格，加上年龄特点，这些都决定了幼儿间的冲突往往很多。教师要根据观察，分析冲突的性质、幼儿对待问题的看法、幼儿的语言接受能力，以便进行有效的批评教育。

在进行批评时要注意以下几个问题：

第一，教师在不同的场合，要采用不同的方法批评孩子，以达到最佳的效果。

第二，教师在使用批评语时要控制好自己的情绪。

第三，教师对于不同气质类型的孩子要采用不同的批评方法。

第四，教师要就事论事，不要带着过去的成见批评幼儿。

案例1

饭后，小朋友们都在玩新买的积木玩具。天天吃完饭也想玩，就挤过去边伸手边说：“给我玩一下！”晨晨和小朋友们都不同意并且让他走开。天天就开始大声喊叫：“气死我了！”然后用手推开晨晨，晨晨躲开后又继续和同伴一起玩了。天天气呼呼地转身，正好看见地毯，就搬起地毯向晨晨砸去：“气死我了，你们为什么不给我玩？”晨晨拿起玩具车躲开天天，嘴里大声嚷着：“你有毛病啊！”小朋友们也学晨晨的话说天天。天天更气了，跑到外面转了一圈。他还是想玩，又绕回到安安旁边。安安在玩玩具车，天天又伸手去拿，不想又被安安拒绝了。天天气得不得了，歇斯底里地对他们几个喊道：“气死我了，你们为什么不让我玩，我让我爸爸来把你们的玩具全部拆掉！”天天的气还没有完，伸手就去推旁边的柜子，被老师及时拦住了。然后他又看见了一个书包在地上，就狠狠地把它一脚踢飞了，手里的玩具也朝同伴身上扔过去。于是老师走过去，轻轻地拉起了天天的手问他为什么这样。天天说：“他们不给我玩，还说脏话！”“可能是他们人太多了，他们也想多玩一会儿，说不定他们玩会儿后就会给你玩了，你再耐心等等吧！”天天听了老师的话，情绪稍微缓和了一点，老师又对他说：“刚才老师看到你生气时做了一些事，比如打晨晨、用地毯去砸人、推柜子、踢书包、扔玩具。你觉得他们做的不对，而且说了不好听的话，你很生气，但老师觉得天天也不可以做刚才的事，因为这样也解决不了问题，你看同伴们都躲着你了，还会把玩具分给你玩吗？”天天摇头。

从这个案例中可以看出，天天属于胆汁质的气质类型。天天在交往中由于自己的需求没有得到满足，产生了强烈的不满情绪，出现了一系列的破坏行为。被小朋友一连串地拒绝以后，使原来很兴奋的他受到打击，情绪变化快而且变得很激烈，不仅想推柜子，而且还踢书包、扔玩具。从另一个角度来说，天天的情绪转换速度很慢，一直处于一种激烈而躁动的情绪中，也导致他不能静下心来很好地思考自己的行为。老师在处理问题的时候态度非常冷静，情绪没有跟着孩子一起激动，而是轻轻地拉起他的手，让他体会到他的情绪与情感老师也能感受得到，让孩子产生认同感，同时也让孩子有足够的冷静时间。等他慢慢地平复了情绪，冷静下来，老师再分析事情的根源，让孩子想一想该怎么办，这样才能让孩子意识到自己哪里错了，才能达到批评的目的。

案例2

幼儿园里的洗手液这几天用得很快，原来是洗手液换成了粉红色的，小朋友都觉得很新鲜，虽然看到过，也玩过，但是他们还是对使用幼儿园的粉红色洗手液有很高的积极性。特别是新新，隔三岔五就往盥洗室跑，往手心按出许多洗手液，搓出无数的泡泡，然后玩吹泡泡的游戏，盥洗室经常被他弄得一塌糊涂。

这天，新新又趁老师不注意把一大瓶洗手液全都挤进了洗手池，玩起了泡泡游戏。老师非常生气，但仍然努力使自己平静下来。老师先让新新看一下盥洗室的状况，再让新新看空空的洗手液瓶子，然后说："盥洗室应该保持干燥、清爽，新新你知道为什么吗？"新新摇摇头。"如果地上都是水会很滑，小朋友走路不小心会滑倒，要摔跤，要是水里还有洗手液泡泡，那就更滑了。是你把地上弄得到处是水和泡泡，你这样做是不对的。"老师很严肃，让新新不敢抬头看老师。"还有，洗手液是给大家洗手的，不是拿来玩的。现在被你玩光了，多可惜！小朋友下次洗手就没有了，大家知道了也很生气。"老师说。

"老师，我错了，我下次不玩洗手液了！"新新承认了自己的错误。

老师知道新新爱玩肥皂和洗手液不是一天两天的事，在家里也经常玩。于是老师决定和家长沟通，希望家长能一起督促新新改变这个行为。当新新妈妈来园接新新的时候，老师就跟新新妈妈说起了这件事情。没等老师说完，新新妈妈马上批评了身边的新新："新新，你怎么这么调皮，跟你说过不能玩，你还玩。老师，我回家会再批评他的。"

老师连忙制止道："新新妈妈，我已经批评过新新了，他也知道自己错在哪里了，接下来需要我们一起督促新新，适时地在新新洗手前提醒他。另外，是不是针对新新爱玩泡泡的游戏，我们专门给他这样的机会和时间，让他满足，那样也有利于他改正，你说好吗？"

"好的，好的。"新新妈妈对老师的想法表示赞同。

第二天，新新妈妈送新新来幼儿园时，还专门带来了一瓶洗手液。

在幼儿园里，总有一些孩子有些不大不小的"顽症"，教育者批评了一次又一次，就是不见效果。屡次不改的行为，在教育者看来是令人头痛的行为，但孩子觉得可能是一种好玩的行为，或者是一种需要借之得到满足的行为。教育者如果希望通过批评来纠正孩子的“顽症”，就必须“对症下药”。在这个案例中，老师利用玩洗手液后会出现滑倒的危险后果，和小朋友下次洗手就没有洗手液的后果来批评新新，这是一种结果批评。这一批评指明了事件中新新做错的地方：玩洗手液和把地面弄湿、弄滑。而新新妈妈则批评新新说他是个调皮的孩子，这是一种能力批评。在我们的教育工作中，要尽量少用能力批评来评价孩子，因为这样不仅不能使孩子明白自己错在哪里，而且会使用孩子丧失信心，长此以往会使孩子认为自己永远是个不能干的人。

新新行为的背后，肯定是好奇心作怪，他对如何产生泡泡的现象感兴趣。所以在日常生活中，老师和家长可以提供给孩子吹泡泡的工具，提供相应的技术支持，让新新自己来调制吹泡泡的液体并尝试吹泡泡，鼓励他把实验的结果和大家一起分享。这样不仅能让孩子不会再去偷偷地玩泡泡，而且正确地培养了孩子的探究兴趣，让他体验到探索的快乐，增强了自信心，从而达到一举两得的效果。

三、幼儿教师交际语境下的语用技能训练

（一）幼儿教师交际用语的内涵

自从有人类之日起，交际就成为人类生产、生活以及生存不可或缺的组成部分。随着社会的不断发展进步，人类的交际活动日益频繁。人际交往，是人与人之间相互联系的常见行为，是人们运用一定的方式和手段交流思想、传递信息，从而达到某种目的的社会活动。交际口语是指特定的人在特定的语境里，为了特定的目的，运用语言手段传递信息、交流思想和表达情感的言语活动。

幼儿教师交际口语是指幼儿教师因各种目的和需求，在各种类型的活动中，与幼儿之外的不同职业、不同类型、不同地位的人员交流沟通所使用的口头语言。幼儿教师交际口语有别于教师在教育教学中使用的教育口语和教学口语，它是教师为完成教育、教学工作，更好地与家长、领导、同事、社区进行沟通所使用的语言，也是幼儿教师必须掌握的一种语言。幼儿教师交际口语与一般的交际口语不同，它具有以下特征。

1. 规范性

规范性是指幼儿教师在交谈过程中用语的规范。首先，幼儿教师要使用标准的普通话，做到语流流畅、节奏明快，慢而不拖沓，快而不杂乱，语调自然、适度；其次，无论叙事状物、说理抒情都要做到用词恰当、条理清楚、表达得体；最后，还要注意语言的纯洁性，要杜绝污言秽语，避免口头禅，学会使用礼貌语。

2. 教育性

教育性是指幼儿教师在交谈中带有明确的教育目的性。幼儿教师的职责是育人，因此教师交际的目的也应与教育相关，交际口语的表达内容和形式受到教育目标的制约，语言信息都带有鲜明的教育性。

3. 科学性

科学性是指幼儿教师在交谈中所表达的教育理念与内容必须科学。幼儿教育教学的内容和方法的科学性，决定了教师交际口语的科学性，同时在与他人交流中也要做到概念准确、判断科学、推理合乎逻辑、分析客观。因此，科学、准确也是教师交际口语的一大特点。

4. 生动性

生动性是指幼儿教师在交谈中具有较强的语言表现力。首先，教师在与人交谈的过程中要倾注真挚的感情，情动于中而言于外。其次，要善于用得体的态势语辅助口语表达，用姿态、表情、动作等来增强口语表达效果。生动而富有变化的态势语能形象地表达出自己的思想感情，给他人留下清晰而鲜明的印象。

5. 可接受性

可接受性是指幼儿教师在交谈中所运用的口语要让交际对象易于接受、乐于接受。教师交际口语必须针对交际对象不同的年龄特点、心理需求、知识水平、职业地位等进行调整，照顾到交际对象的特征。同时，教师还应该照顾到交际的场合，根据当时的交际环境进行恰当的表达，从而达到口语交际的最佳效果。

（二）幼儿教师学习交际用语的意义

这是一个交际的时代，随着社会组织规模的扩大，大众传媒日益发达，社会生活愈加多元。当今社会出现了多层次、多方位、多角度、多种类的现代交际网络，除传统的血缘交际、情缘交际、业缘交际外，还有社会交际，幼儿教师与幼儿、家长、领导、同事之间都要进行沟通。实践证明，善于沟通、交往的教师更容易被人重视、受人欢迎，能赢得他人的友谊、信任、理解、支持和帮助，事业上也更容易成功。而交际口语正是建立和协调人际关系的重要纽带。

1. 交际口语是传递和交换信息的重要方式

现代社会，各类信息迅猛增长，传播频率日益加快，传播媒介相当发达。人们可以随时随地地通过报刊图书、广播电视、计算机网络传递和获取各种各样的信息。尽管如此，人们通过口语进行传递和交换信息的方式永远无法被大众媒体所替代，用口语进行交际是一种最便捷、最高效、最直接的传递和交换信息的方式。

首先，交际口语是一种直接的、双向的、互补的信息交流方式，其具体、细致、全面、深入等特点是其他任何一种传递和交换信息的方式所不具备的。比如，幼儿园会定期举行教研活动，让教师们相互交流教育教学信息，教师正是通过口语快捷而又广泛地收集信息，获取知识与经验，从而解决教育教学中的疑难与困惑的。其次，通过口语进行信息传递和交流，比公众传媒更具有效性、实用性。比如，幼儿教师每天都要与家长、同事、领导进行面对面的接触，用交际口语进行交流，效率高、信息量大、比较快捷。最后，某些个人的、隐私的、微妙的信息，只能采取会话、问答等口语形式来表达，不宜通过公众传媒进行交流。

2. 交际口语是交流思想的重要途径

“听君一席话，胜读十年书。”这句广为流传的谚语充分说明交际口语在人们思想交流过程中的重要性。思想交流的方式是多种多样的，如阅读、收听广播、收看电视、网络聊天等，但最基础、使用最广泛的交际方式是交谈。一方面，人的思想只有通过彼此间的不断交流，才会得到相互补充、促进、纠正与提高；另一方面，个人的思想只有表达出来才是有意义和有价值的。

在思想交流时由于交际口语比书面语更直接，更能引起思想上的共鸣，所以许多无法通过书面交流进行沟通的问题，一旦利用口语交谈的形式与对方坦诚相见，往往能获得对方的理解和支持，从而取得比较好的沟通效果。比如，当一名教师将自己在教育、教学中的好建议向同事推荐时，如果通过书面语呈现，别人接受起来会费时费力，可能有时候还会弄不清真正的意图。如果用口语进行交流，当事人不仅能全面阐述自己的建议，更重要的是在这个过程中与同事发生思想上的碰撞，使好建议更完善、更具可行性。

3. 交际口语是协调人际关系的重要手段

因为做人就是要与人相处、与人交往，而与人相处、交往是一个最不容易把握和处理的复杂问题。家人之间、家长之间、同事之间、朋友之间的关系，把握和处理得好，就会使家庭和睦、家长信任、同事合力、朋友情深；把握和处理不好，就可能造成夫妻反目、家长挑剔、同事离心、朋友相悖。人际关系把握和处理的好坏直接关系到一个人的生活是否安宁幸福，事业是否顺利发展，社交是否愉快有益，因此，协调人际关系具有重要意义。那么靠什么去协调人际关系呢？最重要的方式就是用口语进行交际，所以幼儿教师要十分重视口语在协调人际关系中的重要作用。

（三）幼儿教师运用交际用语的原则

1. 职业性原则

职业性原则是指幼儿教师在与对方交流时，语言的运用要符合教师职业特点。首先，教师职业要求教师的交际口语必须使用规范的、标准的普通话；其次，教师要有身份意识，与不同职业、不同性格的人进行谈话交流都要得体，要体现教师的修养与学识，努力塑造自身端庄、大方的教师形象。

案例

某个教师初次到一个幼儿家里家访时，见客厅里有两个年纪相仿的男子，她看到其中一个与幼儿容貌相似，就对他说道："我是某某的班主任，如果没有猜错的话，您是某某的父亲。"对方点头称是。另一个男子指着孩子的父亲插言道："他是我们的总经理。"这个教师微微一笑，答道："这我已从幼儿登记表中了解了。不过，我这次可是来找学生的父亲的。"通过巧妙的回答，该教师把自己置于与幼儿家长平等的地位上。接下来，她侃侃而谈，博得了家长的敬意。

这个教师在交际场合中时刻意识到自己教师的身份，注意使用得体的语言，体现了幼儿教师的职业内涵与文化修养。

2. 真诚性原则

真诚性是指幼儿教师无论接触哪一类人都要真心实意，发自内心地表达自己对谈话对象的要求、赞美、评价，不能让对方感到自己是在故弄玄虚，以免给对方一种虚伪的感觉。

案例

小班一个幼儿喜欢咬人，短短一个月内咬了好几个同伴。教师向家长反映了几次。起先家长表示回家好好教育孩子，后来次数多了，教师再反映家长就拉下脸来不吭声。后来，这位教师特地去幼儿家中访问。一开始，教师并没有提及幼儿咬人的事情，而是对该幼儿的优点大大夸奖了一番，家长听了非常高兴。教师借此机会婉转地说："XX 真的很讨人喜欢，但不知为什么最近很喜欢咬人，我们一起找找原因，帮他改正，这样他在集体中会更受欢迎。"家长觉得教师是真心为孩子好，因此与教师一起分析原因。教师趁机提出几点需要家长配合的建议，家长表示愿意配合并感谢老师。

这个教师以自己的真诚换得家长的信任与配合，从而顺利地开展工作。在任何交际场合中，真诚待人都是交际双方取得成功的重要保证，对教师而言也是如此。

3. 对象性原则

对象性是指幼儿教师谈话交流的内容要随着交际对象的不同而有所区别。例如，与文化水平较低或非教育界人士谈话时尽量少用专业术语，非用不可时尽量给予通俗的解释；与教育界人士谈话交流时则可以使用专业术语。与领导交谈时尽量多使用敬语，多用请求、征询、期望语气，避免使用越级语言，避免使用强硬语气。与同事交谈时要尊重对方，平等待人，少用客套语言，以免拉大双方的心理距离。与同事意见不合时，避免恶语伤人、冒犯对方，虚心接受同事批评，避免反唇相讥或讽刺对方弱点，更不能抓住对方失误，穷追不舍。与幼儿家长交谈时，应不卑不亢，既不巴结也不居高临下，把谈话的重点放在交流幼儿信息、共同寻求教育方法上。总之，根据谈话对象的不同，教师的谈话内容、方式都应做出相应的调整。

4. 场合性原则

场合性是指幼儿教师面对不同的交际场合，同样的意思要用不同的语言表达出来。同一个意思，郑重的场合用正规的语言表达，轻松的场合用诙谐的语言表达，领导在的场合与领导不在的场合语言也应有所不同。

案例

在一次新课程改革骨干教师培训班上，学员需要做自我介绍。第一次自我介绍时，主办单位的各级领导都来了，场面比较隆重。一个学员这样介绍自己："我叫胡雁，来自山东，很高兴有这次的学习机会，希望在这次培训中得到各位专家、领导的帮助。"第二次介绍是在当天晚上的联欢会上，主办单位的领导不在场。胡雁是这样介绍自己的："人过留名，雁过留声，我姓胡名雁。人人都说江南是多山多水多才子，我的家乡则是一山一水一圣人。我的家乡在哪里呢？有的老师已经猜出来了——山东。欢迎大家到山东一睹泰山、趵突泉、孔子的风采。"

同是自我介绍，这个学员在不同的场合用不同的语言表达同样的意思，收到良好的效果。

5. 灵活性原则

灵活性是指幼儿教师针对具体情况、具体交际对象，及时调整交际策略，灵活地运用交际口语。在交际实践中，交际对象高兴与不高兴、热情与不热情、重视与不重视、内行与不内行、性格内向与外向都会影响当时口语交际的效果，教师要针对具体情况在语言上及时做出调整。

案例

在一次幼教学区竞选团干部的时候，有十几名教师参加了竞选演讲，每个教师上台发言，内容包括对自己优点的展示、对未来工作的决心、对在座教师支持的感谢。每个教师发言在十至十二分钟。开始时，台下的教师听得挺认真，但每人依次下来，讲的内容大同小异。随着午饭时间的临近，不时有人看表，脸上流露出不耐烦的神情。这时最后一个竞选教师临时决定缩短发言时间，三言两语结束讲话。上台后，她表明："我是XX单位的XX，关于开拓未来，我只想说，良好的愿望将化为勇敢者的实践。"她用非常简练的语言清晰地表达了自己对未来工作的决心和信心，她的发言赢得了在座所有教师的热烈掌声，她也因此被推选为学区的团干部。

这位教师善于观察，在了解当时听众的心态后灵活地调整了自己的发言，并用一句话简洁地表明了自己的决心，言简意赅，赢得了大家的好感。

（四）幼儿教师交际语用技能训练

1. 与家长沟通时交际口语的使用

在幼儿园工作中，与家长进行沟通是幼儿教师的一项常规工作。与家长交流的形式有多种：个别交流有来、离园接待，打电话、家访，也可以通过家园练习册与家长进行书面的沟通；集体交流有家长会、亲子活动、家长沙龙等。通过这些交流和沟通，能让家长了解幼儿园的教育教学工作，了解自己孩子在幼儿园的情况，还能挖掘家长的教育资源，发挥家园共育的最大功效。在与家长的沟通中，交际口语运用是否得当，决定了教师能否准确传达和交流自己的想法，从而达到预期的目的。

（1）与家长日常沟通时的交际口语。幼儿教师每天要与家长接触交流，由于家长自身素质的参差不齐，在教育孩子的过程中会存在不少偏差和问题。与家长进行必要的交流，可以引导家长共同参与对孩子的教育，可以向家长呈现幼儿园的教育理念、教师的专业水平和责任感，培养家长对幼儿园和幼儿教师的信任感，培养家长与幼儿园的合作态度。教师在与家长的日常交流中，经常会面对各种突发事件，这就需要教师运用得体的交际口语将事情处理得当，以便工作顺利地开展。

①来、离园接待的交际口语。来、离园是家长把孩子交到幼儿教师手里，再把孩子从教师手中接回家去的短暂交接过程。与家长的日常交流中，来、离园时间是教师与家长接触最频繁的时候，也是教师及时和家长交流的最佳时机。此时，教师的口语表达要简短有效。

案例1

明明的爸爸妈妈经常在外，很少和老师联系交流。明明各方面都不算出色，却是个调皮的孩子。这天明明父母从外地回来，主动来到幼儿园向教师询问自己孩子的情况。以下是他们之间的对话：

家长：明明这段时间在幼儿园表现怎么样？

教师：明明啊，怎么搞的，在幼儿园里调皮都出了名了。就说昨天吧，他又把椅子给弄坏了，这不是第一次了，为此我班还在晨会上被点名批评了。（一提起明明，老师就皱起眉头，一口气劈头盖脸地数落起来）

家长：是吗？在家里也看不出有多么调皮呢。（这时家长一脸的质疑）

教师：他经常欺负别的小朋友，喜欢和别人争抢玩具，经常有家长来告状呢，还有吃手指的习惯，有时候跟他说了也不听，你们回家要好好教育教育他。

明明父母听了老师的话，脸色顿时阴沉了下来，有些不高兴，拉着明明的手离开了教室。

案例2

强强年龄比同伴小几个月，各方面显得比较稚嫩，父母每次送到幼儿园都有点不放心，天天向老师询问强强在园表现如何。以下是某一天强强父母和教师的对话：

家长：老师，强强今天表现怎么样，有没有哭闹？

教师：强强是个很活泼开朗的孩子，这些天进步了，他喜欢上幼儿园了，能和小朋友一起做游戏，玩玩具，像个开心果呢。（家长在试探可能发生的事情）

家长：我怕他比别人小，会不会有些事情做不好？（家长在试探可能发生的事情）

教师：您放心，我们会多照顾他一些的。要是有什么情况，我们会及时与您联系的。

接下来几天里，带班老师注意到强强身体较弱，家长也比较担心孩子的在园进餐情况，但是又不好意思和老师说，牵挂和担心藏在不舍的目光中，于是，老师在家长来园接送时主动和家长说：“您的孩子这几天在老师的帮助下都能吃完一碗饭了，他回家后晚饭吃得怎样？有没有觉得肚子饿？”

家长：这几天好像没说起，他平时胃口就不怎么好，所以在家里都是大人喂的。老师，真谢谢您，让您费心了。

教师：不客气，我们会尽量照顾孩子的。（又对孩子说）强强在幼儿园也能自己吃几口饭呢，强强很棒，是不是？如果在家里也试试自己吃饭，老师和小朋友都会更加喜欢强强了。

强强点点头，一家人高高兴兴地回家了。

“案例 1”中教师交际口语过于直白，没有采取迂回、委婉的说法，教师情绪激动，用居高临下的语气教训家长，使得家长感觉教师不喜欢自己的孩子，因此产生不信任感。而“案例 2”中的教师以诚待人，主动交流沟通，在交流过程中让家长感觉到教师工作的认真细致，从而获得了家长的信赖。家长职业不同、素质不同，与教师沟通时的心态也各异，因此来、离园时教师应采取不同的语言策略。

与家长个别交流时，语言运用应注意以下几方面：

第一，态度诚恳，语言平实，少用或不用专业术语。诚恳的态度一方面可以缓解家长内心的不自在，另一方面也可以让家长感觉到教师的诚意，因而也就更愿意与教师深入谈一些问题。在语言选择上，教师要尽量用平实的、家长能理解的语言向家长解释一些问题。过于专业的教育术语一方面会增加家长的心理压力，让家长不敢表达自己的意见，另一方面也可能导致家长不理解或误解教师的意思，以至于不知采取什么措施来配合教师工作。

下面这些说法有助于沟通：

• 您的孩子最近某方面表现很好，但是今天发生了……如果改进一下，孩子的进步就会更大。

• 这孩子太可爱了，老师和小朋友都很喜欢他，继续加油。

• 请相信孩子的能力，他会做好的。

第二，针对具体问题提建议并注意表达的技巧。“好话”能使人产生愉悦心理，有了愉悦的心情，与人交流就会更积极。虽然“忠言逆耳”，却又不得不说，所以对于孩子需要改进的地方，教师要婉转地转向家长提出并与之协调，使家园教育产生合力。教师对家长要多谈孩子的优点，让每个家长都感受到自己的孩子很聪明，自己的孩子得到了老师的喜欢，在此基础上教师要指出其不足时，家长就比较容易接受。但指出不足时教师不能带有很强的感情色彩，同时一定要给家长具体建议，提出改进的办法和思路，让家长心服口服。

下面这些说法有助于沟通：

• 请家长不要着急，孩子偶尔犯错误是难免的，我们一起来慢慢引导他。

• 孩子之间的问题可以让他们自己来解决，放心吧，他们会成为好朋友的。

• 我们向您推荐好的育儿知识读物，您一定会有收获的，孩子也会受益。

第三，多使用描述性语言，少使用判断性、绝对化的语言。所谓多使用描述性语言，是指教师要把介绍的重点放在实事求是地描述幼儿在园的各种具体表现和具体行为上，教师要尽可能详细地向家长讲述幼儿在一日活动中的各种表现，让幼儿在园的情况尤其是一些独特的表现活生生地展现在家长面前。所谓少使用判断性、绝对化的语言，是指教师不是简单地用“你的孩子在幼儿园表现都很少”，“你的孩子表现还可以”，“他就是心太散了”等判断性、绝对化语言来总结一个幼儿的情况。前面两句判断性评语太笼统含糊，没有为家长提供具体的信息，家长也不知从哪方面做出努力来配合幼儿园教育。幼儿是一个发展中的个体，后面一句用“就是”这样绝对化的评语会造成两种后果：一种是家长认为教师对自己的孩子有偏见，另一种是家长认为自己的孩子就这样，在今后的教育中可能形成某种心理定式，不利于幼儿的发展。

第四，要关注平时接触少的家长。来、离园时教师要做到主动和平时沟通比较少的家长交流孩子的在园表现，询问孩子在家的一些情况，尤其是在园表现不突出的幼儿的家长，他们往往更在乎教师对孩子的关注。教师在来、离园时段中不仅要和不同的家长交流，还要照顾好每位幼儿，同时要面对这么多的家长和孩子，如何把握好“度”很重要。针对来、离园接待时间短、对象多的特点，教师要做到重要的事情及时说，长话短说，着重与表现不突出的孩子的家长进行交流，把时间留给平时接触少的家长。

②面对家长误解时的交际口语。家长和幼儿园之间有时会存在一定得隔阂和各种不协调，在工作中教师经常被家长误解，原因有教师自己工作的失误、家长的不信任以及家长对教师教育方法的不理解等。面对这些问题时，沟通是必不可少的，教师只有积极地与家长进行沟通联系才能消除误解，否则就有可能引起冲突，产生矛盾，甚至激化矛盾，这样无论是对幼儿，还是对教师、家长，都会产生消极后果。

教师工作处理不当而引发的误解。

案例

冬天，幼儿离园前十分钟。小 A 奶奶拉着小 A 冲进班里就大声嚷嚷道：“你是怎么当老师的？我的孙女裤子都尿湿老半天了，你都不给换，天这么冷……”小 A 奶奶涨红了脸，情绪很激动。老师见此情景，着急地问：“啊，那孩子要紧吗？小 A 奶奶您别着急，听我说……”“没什么好说的，这么没有爱心，我要告到你们园长那里去！”小 A 奶奶的叫嚷，引来不少家长驻足观望。

见小 A 奶奶的情绪非常激动，一时不能平静下来，于是老师抱起小 A 说：“小 A，你是个很能干的孩子，对吗？平时在幼儿园里很爱动脑筋，老师和小朋友都很喜欢

笔记

你，是不是？”小A看着老师不停地点头，高兴地笑了。小A奶奶见孩子开心地笑，便停止了叫嚷，不再作声。老师抱着小A往办公室走，奶奶跟在后面。到了办公室，老师请小A奶奶坐下，给她倒了一杯水。这时，小A奶奶的情绪似乎平静了一些。老师说：“真是对不起，是我太粗心，没有注意到。那您有没有问问小A是什么时候尿湿的呢？”小A奶奶说：“这倒没有，我一看到尿湿就……”老师回忆：“午睡时，我帮小A脱衣裤，当时裤子是干的。起床后上厕所时她不会拉裤子，我帮她拉好，当时没有尿湿。下午游戏活动开始前，我帮全班孩子整理衣裤，小A那会儿还好好的；游戏活动期间孩子们也没说要上厕所，游戏结束时我还观察了一下，后来小A就回家了，应该是——等待离园的时候尿湿的。小A，你说对吗？”小A羞答答地点点头。奶奶说：“老师，不好意思，我没问清就……”“是我的工作做得不到位，才会出现这样的情况，真是对不起。将心比心，我能理解。天冷了，我们也教育孩子有小便要大胆地说，也一直在观察，一旦发现孩子尿湿，我们一定在第一时间给孩子换好干净的衣裤。小A可能胆子比较小，或者怕难为情。”奶奶说：“对，对，那我走了。”

这位教师对于孩子尿湿这一件事情，能够将心比心，充分体谅家长的心情，也充分表达对孩子的关心和对家长的歉意，让家长感受到了老师的真诚，使家长在情感上认同老师的工作。由于自己工作失误使家长产生了误解，这时教师与家长沟通需要注意以下几方面：

第一，保持冷静，心平气和。由于家长误解而被家长指责总是不愉快的，面对情绪激动的家长，教师要保持冷静，以静制动，将安抚、稳定家长情绪放在首位。心理学研究表明，一个人在情绪激动的状态下，其大脑皮层对皮下中枢的抑制减弱甚至解除，从而使皮下层的情绪中枢强烈兴奋。这时，认识范围缩小，认识水平降低，人们意识不到自己在做什么，更不可能预见自己行为的后果，也就不能评价自己的行为和意义，因此会产生短时间的“评价失语”。也就是说，在家长情绪激动的时候，老师是无法与之交流的，只有在家长情绪平静下来以后，交流沟通才能进行。因此，调控对方激烈的情绪，使之平静、稳定下来，是教师要解决的首要问题。

下面这些说法有助于沟通：

- 您有什么想法，我们可以坐下来谈谈，都是为了孩子好。
- 您有这样的心情我很理解，等我们冷静下来再谈好吗？
- 您有特别需要我们帮助的事情吗？
- 谢谢您的提醒！我查查看，了解清楚了马上给您答复，好吗？

第二，运用角色置换法，以理解、商讨的心态面对家长。处理问题时，教师要了解事情发生的前因后果，通过客观的分析做出准确的判断，得出科学的结论。在上面的案例中，教师运用角色置换法，真诚地理解家长情绪突发的行为，承认家长情绪的产生有一定的合理背景，这为有效稳定家长情绪提供了一个重要的“信度”保障。因此，教师应当主动去体验家长的情绪。此外，当家长把他的情绪释放给教师时，应激情绪的强度减弱并产生某种程度的“满足感”，这种满足使家长的痛苦程度减低，只有当家长情绪稳定了，才能冷静思考。这时，教师再动之以情，晓之以理，矛盾就可能化解，转机就可能出现。

第三，转移注意力。在上述案例中我们还看到，教师在意识到小A奶奶因情绪激动听不进解释时，便抱起小A，对她表扬了一番，这立即对消除小A奶奶的激动情绪产生了作用。这是教师运用转移注意力的方法去减轻家长的对立度，让家长对教师的行为产生“情感认同”，为问题的解决创造了一种善意的、友好的氛围。

第四，真心认错，以诚相待。人非圣贤，孰能无过。即使是具有高学历和较强业务能力的教师，也不可能完全避免工作中出现某些疏漏，况且师生比例的不协调、众多的日常工作内容也难免会让教师觉得力不从心。但教师不能以此为借口推卸工作中的失误。如果教师没有发现差错，而是家长把情况反映出来的，最好耐心向家长解释当时的情境，还要真诚地向家长、孩子道歉。只有这样，家长、教师之间，以及教师和孩子之间才能彼此信任，才能消除家长的怒气，使隔阂、猜疑、埋怨和不信任得以化解，家长也会被教师的真诚所打动。同时，面对教师的“对不起”，他们会相信教师有知错即改的决心和具体的改进。

下面这些说法有助于沟通：

• 很抱歉，孩子受伤了，老师也很心疼，以后我会更关注。

• 对不起，今天我没有尽到做老师的全部责任。我知道您作为家长一定很心疼，假如我是您，我也一样，希望您能原谅。

• 我们非常欣赏您这样直言不讳的家长，您的建议我们会考虑的。

家长对教师教育方法不理解引发的误解。

案例

班上的童童过生日，孩子们围着童童又是祝福又是唱生日歌。小B和坐在一起的几个男孩子一直在不停地推来搡去，不时地发出怪叫声。老师皱了皱眉头，看了看他们，做了一个“不可以”的手势。小B看到了老师的提醒，便停了下来。可是没过多久，教师的一角又传来了嘻嘻哈哈的嘈杂声，扰乱了正在进行的“祝福大奉送”。老师一看，又是小B他们几个，还是老样子。老师就决定不让他们吃蛋糕，让别的孩子先吃。看着其他小朋友各个吃得津津有味，小B他们早已没有了刚才的调皮劲。这时，老师走过去对他们说：“童童今天有些伤心，因为他没有收到你们的生日祝福。刚才你们只顾自己闹着玩，没有好好地为童童庆祝生日，老师希望你们能向他道歉，然后祝福他生日快乐，好吗？”孩子们低下了头。

这时，早在教室外等候的小B妈妈见到这一幕后，推门而入，一把抓住小B的手说：“这个蛋糕我们不吃了！你们老师这种做法是不对的，怎么可以让我们的孩子站在一边没得吃，还要看别人吃！”教师等小B妈妈把话讲完，又把事情的经过对小B妈妈叙述了一番后，说：“事情就是这样。如果您有不同的想法，我很理解，我们可以心平气和地坐下来沟通，彼此交流一下，好吗？”小B妈妈说：“我们小B很调皮，你们老师批评他，我没有意见，但不让他吃蛋糕，看别人吃，我接受不了。”教师连忙解释：“是的，作为妈妈，我很理解你的感受。但是，我也希望你能理解我们老师。批评孩子是一门艺术，不仅仅只是口头批评，有时批评后面必须伴随一定得惩罚刺激，否则它将会失去作用。小B在老师的提醒下，还再次影响别人，在口头批评无效的情况下，我通过延迟他吃蛋糕的时间来加深他对自己错误的认识，从而抑制他的不良行为，这是教育的手段，是符合教育学原理的。老师在惩罚的过程中，跟他讲明了道理，小B也明白了、接受了，不是吗？”小B妈妈听了教师的话，过了一会儿说：“老师，你说的话也许有道理，让我回家好好想想。”

家长面对自己的孩子往往从自己的角度出发来看待一些问题，老师首先要理解家长的这种心理。然而，家长毕竟不是专业的教育人员，并不完全了解幼儿的心理发展规律、特点及在教育上应该采取的相应的措施。他们的教育观念可能不够正确，又没有完全掌握对幼儿的教育技巧，因此难免发生不协调，对教师产生误解。

在这样的情况下，教师与家长沟通时需要注意：

第一，不要当面否定家长，沟通要抓住时机。面对家长难堪的指责时，教师不能与家长针锋相对，避免将矛盾激化，最好暂时忍耐，并做出乐于倾听的表示。不管家长的观点正确与否，不要当面否定家长或对家长产生戒心，要听完后再做分辩。有些家长由于自身文化素养的原因，有时可能不太安静，过于急躁、片面，提出的意见、要求可能不太合理。这时，教师应该理解包容家长，等待并帮助家长冷静下来，选择恰当的方式和时机，与家长开诚布公地交流看法，取得家长的理解和认同，然后向家长摆事实讲道理。只有让家长更多地了解老师，了解幼儿园的教育，才会更有效地做好家园共育工作，才能消除误会。

下面这些说法有助于沟通：

• 您有什么事情需要老师做吗？

• 别着急，我们坐下来，好好谈谈吧！

第二，教师要具备良好的教育学、儿童心理学知识。教师还应该加强对儿童心理学和教育学的学习，并且学以致用，理论联系实践，善于分析，这样与家长交谈时才能有理有据、恰到好处地表达自己的教育方法、原则和思想；才能说服家长认同自己的儿童观、教育观，使他们掌握正确的育儿方法。如果教师自身教育学、心理学知识贫乏，不能对幼儿期特有的现象做出合理分析和客观解释，胡乱处理，必然会加深家长的顾虑，从而产生负面的影响。在与家长的沟通中，一味地从家长的角度出发，理解家长的行为，虽然能平息家长的情绪，却不能从根本上解决问题，教师还是应该不卑不亢，以正确、科学的教育行为来影响家长。

（2）家访时的交际口语。家访是教师为了特定的目的到幼儿家中，与幼儿家长就幼儿教育问题进行单独交谈的一种家庭与幼儿园的联系方式。它是目前幼儿园与幼儿家长联系的主要方式之一，也是幼儿教师广泛采用的一种与幼儿家长沟通、交流幼儿发展信息的主要方式。家访主要有新生家访、探视性家访、教育性家访等。幼儿教师要想达到家访的目的就需要具备一定的口语交际能力。

①新生家访。新生入园前的家访，主要目的是了解幼儿的生活习惯、兴趣爱好、个性特点、家庭环境、父母素养以及他们在对待幼儿教育问题上所持的观点等，通过家访了解幼儿的各方面信息。在新生家访过程中，教师运用自己的专业知识、实际工作经验与家长进行交流，给家长留下良好的第一印象，可以为今后开展教育工作打下坚实的基础。

案例

小班幼儿入园前的一次新生家访中，老师带上亲手制作的小班牌“红苹果”（上面写着幼儿的名字）来到点点家中，一进门就看见点点害羞地躲在妈妈身后探出小脑袋。老师一边牵牵点点的小手，一边微笑着对妈妈说：“您好，我是某某幼儿园某某老师，点点今后在幼儿园里就是和我还有另一位老师一起生活。”然后俯身对点点说：“你是叫点点对吧，我是某某老师，我们来做个朋友好吗？这个送给你，喜欢吗？”点点一脸兴奋地接过小班牌。

“我们这次家访主要想了解一下您的孩子的一些基本状况，这样可以让我们更好地照顾教育孩子。”而后，老师递出了调查表，向家长了解孩子在家的生活习惯和个性特点：“点点会自己吃饭吗？”

妈妈：“有点会，但……”

老师说：“入园前对孩子进行一些简单的自我服务能力培养很有必要，能减少孩子的入园焦虑。”

老师接着问：“孩子有午睡的习惯吗？”

妈妈：“没有固定的时间……”

老师：“入园前培养孩子良好的生活习惯能让孩子尽快适应幼儿园的集体生活。”

随后，老师问：“点点以前上过幼儿园吗？”

妈妈有点着急地说：“点点以前在一家私立幼儿园上托班，老是哭，我们很心疼，上了一个月就不去了。”

老师安慰着说：“这可能跟年龄小有关系，孩子刚入园时哭闹是正常的，您不用太焦虑。我们可以家园配合，我很有信心帮助点点尽快适应幼儿园的生活。”

妈妈接着问：“那我们该怎么做呢？”老师说：“我们特别安排了两个接待日，您可以先带孩子来园熟悉环境。”

妈妈笑了：“这太好了！”

老师紧接说：“刚入园时可以缩短孩子的在园时间，不过最重要的是要坚持来园。”妈妈听了不住点头微笑表示赞同。

案例中的教师在家访时顾及了家长和孩子双方，这一点难能可贵。一进门亲切自然的自我介绍让家长和孩子感到亲切，同时叫孩子的小名，牵牵他的手，通过身体的接触使幼儿对教师产生好感。在家访的过程中，还采取送小礼物的方法缩短彼此间的距离。向家长了解孩子的一些生活习惯和饮食爱好，便于教师在园做好孩子的保养工作。老师诚恳的态度、谦和的语言，使家长觉得老师平易近人，并深深地感受到老师对自己孩子的关心和爱护，因此容易与老师达成共识。一次成功的首次家访，对今后各项工作的开展影响很大。

老师在第一次上门家访与家长交流时要注意：

第一，着装大方端庄，说话真诚自信，以便留下良好的第一印象。第一次家访十分重要，是教师第一次以职业身份出现在家长和孩子面前。初次印象是长期交往的基础，是取信于人的出发点，在心理学中称为“首因效应”。因此，教师家访时的服装必须端庄大方，不要穿得太邋遢或太新潮，这样会导致家长对教师产生不信任和反感。教师在与家长交谈的过程中，要注意语调与讲话的速度，如语调要体现出自信、真诚，语速要适中，不能太慢也不能太快。此外，教师还要注意一些肢体语言，如手和手臂的摆放姿势要恰当，面部表情要放松，没有挠头皮、拽耳朵、擦脖子等不良的无意识行为。

第二，明确谈话目的，限定谈话范围。新生家访中双方交流的中心是孩子，目的是了解幼儿、幼儿家长及幼儿家庭情况，因此，教师一开始必须从孩子的角度出发，开门见山阐明自己家访的目的，以便家长能积极配合。教师与家长交谈时要有意识地控制谈话的范围，有的家长东拉西扯地聊到其他问题，这时教师可适当倾听，但接着要有意识地巧妙地将谈话引回到自己的话题中，切忌生硬地打断，这样会给人留下刻板、不近人情的印象。此外，还要把握好谈话时间，不要拖沓。

第三，灵活运用专业知识与经验，适宜地提出建议。在家访的过程中，家长肯定会表露出好的或者不当的教育方法，这时需要教师运用自己的专业知识与经验去判断、分析，及时肯定与赞赏好的方法，为今后家长会储备一些素材；及时发现并指明不当的方法，并真心实意提出建议，帮助家长尽快解决问题。

下面这些说法有助于沟通：

•您好，我是某某幼儿园老师，很高兴见到您和孩子！

•今天与您交谈，我很有信心让孩子尽快适应幼儿园的生活。

•原来您的爱好这么广泛，这对孩子影响肯定会很大，那您的孩子兴趣是不是也广泛？以后有机会你要向其他家长讲讲，让大家一起学习学习。

•您在孩子入园前对他进行一些简单的自我服务能力培养，这很有必要，能减轻孩子的入园焦虑。

②探视性家访。教师有时家访的目的是探视，幼儿生病没到幼儿园、幼儿家里出了意外等，这就需要教师到幼儿家中探视。这样做，一方面可以让教师及时掌握幼儿生理、心理的发展情况，根据幼儿情况采取适当的措施。另一方面可以给家长

和幼儿的心理以慰藉，让他们感觉到教师的关心和爱护。作为幼儿，今后会更加喜爱教师；作为家长，今后会采取更积极的措施来配合教师的工作。

案例

佳佳生病几天没有来幼儿园了，老师到佳佳家探望。老师一看到佳佳，开心地拉住她的手说："佳佳，老师和小朋友可想你了，你有没有想我们呀？"然后老师关切地问妈妈："佳佳身体好点了吗？"她妈妈很感激老师的关心，将最近的生活情况交流了一下："孩子几天没去有点变懒了，饭也吃得少了，但是输液时没有哭，我觉得孩子长大了。"老师对佳佳说："佳佳真勇敢，回幼儿园后老师一定要跟小朋友说，让大家都向你学习，好吗？你想早点上幼儿园吗？那饭菜要多吃，身体才会好，身体好了就可以上幼儿园了。"接着老师用真诚的口吻对妈妈说："佳佳是个勇敢的孩子，我在班级里要好好表扬。胃口不好可能是生病了，我们是不是做些她爱吃的，在幼儿园里我们会特别关照她的饮食，这请您放心！"

案例中的教师对生病在家的幼儿进行了家访，教师能关切询问幼儿病情以表示对孩子的关注，在家长表露出顾虑时，教师能真诚地表示自己对孩子的照顾。同时在家访中，教师对幼儿的良好表现进行鼓励，起到较好的作用。

教师进行探视性家访要注意以下几方面：

第一，合理安排家访时间。教师家访时要注意安排好几个时间：一是要预约家访时间。教师在家访前一定要与幼儿家长联系好，不要做不速之客。特别是探视病人，避免在病人休息时打扰。二是谈话时间长短要适中。家访的时间最好限定在一个小时以内，教师在对病人情况有所了解并表示慰问与鼓励后，最好及时告辞，以保证病人的休息时间。

第二，小心避开某些话题。探视孩子时，教师家访要尽量避免同家长谈论同孩子无关的话题，不要与家长漫无边际地闲聊。谈话时要注意不要谈及其他幼儿家庭的隐私。特别是针对有些家长不愿讲的病情，教师不要刨根问底，要关注家长的反应，适可而止。教师还要请家长讲清楚幼儿在园需要教师配合的事项，否则会对孩子不利。

第三，积极进行鼓励。探视性家访一方面要对家长进行安慰鼓励，有的家长情绪低落焦虑，教师要安慰家长从好的方面想，大人积极乐观的态度会对幼儿产生积极影响；另一方面教师要对幼儿进行鼓励，因为教师的话对孩子的作用很大，教师的一句鼓励往往比家长的苦口婆心更有效果。

下面这些说法有助于沟通：

• 我想看看孩子，您觉得这个时间方便吗？

• 看到孩子在好转，我们就放心了，相信很快就能回到幼儿园了。

• 这请您放心，我和其他老师在这期间会对他特殊照顾，但如果有好转你也一定要和我们及时沟通，让我们调整教育方法，否则对孩子身心发展不利。

③教育性家访。幼儿在成长过程中可能会出现某些问题，教师需要争取家长的

力量来共同教育，帮助孩子改正，这时教师需要进行家访。有时候，家长的某些做法对幼儿产生了不良影响，或者是家长的某些言辞伤害了孩子的感情，对幼儿的成长不利，这时候教师也要进行家访。教师家访时，要针对具体情况，采用适当的语言对家长或幼儿进行教育，教师要获得家长的配合，给孩子创设良好的成长环境。

案例

乐乐在幼儿园显得比同龄孩子霸道、不懂事。据了解，乐乐出生47天后就由爷爷、奶奶带，宠爱之下养成了任性、暴躁等不良品行。而孩子父亲的教育方法简单、粗暴，回家看见孩子的不良行为就猛打一顿，孩子不但没有改正缺点，反而对家长产生了对立情绪，这天乐乐在幼儿园又打了同伴，于是老师进行了家访。家访时，乐乐不顾奶奶在吃饭，一会儿要喝饮料，一会儿要吃杧果，奶奶忙得晕头转向却乐呵呵的，丝毫没有责备的意思。

这时乐乐热情地问老师："老师要吃杧果吗？"老师表扬了乐乐："乐乐真大方，真会做主人。"奶奶一听非常高兴，说："我们乐乐嘴特别甜，特别招人喜爱。"老师说："乐乐在幼儿园可有礼貌了，我们老师也非常喜欢他。乐乐，你也喜欢奶奶吧？"乐乐点点头。老师继续说："可奶奶还没吃好，你一会儿叫奶奶拿饮料，一会儿叫奶奶拿水果，奶奶可累了。"这时奶奶主动搭话道："可不是，就是很调皮，在幼儿园老师肯定也很受累吧？"这时老师客观地说了孩子的在园情况，提议奶奶不要太宠孩子，解释了过分的宠爱对孩子不利。最后，老师建议奶奶动员孩子多和父母接触，多向孩子说说父母的辛苦和父母对他的爱，这样有利于改善孩子和父母间的关系，使孩子能更健康地发展。奶奶很乐意地接受了。

案例中教师抓住了溺爱型家长的心理特点，采取了先表扬的方法，对孩子的优点作了肯定赞赏，让家长感受到老师对自己孩子的关爱，然后中肯地指出孩子的缺点以及造成缺点的种种因素，并给出具体的建议，让家长觉得教师真心实意为孩子着想，因此乐于接受，达到了较好的家访效果。

教师进行教育性家访要注意以下几个方面：

第一，考虑家访对象，做好充分准备。教师是带着明确的教育目的前去家访的，因此，教师要周密考虑家访对象的特点，如是否与祖辈共同生活；了解家访对象的文化层次、职业、家庭教育等相关情况，做好充分准备。对不同家庭应当采用不同的沟通方法，如严厉型的家庭采用鼓励法、溺爱型的家庭要采用诱导法等，这样才会达到家访的目的。

第二，听说结合，做出积极反应。家访是教师与家长的双向交流活动，只有双方都充分表达自己的意见，才可能就幼儿的教育问题达成一致。因此，家访过程中很重要的一点就是，教师在沟通的同时要注意倾听，了解家长在教育过程中的难处与困惑。双方共同商量、讨论，才能"对症下药"，得到解决问题的良策。

第三，从正面称赞入手，巧妙地提出建议与批评。教师要先理解家长对孩子的感情，既要肯定家长对孩子的爱，也要肯定孩子的优点，家长感觉到教师的认同，才能在情感上接纳老师。然后教师再向家长指出问题所在，耐心热情地帮助家长寻找合理的教育对策。

下面这些说法有助于沟通：

- 您说的我很有同感，如果能坚持做到就更好了。
- 我真的很希望这孩子取得更大的进步，这需要我们双方共同努力。
- 这孩子的优点可多了，但有一个问题需要我们共同探讨探讨……
- 实在抱歉，打扰您了，谢谢您的配合！

（3）各类家长活动中的交际口语。各类家长活动是指幼儿教师与家长除了日常的个别交流、家访之外，还要经常组织家长参加各种活动，如家长会、亲子活动、家长沙龙、家长辨析会、友好小组等。通过一系列的活动，可以加强教师与家长之间、家长与家长之间信息的交流，帮助家长提高教育能力，最大限度地发挥家园合作力量，形成教育合力，促进儿童发展。活动的顺利开展依赖于教师的组织与协调，因此，教师在各类家长活动中必须掌握一定的口语交际方法与技巧。

①班级家长会。班级家长会是幼儿园的常规工作，一般是一学期一次。家长会议召开的时候，幼儿家长按照教师通知的时间来到幼儿园，听取教师对幼儿园、班级及幼儿各方面情况的汇报，并就幼儿教育问题展开交流。教师是会议的主持人，教师交际口语的运用水平直接影响会议的质量和效果。

案例

一位新教师被分配到幼儿园带大班不久，班级要召开家长会。新教师在会前做了充分的准备，向家长发放了自己的简历（介绍了自己的基本情况，在班级里担任的工作）；请搭班老师、园领导指导并修改话稿的内容，由于多次的修改和梳理，她已记住了讲话稿的大部分内容。会前，她提早半小时到会场，与家长进行交流；会上，该教师镇定自若，面带微笑，娓娓道来：“今天，我们的教室因为每位家长的到来而显得格外的温馨。”并对家长在百忙之中抽空来参加家长会表示感谢。语速缓慢，语气中肯，流利而标准的普通话吸引了所有家长的注意。随后，该教师用简短的语言介绍自己，接着重点介绍了班级情况，并从不同角度表扬了全班每位幼儿的优点。家长们纷纷用满意、赞许的目光看着教师。在教师的带动下，家长会在信任与宽松的氛围中接近尾声。会后有不少家长主动找教师说明自己孩子的情况，探讨共同教育的良方。

教师在事先的筹备中发放简历可以获得家长对教师的好感，给人留下做事认真、责任心强的印象，同时为简短的自我介绍做了铺垫。充分准备话稿并提前到达会场，一来帮助教师消除紧张感，二来给人留下守信的印象。在“一对多”的家长会中，教师必须拥有良好的口语交际方法与技巧，这对提高家长会的质量，活跃会议的气氛有很大的帮助。

教师可以从以下几个方面提升自己的口语技巧：

第一，语言要柔和，氛围要宽松。家长会的目的是促进家园共育。平等交流的氛围在很大程度上决定着家长会的成功与否。家长在一个宽松、平等的氛围里容易和教师进行有效的交流，积极发表自己的看法。相反，任何一方居高临下的指挥者的态度都会让另一方退缩。这就要求教师不能以自己是专业教育工作者，比家长懂得更多的教育知识，具有更强的教育能力能自居，应该把自己看成与家长一样的儿童教育的主体，明确教师和家长相互间是合作伙伴的关系，双方的共同目标是促进儿童的发展。这样，不仅双方处在了平等的地位上，而且使家长明确了自己的责任，有益于教师和家长间的进一步交流。

第二，教师语调要委婉，坚持正面反馈。家长会中，教师好的开场白能像磁铁般吸引听众，如果面带微笑，语气中肯，会让家长觉得教师很有诚意，并感受到教师对自己的尊重。家园合作要考虑幼儿园和家庭双方的需求，但家园合作围绕的核心是儿童，教师谈及幼儿在园表现时要从正面肯定入手，这样既能维护家长的自尊心，又让家长体会老师了解孩子、关注孩子所付出的努力，家长会更欣赏老师的责任心和工作能力，从而对教师产生信赖，并增强对幼儿园的信任度。

下面这些说法有助于沟通：

- 各位家长好！我是XX老师，今天我们家长会主要的议程是……
- 今天我所讲的是一种现象而并不是针对某一孩子或家长。
- 请相信我这样做的目的只有一个：为了孩子健康发展。

②亲子活动。亲子活动是幼儿园牵头组织，幼儿与家长一起参加的各种活动，如亲子运动会、亲子才艺展示、亲子手工、亲子郊游、嘉宾有约、友好小组等。此类活动有助于增进教师与家长、家长与幼儿的情感，还可以充分挖掘家长的教育资源，弥补幼儿教育资源的不足。教师在此类活动中起组织、协调的作用，因此必须运用适宜的交际口语方能取得较好的活动效果。

案例

幼儿园大班小朋友即将毕业了，为了孩子们在园生活的最后一天过得更有意义，幼儿园特组织了一系列活动，具体安排如下：上午进行“友好小组”串门活动，并在同伴家吃午餐—下午由家长负责送孩子入园参加班级活动—晚上，幼儿在园吃完自助餐后分班举行毕业典礼，发放毕业证书，表彰优秀家长—由家长陪同在园内举行集体游园活动。

从以上活动进程安排中可以看出，家长是本次活动重要的合作者。“友好小组”是把全班幼儿分成若干组，由若干户家庭负责接待，其余小组成员到其家中做客。那么，负责接待的家庭如何产生呢？

A班（有经验的教师）：

在查看了调查表后，有针对性地找家长进行交流。接送幼儿时，教师与家长就此事进行交谈。

教师：菲菲妈妈，最近忙吗？孩子马上要毕业了，我们想让孩子们留下深刻印象，班里准备组织“友好小组”串门活动。菲菲很文静，多参加集体活动，会变得更开朗。

菲菲妈妈：是呀，我家刚搬了新家，用新房子迎接小客人，刚好也可以热闹热闹。

看到家长爽快地答应，于是老师进一步和家长进行交流。

教师：“友好小组”是想让孩子学会与同伴交往，现在的孩子多住在独门独户，几乎很少有外出串门的生活经验。“友好小组”提供了这样一次交往的机会，接待的小朋友也能学习如何当好主人，热情地接待客人。还没等老师说完，灿灿妈妈也热情地说：“老师，我们家也挺大的，来我家吧！”好几个家长也围过来，积极报名，欣然接受了“任务”。家庭接待的问题轻松地得以解决。其余的家长也都选择了其他形式的帮助，如摄影、接送孩子、为了孩子们准备午餐等。在这个过程中，家长的支持与配合是非常重要的。

B 班（青年教师）：

在发放了调查表之后，发现与自己平时交往密切、关系比较好的几个家长没有一个人愿意负责接待工作，于是便主动找他们交谈。

教师：兜兜妈妈，孩子们就要毕业了，幼儿园准备组织一次“友好小组”串门活动，去你家可以吗？

兜兜妈妈红着脸说：我家空间太小了。

教师看到旁边的彤彤妈妈，便说：那去你家吧。

彤彤妈妈不好意思地说：最近我太忙了，没有时间接待。

还有的家长说太麻烦，请老师不要把这个任务勉强塞给她。出乎意料的是，最后接受家庭接待任务的家长平时都与老师走得不是很近。这让这位老师心里有些不是滋味。那些平时谈得来的家长，在最后关键时刻却弃老师而去，使这老师一下子陷入了失落与茫然之中，幸好有几位愿意接受任务的家长帮她解决了问题。

积极的情感是教师与家长之间和谐交流的基础，它能像彩虹一样，将教师、家长的心连接在一起。教师的口语表达直接影响到交流的效果。A 班老师从孩子发展的需要出发与家长沟通，交代任务，运用适宜的语言获得了家长的理解与配合，轻松地解决了问题，促进了家园共育。B 班老师语言过于直接，把“友好小组”当作幼儿园的一项任务，让平时与自己关系较亲密的家长来完成，显得较牵强，既没有从孩子发展的角度来考虑，也没有从家长的生活环境来考虑，故屡屡遭到家长的拒绝。

组织、协调此类活动，教师与家长的交流需要注意以下几方面：

第一，教师向家长传递的合作信息必须到位。教师与家长的谈论始终围绕一个主题：开展活动是为了孩子的发展，家园是合作伙伴，要共同负担起培养孩子的责任。除了发放调查表外，教师还要善于与家长进行多种方式的沟通交流，如面对面沟通、电话联系等，并向家长分析此活动对孩子产生的意义，找准目标，以点带面，充分

笔记

调动家长参与的积极性，使每个家长都能发挥优势，成为真正的合作者。

第二，教师与家长的交流要兼备所有对象，每位家长都有交流的需要，教师的言语过于平淡或过于热情，都不利于双方平等合作关系的确立。尤其是针对那些内向、腼腆的家长，教师可以在言语上适当照顾他们，给他们创设交流、发言的机会。

下面这些说法有助于沟通：

• 我们这次活动的目的是……真的很需要你们家长的配合。

• 我们的活动需要家长配合的有以下几项……您觉得哪项内容可以帮助我们?

• 谢谢几位家长的帮助，相信我们的合作能使孩子开心、受益。

③家长沙龙。家长沙龙是由教师或家长组织，为家长提供一个宽松的环境，选取家长关心的热门话题展开一些讨论的活动。此类活动为家长之间、家长与教师之间提供了交流的机会，家长之间可以相互交流教育孩子的经验、体会、方法，还可以就幼儿教育的方法、制度交流看法。此类活动中主要发言者是幼儿家长，教师的作用主要体现在采取各种有效的调控手段，保证讨论活动顺利、高效地进行。

案例

一位教师与在平时与家长的交谈中发现，部分家长都为自己孩子的内向性格而担忧。这些孩子遇到事情就退缩，交往能力差，家长不知采用何种有效的方法进行教育，为此忧心忡忡。于是，教师针对“如何让孩子学会交往”这一话题，组织了一次家长沙龙活动。

教师：近段时间，根据家长的反映，班级里部分孩子性格内向，不懂得如何去交往，今天我们就这一话题展开讨论，请家长谈谈自己的见解。

家长甲：我们佳佳越大越没礼貌，以前还会和叔叔、阿姨问好，现在碰到认识的人，就躲起来。

教师：在幼儿园里她会主动跟老师打招呼呀。

家长乙：老师，我家孩子到别人家把他们的玩具都砸坏，还爬到桌子上去，你越说他他越过分，怎么办?

教师：可能是年龄小，孩子自制力较差吧。

家长丙：孩子同伴关系好与不好主要取决于孩子胆量的大小，我认为胆大胆小是天生的，教也没用，就随他去吧。

教师：这种观点是错误的，后天的培养比先天的素质更重要。

顿时，场面一片安静。

于是，教师又接着抛出第二个问题：“面对退缩型幼儿采用吓唬的方式要求孩子与他人交往能行吗？”大家都面面相觑，有的人还低着头。这时，教师点名请一位家长发表意见，以此来打破尴尬局面，但对于接下来的几个问题，家长参与的积极性都不是很高。

家园互动的落脚点在于家园达成一致，促进孩子的发展。一些具有突出特点的幼儿，如攻击性强、自信心缺乏、有情绪障碍或者规则意识差等，常常让家长感到困惑。于是，家长带着困惑来与教师、家长交流，急于想讨教教育良方。家长沙龙活动的主要发言者是家长，教师的作用是点拨、引导，形成良好的交流氛围。如果教师的语言模棱两可、含糊其辞，或否定过多，使家长无法回应，这样家长沙龙的目的就无法达到。

组织家长沙龙，教师要注意以下几方面：

第一，确定话题，及时抛球。话题往往是家长沙龙活动的起点和核心。一般教师在组织家长沙龙之前，要确定好话题，即家长关心的热门话题，切入点要小，使参与者能够感同身受，有话可说。在参与话题讨论时，教师要抱着平等的态度，及时有效地抛出话题，并需要进行适当的总结和过渡，把讨论引向深入。这样会使沙龙活动逐步由浅入深、环环相扣，从而达到良好的效果。

第二，慎重发言，保留观点。在家长眼中，教师是幼儿教育的专家，会比自己更加了解如何教育子女，即使有的家长认为老师的说法不正确，也担心说出不同意见老师会不高兴。所以，教师在讨论交流中，尤其在讨论刚开始时一般不要轻易发表自己的看法，应尽量保留自己的观点，否则会大大限制家长的发言热情，或把他们的发言引到自己的观点上来，导致讨论失去意义。

第三，自然调和，化解冷场。因为种种原因，讨论有时会出现冷场现象。教师可以针对讨论内容，及时梳理、引导，化解冷场。假如家长面对孩子的情况，一时找不到教育良方，教师就要对家长进行耐心的启发，以此带动其他家长发言。

第四，疏导矛盾，适时收网。在讨论交流过程中，家长观点、意见难免会不统一，严重时会发生争辩。教师此时要适时插入、疏导，坚持客观、公正，语气要委婉，还可以引导其他家长共同参与双方的争论，发表各自看法。如果双方分歧难以弥合，教师就应该果断终止双方讨论。

第五，为家长之间搭建沟通平台。教师在主持家长沙龙的过程中，不仅要善于倾听，适时小结，还要运用机智的语言把问题引向深入，形成教师与家长、家长与家长之间互动的场面，为家长搭建沟通平台。

下面这些说法有助于沟通：

- 刚才这位家长的建议让我很受启发，有谁还有不同意见吗？
- 不要着急，请两位不同意见的家长慢慢地将各自的理由讲一讲。
- 谢谢各位的参与，相信刚才的讨论对我们今后的育儿工作有所帮助。

2. 与领导沟通时交际口语的使用

由于工作关系，幼儿教师要经常接触各级领导。教师接触领导的目的各种各样：请示领导对工作进展做出批示，向领导汇报工作，向领导寻求帮助，向领导征求意见，工作失误向领导检讨等。教师接触的领导性格和风格各异，面对不同的领导，教师要具备一定的口语交际能力。

（1）第一次与领导接触时的交际口语。幼儿教师从应聘工作时就要与各级领导接触，与领导第一次接触沟通时的良好表现会给领导留下美好的第一印象，有助于教师今后开展工作。教师第一次与领导沟通应该注意以下几点：

①良好的个人仪表。在社交活动中，人的外表形象往往会起到潜移默化的作用，端庄、美好、整洁的仪表，能使对方产生好感，从而有助于自己今后工作的发展。

②简短扼要的自我介绍。第一次与领导谈话进行自我介绍时，语言要简洁清晰，将自己的能力、特点等做最概括的介绍，意在使对方了解自己，并与对方建立联系。讲话时要充满自信、面带微笑，态度要自然、亲切、随和，语速要不快不慢，目光要正视对方。同时，自我介绍的内容可根据实际情况的不同而进行调整，要有鲜明的针对性。

③根据谈话内容随机应答。在交谈的过程中，双方的心理活动是呈渐变状态的，这就要求教师在和人交谈时兼顾对方的心理活动，使谈话内容和听者的心境相适应并同步变化，这样才能让交谈内容明朗化，使双方产生共鸣。

下面这些说法有助于沟通：

• 您好！我叫某某，是某学校的应届毕业生，很高兴能参加此次应聘。

• 我的优势是……在今后的工作中一定会好好发挥出来。

• 这方面的经验我还不足，希望您能在今后的工作中给予指导。

（2）工作失误时与领导沟通的交际口语。幼儿教师在工作中失误是常有的事，特别是新教师。当工作出现失误或受领导批评时，教师要运用恰当的口语，客观地向领导汇报自己的情况，实事求是地检讨自己的错误并正视错误，同时表现出勇于改正的决心。

教师工作出现失误与领导沟通时要注意以下几方面：

①受到批评切忌满不在乎。受到批评时，最需要表现出诚恳的态度，表示自己确实从批评中吸取到、学习到一些教训。如果满不在乎、我行我素，会给领导留下工作态度不严肃的印象。

②对批评不要不服气。批评自有批评的道理，批评得对，就要认真接受批评、改正错误。错误的批评也有个如何正确对待的问题，如果教师不服气、发牢骚，将导致教师和领导的感情距离拉大，关系恶化。

③受到批评时，切忌当面冲突。受到不公平的批评或错误的指责时，教师可以向领导解释，一方面不能因为怕得罪领导忍而不言，另一方面，表明自己的态度时反应不要太激烈，尽量用委婉的语气表明自己的观点。

④受到批评不要过多解释。受到领导批评时，反复纠缠、争辩是很没有必要的。如果确有误解，可找机会辩白，点到为止。适当的让步反而会促使领导采取相应措施弥补自己的过失。

下面这些说法有助于沟通：

• 这件事情是我不对，您认为我怎么做能弥补？

• 我这样做行吗？在以后工作中希望您能给我指导。

• 这件事情我有一定的责任，但我还有几点困惑能和您谈谈吗？

• 您为我这事费心了，考虑这么周到，我真的很感激您。

（3）向领导提建议时的交际口语。教师在幼儿教育工作中难免会和领导发生意见冲突，有时冲突未必是坏事，解决冲突的过程对教师自身的发展、对幼儿园的发展，都能起到一定的推动作用。所以为了把工作做得更好，与领导沟通、给领导提建议或意见是非常必要的。教师在向领导提建议时要掌握一定的口语表达技巧。教师在向领导提建议时要注意以下几方面：

①从集体利益考虑，诚心诚意向领导提意见。只有具备了全局意识，才能抓住事物的本质，才能避免认识的片面性和狭隘性，也只有从集体利益考虑而提出的意见，领导才更容易接受。

②分析事情的关键症结所在。之所以向领导提意见，肯定是领导针对某一事情所做的决定存在偏差，教师就要深刻剖析事情的关键点，再本着顾全大局、务实的原则针对这些关键点提出解决方法。只有这样才会言之有理，领导才会容易接受。

③ 提意见要言简意赅，抓住重点。在提意见前，要做好充分的准备，尽量在最短的时间内将个人的观点阐述清楚，在分析的基础上列举关键症结，提出解决方法。若有可能，针对比较重大的事情，最好能准备一份详细的文稿，在你表达结束后递交，这样能让领导有时间更好地理解你的意思，更清楚地认识到你的能力和责任心。

④要针对领导的个性采用不同的方式在恰当的场合提出意见。因为个体差异，每个领导的个性不同，对意见提出方式的接受程度也有不同，有的领导喜欢在公开场合接受意见，共同探讨、解决问题；而有的领导则喜欢个体交流，私下探讨后再接受意见。提出意见的方式有很多种，包括正面直陈式、迂回暗示式、制造悬念式等，这要根据领导的性格、不同的场合、待解决的问题，有选择地使用。

下面这些说法有助于沟通：

• 请领导认真考虑我班的情况。

• 您看我的意见可以采用吗？

• 您对我的看法意见如何？请多多指导。

3. 与同事相处时交际口语的使用

在工作时间里，教师接触最多的除了幼儿就是同事了。教师在与同事共事的过程中，可能会与同事意见相左而产生争论；可能需要请同事帮忙，也可能想友善地帮助同事；工作之余，同事之间还会就某一话题进行广泛而深入的探讨。教师与同事建立良好的关系，形成良好的工作氛围，对于形成良好的心境至关重要，而且良好的心境对于提高教师工作效率有很大的帮助。因此，教师要掌握一定的与同事沟通的口语技巧。

（1）与同事意见相左时的交际口语。

①放慢语速，语气婉转。和同事意见相左时，如想表达自己的意见，说话速度一定要慢，这样会给人留下诚恳的印象。同时语气要婉转，切忌公开批评，公开批评很容易伤害同事的自尊心，让对方感到很没面子。这样，即使是合理的批评，同事也很难接受。

②对事不对人，切忌揭人短处。如有不同意见时，不要进行人身攻击，应只针对同事的具体行为和具体事情进行分析，避免揭老底、算旧账，不能使用“你这人总是这样”“你这老毛病怎么改不了”等语言。

③ 提建议具体明确，切忌含糊其辞。如果同事工作上有失误，要明确告诉同事自己不满的地方，让同事知道问题的症结所在，明白应该从哪方面进行弥补。

④ 听取他人意见时要虚心。与同事意见不同时要允许他人发表自己的看法，同时要诚心诚意听取。如果是自己失误，要真诚地向对方表示歉意，并承诺及时改正。如果对对方的意见不认同，应该口气坚定、婉转地告诉对方，同时陈述不认同的理由。

下面这些说法有助于沟通：

- 谢谢你的建议，这让我对自己上好课更有信心了。
- 你刚才提的建议某方面对我很有启发，有一点我认为……你认为呢？
- 你说的对，很抱歉给你带来了麻烦，我马上去弥补。

（2）有困难向同事求助时的交际口语。在工作与生活中，教师经常会遇到一些困难需要同事的帮助，如课堂教学指导、找教学资料、帮忙代课、帮忙制作课件、帮忙照看班级，甚至因为评职称、孩子升学、亲戚生病等事情请同事帮忙。这时的语言要诚挚，努力营造互助的人际氛围。

有困难向同事求助时要注意以下几个方面：

① 诚实说明原因，用情感征得对方的帮助。有困难向同事求助时，要做到诚实，不说谎，不欺骗对方，诚恳地将事情的前因后果、利害关系说清楚，用情感寻求对方的帮助，让同事明确到底怎样才能帮上忙。

②把握时机，语气谦恭。请同事帮忙要把握适当的时机，同事时间宽裕、心情愉快时，请他帮忙得到肯定答复的可能性就比较大。请同事帮忙时，语气要谦恭，多用请求、征询的口气，无论请同事帮什么忙，都应该“请”字当头。

③帮忙后要言谢，帮忙不成也要表示理解。请同事帮忙会给同事带来一定的麻烦，造成同事时间或精力上的消耗，为此教师要向同事表示歉意，帮忙后一定要真诚致谢。如同事有客观原因确实不能帮忙，教师要表示理解，不能抱怨，更不能给人脸色看。

④同事有困难，亦当帮忙。同事有困难请求帮助时，教师应该认真倾听对方的困难，回应语气要热情，并尽力帮忙，有些事情不能帮忙可以先向同事表示歉意，再委婉陈述理由。

下面这些说法有助于沟通：

- 实在抱歉，今天我遇到了……困难，你方便帮忙吗？
- 你现在有空吗？请你帮我……可以吗？
- 真的很感谢你，帮了这么大的忙。
- 没关系，你也有难处，我找某某试试。
- 你说的这事，我尽最大努力帮忙。

4. 与社区相关部门沟通时交际口语的使用

社区中拥有丰富的教育资源，幼儿园通过与社区联系可以有多方面的收获：对于教师而言，可以开拓教育渠道，掌握更多的信息；对于社区而言，可以及时了解社区内幼儿园教育情况，进而采取相应措施；对于幼儿而言，可以参加社区活动，增进实践能力。在与社区相关部门进行洽谈协商、寻求合作时，教师要掌握与社区人员交往的口语交际技巧。

与社区相关部门沟通时，口语的运用应注意以下几个方面：

（1）用语礼貌，积极介绍自己。无论在什么场合，教师在双方交流过程中都应使用礼貌语言，让对方感到自己被人尊重，进而增加合作的欲望。在交流过程中，尽量多使用“请”“麻烦”“打扰”“抱歉”等礼貌用语。在刚与人接触时，要进行恰当的自我介绍，包括本人姓名、所在幼儿园、从事的具体工作等。

（2）用语得体，说话通俗。教师与社区联系时，代表的是该幼儿园的教师群体，因此用语要符合教师职业特点，同时避免或尽量少使用专业术语，多用通俗化语言。社区工作人员不是从事教育的专职人员，他们会因为教师的语言过于专业而产生畏难情绪，以致拒绝与教师合作；即使合作了，他们也会因为不理解某些教育术语的内涵而使工作出现偏差。因此教师应尽量避免使用术语，实在无法避免也应做出通俗的解释。

（3）目的明确，符合事实。教师到社区联系是有目的的，因此教师要注意及时将双方谈话的中心移到自己沟通的目的上，尽可能深入详细地与社区人员交流双方合作事宜，包括合作的形式、步骤、负责人员、资金投入、活动安排等，以便使双方合作取得实际进展。同时教师还要注意说话内容要符合事实，不能为了说服社区人员而片面夸大活动的作用。

下面这些说法有助于沟通：

- 你好，我是某某幼儿园的某某老师，是大班的教研组长，这次活动主要是由我负责。
- 很抱歉给你带来了麻烦，但我们真的很需要你的配合。
- 以上是我们的活动方案，从你们的实际情况看可行吗？哪里需要调整？
- 再次谢谢你对我们工作的支持。

笔记

思考与练习

一、在幼儿教育工作中，与家长进行交际是幼儿教师的一项重要工作，与家长日常交流时，交际口语的使用包括哪几个方面？请举例说明教师在各种不同的场合与家长交际时，要使用不同的口语。

二、班上一位幼儿与同伴发生争抢现象，情急之下，他将同伴的手咬破了。下午家长来接孩子，作为班主任，针对下列类型的家长该怎样与他沟通：

1. 家长是位脾气暴躁的父亲该怎么说？
2. 家长是位因为工作繁忙而无法照顾孩子的母亲该怎么说？
3. 家长是位为溺爱孩子的祖辈怎么说？

三、家访包括哪几种形式？进行教育性家访时教师使用交际口语要注意哪些技巧？

四、开班级家长会时使用交际口语要注意哪几方面？某位教师刚踏上工作岗位就要召开小班新生家长会，请设计家长会的议程与话稿。

五、向领导提建议时，交际口语的使用要注意哪些技巧？幼儿园领导同时交给你两个任务，你感到力不从心，请你结合教材设计一段交际口语。

六、当一节展示活动课结束后，同事提出意见你不赞同时，你该怎样表述？请你结合教材设计一段交际口语。

七、案例分析：

1. 以下是一段教师与家长的对话，请分析教师的言语是否得当，并说明理由。

“这是今天你孩子画的图画，你看看，乱七八糟的，动手能力这么差怎么行，回家后你要多让他画画。”

2. 结合与领导接触时交际口语使用的方法，请分析下面几段对话是否妥当，并说明理由。

“这个任务我没办法完成。”

“我认为这个活动这样做是对的，请您相信我。”

“你要多关心关心教师就不会做出这个决定了。”

3. 同事有事请求某教师帮忙，而这位教师确实有点为难，请判断以下几段口语哪一种妥当，并说明理由。

“你没看我正忙着吗，等我忙完了再说吧。”

“真的很不好意思，我也很想帮你，可现在有点为难，要不迟一会儿我再找你？”

“帮你可以，准备怎么谢我？”

附录一 汉语方言声调对照表

表A 汉语方言声调对照表

方言区	古调类	平声	上声	去声		入声				声调数
	例字	天 平	古 老 近	放	大	急	各	六	杂	
	地名	调值和调类								
北方方言区	普通话(北京)	阴平55	阳平35	上声214		去声51		入声分别归阴、阳、上、去		4
	沈阳	阴平44	阳平35	上声213		去声41		入声分别归阴、阳、上、去		4
	济南	阴平213	阳平42	上声55		去声31		同上		4
	滦县	平声11		上声213		去声55		入声分别归平、上、去		3
	烟台	平声31		上声214		去声55		同上		3
	徐州	阴平313	阳平55	上声35		去声51		入声分别归阴、阳		4
	南京	阴平31	阳平13	上声22		去声44		入声5		4
	成都	阴平44	阳平41	上声52		去声13		入声分别归平		4
吴方言区	苏州	阴平44	阳平41	上声52	归阳去	阴去412	阳去31	24阴入5	阳入2	7
	无锡	阴平55	阳平14	上声234	阳上33	阳去35	阳去213	阴入5	阳入2	8
	上海	阴平54	阳平24	上声33		归上声	归阴平	阴入5	阳入2	5
湘方言区	长沙	阴平33	阳平13	上声41		阳去55	阳去11	入声24		6
赣方言区	南昌	阴平43	阳平24	上声213		阳去55	阴去31	入声5		6
客家方言区	梅县	阴平44	阳平11	上声31		去声42		阴入21	阳入4	6
闽方言区	福州	阴平44	阳平52	上声31		阳去242	阴去213	阴入23	阳入4	7
	厦门	阴平55	阳平24	上声51		阳去33	阴去11	阴入32	阳入5	7

续表

粤方言区	广州	阴平 55 53	阳平 21 11	阴上35	阳上13	阴去33	阳去22	上阴入55	上阴入33	阳入22		9
	玉林	阴平54	阳平32	阴去52	阳去21			入55	入33	入12	下阳入11	10

附录二 普通话异读词审音表

说 明

一、本表所审，主要是普通话有异读的词和有异读的作为“语素”的字。不列出多音多义字的全部读音和全部义项，与字典、词典形式不同，例如，“和”字有多种义项和读音，而本表仅列出原有异读的八条词语，分列于 hè 和 huo 两种读音之下（有多种读音，较常见的在前。下同）；其余无异读的音、义均不涉及。

二、在字后注明“统读”的，表示此字不论用于任何词语中只读一音（轻声变读不受此限），本表不再举出词例。例如，“阀”字注明“fá（统读）”，原表“军阀”“学阀”“财阀”条和原表所无的“阀门”等词均不再举。

三、在字后不注“统读”的，表示此字有几种读音，本表只审订其中有异读的词语的读音。例如，“艾”字本有 ài 和 yì 两音，本表只举“自怨自艾”一词，注明此处读 yì 音；至于 ài 音及其义项，并无异读，不再赘列。

四、有些字有文白二读，本表以“文”和“语”作注。前者一般用于书面语言，用于复音词和文言成语中；后者多用于口语中的单音词及少数日常生活事物的复音词中。这种情况在必要时各举词语为例。例如，“杉”字下注“（一）shān（文）：紫～、红～、水～；（二）shā（语）：～篙、～木”。

五、有些字除附举词例之外，酌加简单说明，以便读者分辨。说明或按具体字义，或按“动作义”“名物义”等区分，例如，“畜”字下注“（一）chù（名物义）：～力、家～、牲～、幼～；（二）xù（动作义）：～产、～牧、～养”。

六、有些字的几种读音中某音用处较窄，另音用处甚宽，则注“除××（较少的词）念乙音外，其他都念甲音”，以避免列举词条繁而未尽、挂一漏万的缺点。例如，“结”字下注“除‘～了个果子’‘开花～果’‘～巴’‘～实’念 jiē 之外，其他都念 jié”。

七、由于轻声问题比较复杂，除《普通话异读词审音表初稿》涉及的部分轻声词之外，本表一般不予审订，并删去部分原审的轻声词，如“麻刀（dao）”“容易（yi）”等。

八、本表酌增少量有异读的字或词，作了审订。

九、除因第二、六、七各条说明中所举原因而删略的词条之外，本表又删汰了部分词条。主要原因是：1. 现已无异读（如“队伍”“理会”）；2. 罕用词语（如“俵分”“仔密”）；3. 方言土音（如“归里包堆〔zuī〕”“告送〔song〕”）；4. 不常用的文言词语（如“刍荛”“氍毹”）；5. 音变现象（如“胡里八涂〔tū〕”“毛毛腾腾〔tēngtēng〕”）；6. 重复累赘（如原表“色”字的有关词语分列达 23 条之多）。删汰条目不再编入。

十、人名、地名的异读审订，除原表已涉及的少量词条外，留待以后再审。

A

阿（一）ā
~訇 ~罗汉
~木林 ~姨
（二）ē
~谀 ~附
~胶 ~弥陀佛
挨（一）āi
~个 ~近
（二）ái
~打 ~说
癌ái （统读）
霭ǎi （统读）
蔼ǎi （统读）
隘ài （统读）
谙ān （统读）
埯ǎn （统读）
昂áng （统读）
凹āo （统读）
拗（一）ào
~口
（二）niù
执~
脾气很~
坳ào （统读）

B

拔bá （统读）
把bà
印~子
白 bái （统读）
膀 bǎng
翅~
蚌（一）bàng
蛤~
（二）bèng
~埠
傍bàng （统读）
磅 bàng
过~
龅bāo （统读）
胞bāo （统读）
薄（一）báo（语）
常单用，如“纸很~”。
（二）bó（文）
多用于复音词。
~弱 稀~
淡~ 尖嘴~舌
单~ 厚~
堡（一）bǎo
碉~ ~垒
（二）bǔ
~子
吴~瓦窑
柴沟~
（三）pù
十里~
暴（一）bào
~露
（二）pù
一~（曝）十寒
爆 bào （统读）
焙 bèi （统读）
惫 bèi （统读）
背 bèi
~脊 ~静
鄙 bǐ （统读）
俾 bǐ （统读）
笔 bǐ （统读）
比 bǐ （统读）
臂（一）bì
手~ ~膀
（二）bei
胳~
庇bì （统读）
髀bì （统读）
避bì （统读）
辟bì
复~
裨 bì
~补 ~益
婢 bì （统读）
痹 bì （统读）
壁 bì （统读）
蝙 biān （统读）
遍 biàn （统读）
骠（一）biāo
黄~马
（二）piào
~骑 ~勇
傧 bīn （统读）
缤 bīn （统读）
濒 bīn （统读）
髌 bìn （统读）
屏（一）bǐng
~除 ~弃
~气 ~息
（二）píng
~藩 ~风
柄 bǐng （统读）
波 bō （统读）
播 bō （统读）
菠bō （统读）
剥（一）bō（文）
~削
（二）bāo（语）
泊（一）bó
淡~ 飘~
停~
（二）pō
湖~ 血~
帛bó （统读）
勃bó （统读）
钹bó （统读）
伯（一）bó
~~（bo）
老~
（二）bǎi
大~子（丈夫的哥哥）
箔 bó （统读）
簸（一）bǒ
颠~
（二）bò
~箕
膊 bo
胳~
卜 bo
萝~
醭bú （统读）
哺bǔ （统读）
捕bǔ （统读）
鵏bǔ （统读）
埠bù （统读）

C

残cán （统读）
惭cán （统读）

笔记

灿càn　（统读）
　藏（一）cáng
　矿~
　（二）zàng
　宝~
糙cāo　（统读）
嘈cáo　（统读）
螬cáo　（统读）
厕cè　（统读）
岑cén　（统读）
差（一）chā（文）
　不~累黍
　不~什么
　偏~ 色~ ~别
　视~ 误~ 电势~
　一念之~ ~池
　~错 言~语错
　一~二错 阴错阳~
　~等 ~额 ~价
　~强人意 ~数
　~异
　（二）chà
　（语）~不多
　~不离 ~点儿
　（三）cī
　参~
猹chá　（统读）
搽chá　（统读）
阐chǎn　（统读）
羼chàn　（统读）
颤（一）chàn
　~动 发~
　（二）zhàn
　~栗（战栗） 打~
　（打战）
韂chàn　（统读）
伥chāng　（统读）
场（一）chǎng
　~合 ~所 冷~
　捧~
　（二）cháng
　外~ 圩~ ~院
　一~雨
　（三）chang
　排~
钞chāo　（统读）
巢cháo　（统读）
嘲cháo
　~讽 ~骂 ~笑
耖chào　（统读）
车（一）chē
　安步当~ 杯水~薪
　闭门造~ 螳臂当~
　（二）jū
　（象棋棋子名称）
晨chén　（统读）
称chèn
　~心 ~意 ~职
　对~ 相~
撑chēng　（统读）
乘（动作义，念
chéng）
　包~制 ~便
　~风破浪 ~客
　~势 ~兴
橙chéng　（统读）
惩chéng　（统读）
澄（一）chéng（文）
　~清（如“~清
　混乱”“~清
　问题”）
　（二）dèng（语）
　单用，如“把水~
　清了”。
痴chī　（统读）
吃chī　（统读）
弛chí　（统读）
褫chǐ　（统读）
尺chǐ
　~寸 ~头
豉chǐ　（统读）
侈chǐ　（统读）
炽chì　（统读）
舂chōng　（统读）
冲chòng
　~床 ~模
臭（一）chòu
　遗~万年
　（二）xiù
　乳~ 铜~
储chǔ　（统读）
处chǔ（动作义）
　~罚 ~分 ~决
　~理 ~女 ~置
畜（一）chù
　（名物义）
　~力 家~ 牲~ 幼~
　（二）xù
　（动作义）
　~产 ~牧 ~养
触chù　（统读）
搐chù　（统读）
绌chù　（统读）
黜chù　（统读）
闯chuǎng　（统读）
创（一）chuàng
　草~ ~举 首~
　~造 ~作
　（二）chuāng
　~伤 重~
绰（一）chuò
　~~有余
　（二）chuo
　宽~
疵cī　（统读）
雌cí　（统读）
赐cì　（统读）
伺cì
　~候
枞（一）cōng
　~树
　（二）zōng
　~阳〔地名〕
从cóng　（统读）
丛cóng　（统读）
攒cuán
　万头~动 万箭~心
脆cuì　（统读）
撮（一）cuō
　~儿 一~儿盐
　一~儿匪帮
　（二）zuǒ
　一~儿毛
措cuò　（统读）

D

搭dā　（统读）
答（一）dá
　报~ ~复
　（二）dā

~理 ~应
打dá
苏~
一~（十二个）
大（一）dà
~夫（古官名）
~王（如爆破~王、钢铁~王）
（二）dài
~夫（医生）~黄
~王（如山~王）
~城〔地名〕
呆dāi （统读）
傣dǎi （统读）
逮（一）dài（文）
如“~捕”。
（二）dǎi（语）
单用，如“~蚊子”“~特务”。
当（一）dāng
~地 ~间儿
~年（指过去）
~日（指过去）
~天（指过去）
~时（指过去）
螳臂~车
（二）dàng
一个~俩 安步~车
适~
~年（同一年）
~日（同一时候）
~天（同一天）
档dàng （统读）
蹈dǎo （统读）
导dǎo （统读）

倒（一）dǎo
颠~ 颠~是非
颠~黑白 颠三~四
倾箱~箧 排山~海
~板 ~嚼 ~仓
~嗓 ~戈 潦~
（二）dào
~粪（把粪弄碎）
悼dào （统读）
纛dào （统读）
凳dèng （统读）
羝dī （统读）
氐dī〔古民族名〕
堤dī （统读）
提dī
~防
的dí
~当 ~确
抵dǐ （统读）
蒂dì （统读）
缔dì （统读）
谛dì （统读）
点dian
打~(收拾、贿赂）
跌diē （统读）
蝶dié （统读）
订dìng （统读）
都（一）dōu
~来了
（二）dū
~市 首~
大~（大多）
堆duī （统读）
吨dūn （统读）
盾dùn （统读）

多duō （统读）
咄duō （统读）
掇（一）duō
（“拾取、采取”义）
（二）duo
撺~ 掂~
裰duō （统读）
踱duó （统读）
度duó
忖~ ~德量力

E

婀ē （统读）

F

伐fá （统读）
阀fá （统读）
砝fǎ （统读）
法fǎ （统读）
发fà
理~ 脱~ 结~
帆fān （统读）
藩fān （统读）
梵fàn （统读）
坊（一）fāng
牌~ ~巷
（二）fáng
粉~ 磨~ 碾~
染~ 油~ 谷~
妨fáng （统读）
防fáng （统读）
肪fáng （统读）
沸fèi （统读）
汾fén （统读）

讽fěng （统读）
肤fū （统读）
敷fū （统读）
俘fú （统读）
浮fú （统读）
服fú
~毒 ~药
拂fú （统读）
辐fú （统读）
幅fú （统读）
甫fǔ （统读）
复fù （统读）
缚fù （统读）

G

噶gá （统读）
冈gāng （统读）
刚gāng （统读）
岗gǎng
~楼 ~哨 ~子 门~
站~ 山~子
港gǎng （统读）
葛（一）gé
~藤 ~布 瓜~
（二）gě〔姓〕
（包括单、复姓）
隔gé （统读）
革gé
~命 ~新 改~
合gě（一升的十分之一）
给（一）gěi（语）
单用。
（二）jǐ（文）
补~ 供~ 供~制

~予 配~ 自~自足
亘gèn （统读）
更gēng
五~ ~生
颈gěng
脖~子
供（一）gōng
~给 提~ ~销
（二）gòng
口~ 翻~ 上~
佝gōu （统读）
枸gǒu
~杞
勾gòu
~当
估（除"~衣"读gù外，都读gū）
骨（除"~碌""~朵"读gū外，都读gǔ）
谷gǔ
~雨
锢gù （统读）
冠（一）guān（名物义）
~心病
（二）guàn（动作义）
沐猴而~ ~军
犷guǎng （统读）
庋guǐ （统读）
桧（一）guì（树名）
（二）huì
（人名）"秦~"。
刽guì （统读）
聒guō （统读）
蝈guō （统读）
过（除姓氏读guō外，都读guò）

H

虾há
~蟆
哈（一）hǎ
~达
（二）hà
~什蚂
汗hán
可~
巷hàng
~道
号háo
寒~虫
和（一）hè
唱~ 附~
曲高~寡
（二）huo
搀~ 搅~ 暖~
热~ 软~
貉（一）hé（文）
一丘之~
（二）háo（语）
~绒 ~子
壑hè （统读）
褐hè （统读）
喝hè
~采 ~道 ~令
~止 呼幺~六
鹤hè （统读）
黑hēi （统读）
亨hēng （统读）
横（一）héng
~肉 ~行霸道
（二）hèng
蛮~ ~财
訇hōng （统读）
虹（一）hóng（文）
~彩 ~吸
（二）jiàng（语）
单说。
讧hòng （统读）
囫hú （统读）
瑚hú （统读）
蝴hú （统读）
桦huà （统读）
徊huái （统读）
踝huái （统读）
浣huàn （统读）
黄huáng （统读）
荒huang
饥~(指经济困难)
诲huì （统读）
贿huì （统读）
会huì
一~儿 多~儿
~厌（生理名词）
混hùn
~合 ~乱 ~凝土
~淆 ~血儿 ~杂
蠖huò （统读）
霍huò （统读）
豁huò
~亮
获huò （统读）

J

羁jī （统读）
击jī （统读）
奇jī
~数
芨jī （统读）
缉（一）jī
通~ 侦~
（二）qī
~鞋口
几jī
茶~ 条~
圾jī （统读）
戢jí （统读）
疾jí （统读）
汲jí （统续）
棘jí （统读）
藉jí
狼~（籍）
嫉jí （统读）
脊jǐ （统读）
纪（一）jǐ〔姓〕
（二）jì
~念 ~律 纲~ ~元
偈jì
~语
绩jì （统读）
迹jì （统读）
寂jì （统读）
箕ji
簸~
辑ji

逻~
茄jiā
雪~
夹jiā
~带藏掖 ~道儿
~攻 ~棍 ~生 ~杂
~竹桃 ~注
浃jiā （统读）
甲jiǎ （统读）
歼jiān （统读）
鞯jiān （统读）
间（一）jiān
~不容发 中~
（二）jiàn
中~儿 ~道 ~谍
~断 ~或 ~接
~距 ~隙 ~续
~阻 ~作 挑拨离~
趼jiǎn （统读）
俭jiǎn （统读）
缰jiāng （统读）
膙jiǎng （统读）
嚼（一）jiáo（语）
味同~蜡
咬文~字
（二）jué（文）
咀~ 过屠门而大~
（三）jiào
倒~（倒嚼）
侥jiǎo
~幸
角（一）jiǎo
八~（大茴香）
~落 独~戏 ~膜
~度 ~儿（犄~）
~楼 勾心斗~
号~ 口~（嘴~）
鹿~菜 头~
（二）jué
~斗 ~儿（脚色）
口~ （吵嘴）
主~儿 配~儿 ~力
捧~儿
脚（一）jiǎo
根~
（二）jué
~儿（也作"角
儿"，脚色）
剿（一）jiǎo
围~
（二）chāo
~说 ~袭
校jiào
~勘 ~样 ~正
较jiào （统读）
酵jiào （统读）
嗟jiē （统读）
疖jiē （统读）
结（除"~了个
果子" "开花~
果" "~巴"
"~实"念jiē之外，
其他都念jié）
睫jié （统读）
芥（一）jiè
~菜（一般的芥菜）
~末
（二）gài
~菜（也作"盖
菜"）
~蓝菜
矜jīn
~持 自~ ~怜
仅jǐn
~~ 绝无~有
馑jǐn （统读）
觐jìn （统读）
浸jìn （统读）
斤jin
千~（起重的工具）
茎jīng （统读）
粳jīng （统读）
鲸jīng （统读）
境jìng （统读）
痉jìng （统读）
劲jìng
刚~
窘jiǒng （统读）
究jiū （统读）
纠jiū （统读）
鞠jū （统读）
鞫jū （统读）
掬jū （统读）
苴jū （统读）
咀jǔ
~嚼
矩（一）jǔ
~形
（二）ju
规~
俱jù （统读）
龟jūn
~裂（也作"皲
裂"）
菌（一）jūn
细~ 病~ 杆~ 霉~
（二）jùn
香~ ~子
俊jùn （统读）

K

卡（一）kǎ
~宾枪 ~车 ~介苗
~片 ~通
（二）qiǎ
~子 关~
揩kāi （统读）
慨kǎi （统读）
忾kài （统读）
勘kān （统读）
看 kān
~管 ~护 ~守
慷kāng （统读）
拷kǎo （统读）
坷 kē
~拉（垃）
疴kē （统读）
壳（一）ké（语）
~儿 贝~儿 脑~
驳~枪
（二）qiào（文）
地~ 甲~ 躯~
可（一）kě
~~儿的
（二）kè
~汗
恪kè （统读）
刻kè （统读）
克 kè
~扣

空（一）kōng
~心砖 ~城计
（二）kòng
~心吃药
眍kōu （统读）
矻kū （统读）
酷kù （统读）
框kuàng （统读）
矿kuàng （统读）
傀kuǐ （统读）
溃（一）kuì
~烂
（二）huì
~脓
篑kuì （统读）
括kuò （统读）

L

垃lā （统读）
邋lā （统读）
罱lǎn （统读）
缆lǎn （统读）
蓝 lan
苤~
琅láng （统读）
捞lāo （统读）
劳láo （统读）
醪láo （统读）
烙（一）lào
~印 ~铁 ~饼
（二）luò
炮~（古酷刑）
勒（一）lè（文）
~逼 ~令 ~派 ~索
悬崖~马
（二）lēi（语）
多单用。
擂（除"~台""打~"读lèi外，都读léi）
礌léi （统读）
羸léi （统读）
蕾lěi （统读）
累（一）lèi
（辛劳义，如"受~"〔受劳~〕）
（二）léi
（如"~赘"）
（三）lěi
（牵连义，如"带~""~及""连~""赔~""牵~""受~"〔受牵~〕）
蠡（一）lí
管窥~测
（二）lǐ
~县 范~
喱lí （统读）
连lián （统读）
敛liǎn （统读）
恋liàn （统读）
量（一） liàng
~入为出 忖~
（二） liang
打~ 掂~
踉liàng
~跄
潦 liáo
~草 ~倒
劣liè （统读）
捩liè （统读）
趔liè （统读）
拎līn （统读）
遴lín （统读）
淋（一）lín
~浴 ~漓 ~巴
（二）lìn
~硝 ~盐 ~病
蛉líng （统读）
榴liú （统读）
馏（一）liú（文）
如"干~""蒸~"。
（二）liù（语）
如"~馒头"。
镏 liú
~金
碌 liù
~碡
笼（一）lóng
（名物义）
~子 牢~
（二） lǒng
（动作义）
~络 ~括 ~统 ~罩
偻（一） lóu
佝~
（二）lǚ
伛~
瞜 lou
眍~
虏lǔ （统读）
掳lǔ （统读）
露（一）lù（文）
赤身~体 ~天 ~骨
~头角 藏头~尾
抛头~面
~头（矿）
（二）lòu（语）
~富 ~苗 ~光 ~相
~马脚 ~头
榈lú （统读）
捋（一）lǚ
~胡子
（二）luō
~袖子
绿（一）lǜ（语）
（二）lù（文）
~林 鸭~江
孪luán （统读）
挛luán （统读）
掠lüè （统读）
囵lún （统读）
络 luò
~腮胡子
落（一）luò（文）
~膘 ~花生 ~魄
涨~ ~槽 着~
（二）lào（语）
~架 ~色 ~炕
~枕 ~儿 ~子
（一种曲艺）
（三）là（语），遗落义。
丢三~四 ~在后面

M

脉（除"~~"念mòmò外，一律念mài）

漫màn（统读）
蔓（一）màn（文）
~延 不~不支
（二）wàn（语）
瓜~ 压~
牤māng（统读）
氓máng
流~
芒máng（统读）
铆mǎo（统读）
瑁mào（统读）
虻méng（统读）
盟méng（统读）
祢mí（统读）
眯（一）mí
~了眼（灰尘等入目，也作“迷”）
（二）mī
~了一会儿（小睡）
~缝着眼（微微合目）
靡（一）mí
~费
（二）mǐ
风~ 委~ 披~
秘（除“~鲁”读bì外，都读mì）
泌（一）mì（语）
分~
（二）bì（文）
~阳〔地名〕
娩miǎn（统读）
缈miǎo（统读）
皿mǐn（统读）
闽mǐn（统读）

茗míng（统读）
酩mǐng（统读）
谬miù（统读）
摸mō（统读）
模（一）mó
~范 ~式 ~型
~糊 ~特儿
~棱两可
（二）mú
~子 ~具 ~样
膜mó（统读）
摩mó
按~ 抚~
嬷mó（统读）
墨mò（统读）
耱mò（统读）
沫mò（统读）
缪 móu
绸~

N

难（一）nán
困~（或变轻声）
~兄~弟（难得的兄弟，现多用作贬义）
（二）nàn
排~解纷 发~
刁~ 责~
~兄~弟（共患难或同受苦难的人）
蝻nǎn（统读）
蛲náo（统读）
讷nè（统读）
馁něi（统读）

嫩nèn（统读）
恁nèn（统读）
妮nī（统读）
拈niān（统读）
鲇nián（统读）
酿niàng（统读）
尿（一）niào
糖~病
（二）suī（只用于口语名词）
尿（niào）~
~脬
嗫niè（统读）
宁（一）níng
安~
（二）nìng
~可 无~〔姓〕
忸niǔ（统读）
脓nóng（统读）
弄（一）nòng
玩~
（二）lòng
~堂
暖nuǎn（统读）
衄nǜ（统读）
疟（一）nüè（文）
~疾
（二）yào（语）
发~子
娜（一）nuó
婀~ 袅~
（二）nà
（人名）

O

殴ōu（统读）
呕ǒu（统读）

P

杷pá（统读）
琶pá（统读）
牌pái（统读）
排pǎi
~子车
迫pǎi
~击炮
湃pài（统读）
爿pán（统读）
胖pán
心广体~（~为安舒貌）
蹒pán（统读）
畔pàn（统读）
乓pāng（统读）
滂pāng（统读）
脬pāo（统读）
胚pēi（统读）
喷（一）pēn
~嚏
（二）pèn
~香
（三）pen
嚏~
澎péng（统读）
坯pī（统读）
披pī（统读）
匹pǐ（统读）
僻pì（统读）
譬pì（统读）
片（一）piàn

~子 唱~ 画~ 相~
影~ ~儿会
（二）piān
（口语一部分词）
~子 ~儿 唱~儿
画~儿 相~儿
影~儿
剽piāo （统读）
缥piāo
~缈（飘渺）
撇piē
~弃
聘pìn （统读）
乒pīng （统读）
颇pō （统读）
剖pōu （统读）
仆（一）pū
前~后继
（二）pú
~从
扑pū （统读）
朴（一）pǔ
俭~ ~素 ~质
（二）pō
~刀
（三）pò
~硝 厚~
蹼pǔ （统读）
瀑pù
~布
曝（一）pù
一~十寒
（二）bào
~光（摄影术语）

Q

栖qī
两~
戚qī （统读）
漆qī （统读）
期qī （统读）
蹊qī
~跷
蛴qí （统读）
畦qí （统读）
萁qí （统读）
骑qí （统读）
企qǐ （统读）
绮qǐ （统读）
杞qǐ （统读）
槭qì （统读）
洽qià （统读）
签qiān （统读）
潜qián （统读）
荨（一）qián（文）
~麻
（二）xún（语）
~麻疹
嵌qiàn （统读）
欠qian
打哈~
戕qiāng （统读）
镪 qiāng
~水
强（一）qiáng
~渡 ~取豪夺
~制 博闻~识
（二）qiǎng
勉~ 牵~ ~词夺理
~迫 ~颜为笑
（三）jiàng
倔~
襁qiǎng （统读）
跄qiàng （统读）
悄（一）qiāo
~~儿的
（二）qiǎo
~默声儿的
橇qiāo （统读）
翘（一）qiào（语）
~尾巴
（二）qiáo（文）
~首 ~楚 连~
怯qiè （统读）
挈qiè （统读）
趄qie
趔~
侵qīn （统读）
衾qīn （统读）
噙qín （统读）
倾qīng （统读）
亲 qìng
~家
穹qióng （统读）
黢qū （统读）
曲（麯）qū
大~ 红~ 神~
渠qú （统读）
瞿qú （统读）
蠼qú （统读）
苣 qǔ
~荬菜
龋qǔ （统读）
趣qù （统读）
雀 què
~斑 ~盲症

R

髯rán （统读）
攘rǎng （统读）
桡ráo （统读）
绕rào （统读）
任rén〔姓，地名〕
妊rèn （统读）
扔rēng （统读）
容róng （统读）
糅róu （统读）
茹rú （统读）
孺rú （统读）
蠕rú （统读）
辱rǔ （统读）
挼ruó （统读）

S

靸sǎ （统读）
噻sāi （统读）
散（一）sǎn
懒~ 零零~~
~漫
（二）san
零~
丧 sang
哭~着脸
扫（一）sǎo
~兴
（二）sào
~帚
埽sào （统读）
色（一）sè（文）

（二）shǎi（语）
塞（一）sè（文）
动作义。
（二）sāi（语）
名物义，如：活~”
“瓶~”；动作义，
如：“把洞~住”。
森sēn　（统读）
煞（一）shā
~尾 收~
（二）shà
~白
啥 shá　（统读）
厦（一）shà（语）
（二）xià（文）
~门 噶~
杉（一）shān（文）
紫~ 红~ 水~
（二）shā（语）
~篙 ~木
衫shān　（统读）
姗shān　（统读）
苫（一）shàn
（动作义，如“~布”）
（二）shān
（名物义，如草~
子”）
墒shāng　（统读）
猞shē　（统读）
舍shè
宿~
慑shè　（统读）
摄shè　（统读）
射shè　（统读）
谁shéi，又音shuí

娠shēn　（统读）
什（甚）shén
~么
蜃shèn（统读）
葚（一）shèn（文）
桑~
（二）rèn（语）
桑~儿
胜shèng　（统读）
识shí
常~ ~货 ~字
似 shì
~的
室shì　（统读）
螫（一）shì（文）
（二）zhē（语）
匙shi
钥~
殊shū　（统读）
蔬shū　（统读）
疏shū　（统读）
叔shū　（统读）
淑shū　（统读）
菽shū　（统读）
熟（一）shú（文）
（二）shóu（语）
署shǔ　（统读）
曙shǔ　（统读）
漱shù　（统读）
戍shù　（统读）
蟀shuài　（统读）
孀shuāng　（统读）
说 shuì
游~
数 shuò

~见不鲜
硕shuò　（统读）
蒴shuò　（统读）
艘sōu　（统读）
嗾sǒu　（统读）
速sù　（统读）
塑sù　（统读）
虽suī　（统读）
绥suí　（统读）
髓suǐ　（统读）
遂（一）suì
不~ 毛~自荐
（二）suí
半身不~
隧suì　（统读）
隼sǔn　（统读）
莎suō
~草
缩（一）suō
收~
（二）sù
~砂密（一种植物）
嗍suō　（统读）
索suǒ　（统读）

T

趿tā　（统读）
鳎tǎ　（统读）
獭tǎ　（统读）
沓（一）tà
重~
（二）ta
疲~
（三）dá
一~纸

苔（一）tái（文）
（二）tāi（语）
探tàn　（统读）
涛tāo　（统读）
悌tì　（统读）
佻tiāo　（统读）
调 tiáo
~皮
帖（一）tiē
妥~ 伏伏~~
俯首~耳
（二）tiě
请~ 字~儿
（三）tiè
字~ 碑~
听tīng　（统读）
庭tíng　（统读）
骰tóu　（统读）
凸tū　（统读）
突tū　（统读）
颓tuí　（统读）
蜕tuì　（统读）
臀tún　（统读）
唾tuò　（统读）

W

娲wā　（统读）
挖wā　（统读）
瓦 wà
~刀
喎wāi　（统读）
蜿wān　（统读）
玩wán　（统读）
惋wǎn　（统读）
脘wǎn　（统读）

笔记

往wǎng （统读）
忘wàng （统读）
微wēi （统读）
巍wēi （统读）
薇wēi （统读）
危wēi （统读）
韦wéi （统读）
违wéi （统读）
唯wéi （统读）
圩（一）wéi
~子
（二）xū
~（墟）场
纬wěi （统读）
委 wěi
~靡
伪wěi （统读）
萎wěi （统读）
尾（一）wěi
~巴
（二）yǐ
马~儿
尉wèi
~官
文wén （统读）
闻wén （统读）
紊wěn （统读）
喔wō （统读）
蜗wō （统读）
硪wò （统读）
诬wū （统读）
梧wú （统读）
牾wǔ （统读）
乌wù
~拉（也作“靰鞡”）~拉草
杌wù （统读）
鹜wù （统读）

X

夕xī （统读）
汐xī （统读）
晰xī （统读）
析xī （统读）
皙xī （统读）
昔xī （统读）
溪xī （统读）
悉xī （统读）
熄xī （统读）
蜥xī （统读）
螅xī （统读）
惜xī （统读）
锡xī （统读）
樨xī （统读）
袭xí （统读）
檄xí （统读）
峡xiá （统读）
暇xiá （统读）
吓 xià
杀鸡~猴
鲜 xiān
屡见不~
数见不~
锨xiān （统读）
纤 xiān
~维
涎xián （统读）
弦xián （统读）
陷xiàn （统读）
霰xiàn （统读）
向xiàng （统读）
相 xiàng
~机行事
淆xiáo （统读）
哮xiào （统读）
些xiē （统读）
颉 xié
~颃
携xié （统读）
偕xié （统读）
挟xié （统读）
械xiè （统读）
馨xīn （统读）
囟xìn （统读）
行xíng
操~ 德~ 发~ 品~
省 xǐng
内~ 反~ ~亲
不~人事
芎xiōng （统读）
朽xiǔ （统读）
宿xiù
星~ 二十八~
煦xù （统读）
蓿xu
苜~
癣xuǎn （统读）
削（一）xuē（文）
剥~ ~减 瘦~
（二）xiāo（语）
切~ ~铅笔 ~球
穴xué （统读）
学xué （统读）
雪xuě （统读）
血（一）xuè（文）
用于复音词及成语，如“贫~”“心~”“呕心沥~”“~泪史”“狗~喷头”等。
（二）xiě（语）
口语多单用，如“流了点儿~”及几个口语常用词，如：“鸡~”“~晕”“~块子”等。
谑xuè （统读）
寻xún （统读）
驯xùn （统读）
逊xùn （统读）
熏 xùn
煤气~着了
徇xùn （统读）
殉xùn （统读）
蕈xùn （统读）

Y

押yā （统读）
崖yá （统读）
哑yǎ
~然失笑
亚yà （统读）
殷yān
~红
芫yán
~荽
筵yán （统读）
沿yán （统读）
焰yàn （统读）

夭yāo （统读）
肴yáo （统读）
杳yǎo （统读）
舀yǎo （统读）
钥（一）yào（语）
~匙
（二）yuè（文）
锁~
曜yào （统读）
耀yào （统读）
椰yē （统读）
噎yē （统读）
叶yè
~公好龙
曳yè
弃甲 ~兵 摇~
~光弹
屹yì （统读）
轶yì （统读）
谊yì （统读）
懿yì （统读）
诣yì （统读）
艾yì
自怨自~
荫 yìn（统读）
（“树~”“林~道”应作“树阴”“林阴道”）
应（一）yīng
~届 ~名儿 ~许
提出的条件他都~了
是我~下来的任务
（二）yìng
~承 ~付 ~声 ~时
~验 ~邀 ~用 ~运
~征 里~外合
萦yíng （统读）
映yìng （统读）
佣 yōng
~工
庸yōng （统读）
臃yōng （统读）
壅yōng （统读）
拥yōng （统读）
踊yǒng （统读）
咏yǒng （统读）
泳yǒng （统读）
莠yǒu （统读）
愚yú （统读）
娱yú （统读）
愉yú （统读）
伛yǔ （统读）
屿yǔ （统读）
吁yù
呼~
跃yuè （统读）
晕（一）yūn
~倒 头~
（二）yùn
月~ 血~ ~车
酝yùn （统读）

Z

匝zā （统读）
杂zá （统读）
载（一）zǎi
登~ 记~
（二）zài
搭~ 怨声~道 重~
装~ ~歌~舞
簪zān （统读）
咱zán （统读）
暂zàn （统读）
凿záo （统读）
择（一）zé
选~
（二）zhái
~不开 ~菜 ~席
贼zéi （统读）
憎zēng （统读）
甑zèng （统读）
喳zhā
唧唧~~
轧（除“~钢”“~辊”念zhá外，其他都念yà）
（gá为方言，不审）
摘zhāi （统读）
粘 zhān
~贴
涨 zhǎng
~落 高~
着（一）zháo
~慌 ~急 ~家 ~凉
~忙 ~迷 ~水 ~雨
（二）zhuó
~落 ~手 ~眼 ~意
~重 不~边际
（三）zhāo
失~
沼zhǎo （统读）
召zhào （统读）
遮zhē （统读）
蛰zhé （统读）
辙zhé （统读）
贞zhēn （统读）
侦zhēn （统读）
帧zhēn （统读）
胗zhēn （统读）
枕zhěn （统读）
诊zhěn （统读）
振zhèn （统读）
知zhī （统读）
织zhī （统读）
脂zhī （统读）
植zhí （统读）
殖（一）zhí
繁~ 生~ ~民
（二）shi
骨~
指zhǐ （统读）
掷zhì （统读）
质zhì （统读）
蛭zhì （统读）
秩zhì （统读）
栉zhì （统读）
炙zhì （统读）
中zhōng
人~（人口上唇当中处）
种zhòng
点~（义同“点播”。动宾结构念diǎnzhǒng，义为点播种子）
诌zhōu （统读）
骤zhòu （统读）
轴zhòu

大~子戏 压~子
碡zhou
碌~
烛zhú （统读）
逐zhú （统读）
属zhǔ
~望
筑zhù （统读）
著zhù
土~
转zhuǎn
运~
撞zhuàng （统读）
幢（一）zhuàng
一~楼房
（二）chuáng
经~（佛教所设刻有经咒的石柱）
拙zhuō （统读）
茁zhuó （统读）
灼zhuó （统读）
卓zhuó （统读）
综 zōng
~合
纵zòng （统读）
粽zòng （统读）
镞zú （统读）
组zǔ （统读）
钻（一）zuān
~探 ~孔
（二）zuàn
~床 ~杆 ~具
佐zuǒ （统读）
唑zuò （统读）
柞（一）zuò
~蚕 ~绸
（二）zhà
~水（在陕西）
做zuò （统读）
作（除“~坊”读zuō外，其余都读zuò）

参考文献

[1] 王建华 . 语用学与语文教学 [M]. 杭州：浙江大学出版社，2000.

[2] 钱维亚 . 幼儿教师口语 [M]. 北京：高等教育出版社，2008.

[3] 梁巍 . 语用技能的获得 [J]. 中国听力语言康复科学杂志，2005，（5）：52-53.

[4] 张颂 . 朗读学 [M]. 北京：中国传媒大学出版社，2010.

[5] 王宇红 . 朗读技巧 [M]. 北京：中国广播电视出版社，2002.

[6] 李峻 . 态势语言论略 [M]. 北京：中国文联出版社，2000.

[7] 王波 . 教师态势语在教学中的具体运用 [J]. 文学教育（下），2015，（6）：66-67.

[8] 王琦 . 教师态势语应用的原则和技巧研究 [J]. 河南科技学院学报（社会科学版），2012，（2）：97-99.

[9] 张政英 . 教师态势语的运用 [J]. 文教资料，2012，（5）：172-173.

[10] 缪文姬 . 提高幼师生讲故事的技能 [J]. 文学教育，2015，（4）：47-48.

[11] 于海英 . 让故事朗读“活”起来 [J]. 速读（下旬），2012，（12）：224.

[12] 林涛，王理嘉 . 语音学教程 [M]. 北京：北京大学出版社，1997.

[13] 黄伯荣，廖序东 . 现代汉语 [M]. 增订 5 版 . 北京：高等教育出版社，2011.

[14] 周建设 . 现代汉语 [M]. 北京：人民教育出版社，2001.

[15] 人民教育出版社中学语文教研室 . 现代汉语知识 [M]. 北京：人民教育出版社，1994.

[16] 刘焕阳 . 普通话与教师口语艺术 [M]. 北京：高等教育出版社，2010.

[17] 国家语言文字工作文员会普通话培训测试中心 . 普通话水平测试实施纲要 [M]. 北京：商务印书馆，2004.

[18] 江西省语言文字工作委员会办公室 . 普通话水平测试与培训教程 [M]. 南昌：江西高校出版社，2014.